BIBLIOTHÈQUE

DES MERVEILLES

PUBLIÉE SOUS LA DIRECTION

DE M. ÉDOUARD CHARTON

LES MERVEILLES CÉLESTES

OUVRAGES DU MÊME AUTEUR

L'Atmosphère. Description des grands phénomènes de la nature. Deuxième édition. 1 magnifique volume grand in-8° jésus, illustré de 200 gravures sur bois et de 15 planches chromolithographiques. . . . . 20 fr.

Histoire du Ciel. Histoire populaire de l'astronomie et des différents systèmes imaginés pour expliquer l'univers. 2° édit. 1 vol. grand in-8° illustré. 9 fr.

Contemplations scientifiques. Nouvelles études de la nature, et exposition des œuvres éminentes de la science contemporaine. Deuxième édition. 1 vol. in-12. . . . . 3 fr. 50

La pluralité des mondes habités. Étude où l'on expose les conditions d'habitabilité des terres célestes, discutées au point de vue de l'astronomie, de la physiologie et de la philosophie naturelle. 22° édition. 1 volume in-12 avec figures . . . . 3 fr. 50

Les mondes imaginaires et les mondes réels. Voyage astronomique pittoresque dans le ciel, et revue critique des théories humaines, scientifiques et romanesques, anciennes et modernes, sur les habitants des astres, Douzième édition. 1 vol. in-12 avec figures. . . . . 3 fr. 50

Vie de Copernic, et Histoire de la découverte du véritable système du monde, 1 vol. in-12. . . . . 1 fr. 50

Récits de l'infini. — Lumen. Histoire d'une âme. — Histoire d'une comète. — La vie universelle et éternelle. 5° édition. 1 vol. in-12. . . . 3 fr. 50

Dieu dans la nature, ou le spiritualisme et le matérialisme devant la science moderne. 12° édition. 1 fort. vol. in-12, avec le portrait de l'auteur. 4 fr.

Sir Humphry Davy. — Les derniers jours d'un philosophe. Entretiens sur les sciences, sur la nature et sur l'humanité. Ouvrage traduit de l'anglais et annoté. . . . . 3 fr. 50

Études et lectures sur l'astronomie. Ouvrage périodique, exposant les découvertes de l'astronomie contemporaine. 5 vol. in-12. 1867-74. Le vol. 2 fr. 50

PARIS. — IMP. SIMON RAÇON ET COMP., RUE D'ERFURTH. 1.

BIBLIOTHÈQUE DES MERVEILLES

LES MERVEILLES CÉLESTES

LECTURES DU SOIR

PAR

CAMILLE FLAMMARION

CINQUIEME ÉDITION

ILLUSTRÉE DE 84 VIGNETTES ASTRONOMIQUES

ET DE TROIS CARTES CÉLESTES

PARIS

LIBRAIRIE HACHETTE ET Cie

79, BOULEVARD SAINT-GERMAIN, 79

1875

PRÉFACE

DE LA CINQUIÈME ÉDITION

Vingt-cinq mille exemplaires de ce petit livre sont allés répandre la bonne semence un peu partout, et ouvrir devant les esprits les plus divers un coin du voile qui cache encore aujourd'hui à presque tous les yeux le sublime et divin spectacle de la nature. Par la lecture de cette exposition tout élémentaire, on peut, en effet, déjà commencer à voir, à admirer, à comprendre, la construction générale de l'univers au milieu duquel la terre n'est qu'un atome. Et combien vivent et meurent sans s'être doutés de la vérité! Notre but ici n'a pas été seulement d'enseigner, mais principalement de répandre le goût de l'étude, et de montrer combien il doit être agréable d'être instruit. Nous le demandons en effet à nos jeunes lecteurs : qu'ils permettent à leurs intelligences de s'approcher seulement au bord du panorama révélé par la science, ils ne tarderont pas à deviner que les plus pures jouissances de notre vie résident dans la contemplation de la nature, et bientôt leur ardeur frémissante se sentira avide de comprendre les grandes vérités de la création.

Donner le goût des saines études, c'est là notre fervent désir. Nous espérons que le succès de cet ouvrage aura servi à créer ou à développer ce goût si nécessaire dans les esprits qui s'ouvrent pour la première fois au spectacle des révélations scientifiques. Puissent *les Merveilles célestes* allumer dans l'âme de tous leurs lecteurs le feu de l'admiration pour lesdécouvertes positives qui font la gloire de notre époque et l'indépendance de son progrès !

Cet ouvrage se doit à lui-même de se tenir constamment au niveau du progrès croissant des découvertes astronomiques, si rapides à notre époque. En comparant chaque édition, on pourrait facilement constater qu'à chaque réimpression l'ouvrage à été remanié et augmenté suivant la marche de la science.

Il faut avouer cependant que les tristes années qui viennent de s'écouler n'ont pas ajouté grand'chose au progrès des sciences exactes. Deux cent mille hommes sont tombés sur les champs de bataille et sur le pavé des guerres civiles ; au lieu d'avancer, la civilisation a reculé de plus d'un siècle, et qui sait où nous mèneront ces redoublements d'efforts militaires nécessités par l'ambition du conquérant d'outre-Rhin ? Malgré le prince de Bismark, toutefois, l'intelligence n'est pas encore éteinte sur cette planète. Il y a encore des âmes qui pensent et des cœurs qui palpitent. La force brutale n'y règne pas seule. On étudie encore les vérités spirituelles qui, quoi qu'on en dise, constituent la vraie, la seule gloire de l'humanité. La connaissance de la grande et sainte nature se développe malgré tant d'obstacles. Et, quoique peu de découvertes aient été faites depuis quatre ans dans les champs du ciel, cependant, en relisant entièrement cet ouvrage pour cette nouvelle édition, nous avons pu ajouter certains documents aux sujets variés qui le constituent. Le chapitre du Soleil a été modifié d'après les dernières découvertes de l'analyse spectrale et l'étude des singulières protubérances qui hérissent constamment sa surface de flammes gigantesques et tourmentées. Celui des Éclipses a été complété, et nous lui avons ajouté la liste de toutes les éclipses totales de soleil qui arriveront d'ici à la fin du siècle. Celui des Étoiles doubles a été retouché par suite de nos propres travaux sur ce curieux sujet. Les illustrations de ce livre ont suivi le même progrès que son texte. La première édition, publiée en 1865, contenait 30 dessins. Celle-ci en renferme 87.

Paris, le 8 décembre 1874.

L'ENSEMBLE

I

LA NUIT

> O nuit! que ton langage est sublime pour moi,
> Lorsque, seul et pensif, aussi calme que toi,
> Contemplant les soleils dont ta robe est parée,
> J'erre et médite en paix sous ton ombre sacrée!
>
> DE FONTANES.

O nuit, que ton langage est sublime pour moi!... Quelles sont les âmes pour lesquelles le spectacle des nuits étoilées n'est pas un éloquent discours? Quelles sont celles qui ne se sont pas arrêtées quelquefois en présence des mondes rayonnants qui planent sur nos têtes, et qui n'ont pas cherché le mot de la grande énigme de la création? Les heures solitaires de la nuit sont véritablement les plus belles d'entre toutes nos heures, celles où nous avons la faculté de nous mettre en communication intime avec la grande et sainte nature. Loin de répandre des voiles sur l'univers, comme on le dit quelquefois, elles effacent celles que le soleil répand dans l'atmosphère. L'astre du jour nous dérobe les splendeurs du firmament : c'est pendant la nuit que les panoramas du ciel nous sont ouverts. « A l'heure de minuit, disait lord Byron, la voûte des cieux est parsemée d'étoiles semblables à des îles de lumière au milieu d'un océan suspendu sur nos têtes. Qui peut les contempler et ramener ses regards sur la terre sans éprouver un triste regret, et sans désirer des ailes pour prendre l'essor et se confondre parmi leurs clartés immortelles? »

Au sein des ténèbres, nos regards s'élèvent librement dans le ciel, perçant l'azur foncé de la voûte apparente, au-dessus de laquelle les astres resplendissent. Ils traversent les blanches régions constellées, visitant les contrées lointaines de l'espace où les étoiles les plus brillantes perdent leur éclat par la distance ; ils franchissent cette étendue inexplorée et gravissent plus haut encore, jusqu'à ces nébuleuses pâlissantes dont la clarté diffuse semble marquer les bornes du visible. Dans cet immense trajet du regard, la pensée aux ailes rapides accompagne le rayon visuel avant-coureur, se laissant porter par son essor et contemplant avec étonnement ces lointaines splendeurs. La pureté des regards célestes réveille cette éternelle prédisposition à la mélancolie qui réside au fond de nos âmes, et bientôt le spectacle de la nature nous absorbe dans une rêverie vague et indéfinissable. C'est alors que mille questions naissent dans notre esprit, et que mille points d'interrogation se dressent devant notre regard. Le problème de la création est un grand problème! La science des étoiles est une science immense ; sa mission est d'embrasser l'universalité des choses créées! Au souvenir de ces impressions, ne semble-t-il pas que l'homme qui ne ressent aucun sentiment d'admiration devant le tableau des splendeurs étoilées, n'est pas encore digne de recevoir sur son front la couronne de l'intelligence?

La nuit est véritablement l'heure de la solitude, où l'âme contemplative se régénère dans la paix universelle. On redevient soi-même, on s'isole de la vie factice du monde, on se met en communication plus intime avec la nature, avec la vérité. Une femme poëte, madame de Girardin, a décrit ces impressions avec une grande délicatesse :

Voici l'heure où tombe le voile
Qui, le jour, cache mes ennuis :
Mon cœur à la première étoile
S'ouvre comme une fleur de nuit.

On nage, on plane dans l'espace,
Par l'esprit du soir emporté ;
On n'est plus qu'une ombre qui passe,
Une âme dans l'immensité.

D'un monde trompeur rien ne reste :
Ni chaîne, ni loi, ni douleur ;
Et l'âme, papillon céleste,
Sans crime peut choisir sa fleur.

O nuit ! pour moi brillante et sombre,
Je trouve tout dans ta beauté ;
Tu réunis l'étoile et l'ombre,
Le mystère et la vérité.

Celui qui chanta *les Nuits*, dans la langue de Newton, Édouard Young, s'est quelquefois élevé dans ses hymnes à de magnifiques pensées. « O nuit majestueuse, s'écriait-il, auguste ancêtre de l'univers, toi qui, née avant l'astre des jours, dois lui survivre encore, toi que les mortels et les immortels ne contemplent qu'avec respect, où commencerais-je, où dois-je finir ta louange? Ton front ténébreux est couronné d'étoiles ; les nuages nuancés par les ombres et repliés en mille contours divers composent l'immense draperie de ta robe éclatante ; elle flotte sur tes pas et se déploie le long des cieux azurés. O nuit ! ta sombre grandeur est ce que la nature a de plus touchant et de plus auguste. Ma muse reconnaissante te doit des vers. Et quel sujet est plus digne d'être chanté par l'homme? En quel autre essai pouvons-nous mieux préparer nos sens à soutenir les ravissements de la félicité céleste? L'Éternel, destinant l'homme à contempler la majesté de sa face éblouissante, expose ici-bas à ses regards cette scène de merveilles pour accoutumer ses yeux à l'étude des grands objets... J'élance ma pensée au-dessus de la terre. Quel fastueux appareil ! quelle profusion de merveilles ! quel luxe et quelle pompe le Créateur a déployés sur ce théâtre ! Quel œil peut en embrasser l'étendue ? Quel est cet art inconnu qui enchante l'âme, l'attache à ce spectacle par un charme inépuisable et la force de contempler sans cesse ? Le jour n'a qu'un soleil ; la nuit en a des milliers, dont la clarté conduit nos regards jusqu'au sein de l'Éternel, parmi les routes illimitées où sont empreints les magnifiques vestiges de sa puissance. Quels torrents de feu versés de ces urnes innombrables tombent ensemble des hauteurs du firmament ! Transporté et confondu, je me sens à la fois terrassé dans la poussière et ravi dans les cieux. Oh ! laissez-moi voir... laissez-moi promener mes pensées... Mais ma vue ne peut trouver de terme, et ma pensée s'égare dans un désert. Au milieu de son vol, mon imagination succombe. Elle veut encore se ranimer. Elle ne peut ni résister à l'attrait qui l'entraîne, ni atteindre au terme qui la fuit, tant son bonheur est grand, tant son voyage est immense... Ambition, vante maintenant l'étendue de tes conquêtes sur cet atome où nous sommes cachés ! »

De toutes les sciences, l'astronomie est celle qui peut le mieux nous éclairer sur notre valeur relative et nous faire le mieux connaître les rapports qui relient la Terre au reste de la création. Sans elle, comme l'histoire des siècles passés en garde le témoignage, il nous est impossible de savoir où nous sommes ni qui nous sommes, ni d'établir une comparaison instructive entre le lieu que nous occupons dans l'espace et la totalité de l'univers : sans elle nous ignorons à la fois, et l'étendue réelle de notre patrie, et sa nature, et l'ordre auquel elle appartient. Enfermés dans les langes ténébreux de l'ignorance, nous ne pouvons nous former la moindre idée de la disposition générale du monde ; un brouillard épais couvre l'horizon étroit qui nous enserre, et notre pensée demeure incapable de s'élever au-dessus du spectacle journalier de la vie, et de franchir la sphère étroite tracée par les limites de l'action de nos sens.

Au contraire, lorsque le flambeau de la science du monde nous illumine, la scène change ; les vapeurs qui obscurcissaient l'horizon s'évanouissent, nos yeux dessillés contemplent dans la sérénité d'un ciel pur l'œuvre immense du Créateur. La Terre apparaît comme un globe se balançant sous nos pas ; mille globes semblables sont bercés dans l'éther, le monde s'agrandit à mesure que s'accroît la puissance de notre regard, et dès lors la création universelle se développe devant nous dans sa réalité, établissant à la fois notre rang et notre relation avec la multitude de mondes semblables qui constituent l'univers.

C'est à la nuit qu'il faut demander ce spectacle, c'est la nuit qu'il faut invoquer de concert avec les bardes sacrés dont la lyre est digne de chanter ces grandeurs :

> O nuit ! déroulez en silence
> Les pages du livre des cieux ;
> Astres, gravitez en cadence
> Dans vos sentiers harmonieux ;
> Durant ces heures solennelles,
> Aquilons, repliez vos ailes ;
> Terre, assoupissez vos échos[1]...

Le silence et la profonde paix des nuits étoilées offrent à notre faculté contemplative la scène qui lui convient, et nulle heure n'est plus propice à l'élévation de l'âme vers les beautés du ciel. Mais la poésie du spectacle de ces apparences sera bientôt surpassée par la magnificence de

[1] Lamartine.

la réalité. Et c'est sur ce point que nous allons insister tout d'abord, afin de lever avant tout les illusions causées par les sens. Il me semble convenable d'éloigner les causes d'erreur qui peuvent laisser dans l'esprit de fausses impressions; il est complétement inutile, sinon dangereux, de passer les premiers instants d'une causerie astronomique à décrire des phénomènes apparents dont il faudra ensuite démontrer la fausseté. Ne suivons pas cette voie fâcheuse; éloignons-nous de cette marche ordinaire, et commençons, au contraire, par lever le voile, afin de laisser la réalité resplendir. La poésie, dont le souffle harmonieux berçait tout à l'heure notre âme suspendue, ne s'évanouira pas pour cela; elle reprendra, au contraire, un nouvel aspect et une nouvelle vie, et surtout une force plus puissante. La fiction ne saurait être supérieure à la réalité; celle-ci va devenir pour nous une source d'inspiration, plus riche et plus féconde que la première.

II

LE CIEL

> Oh ! depuis cette terre où rampent les mortels,
> De l'espace fuyant les vides éternels,
> Qui sondera des cieux l'insondable distance,
> Quand après l'infini, l'infini recommence !
>
> ....1859.

L'ombre répandue sur l'hémisphère en l'absence du soleil, de son coucher à son lever, n'est qu'un phénomène partiel circonscrit à la Terre, et auquel le reste de la Terre ne participe pas. Lorsque nous sommes enveloppés par le calme silencieux d'une nuit profonde, nous sommes portés à étendre à l'univers tout entier la scène qui nous entoure, comme si notre monde était le centre et le pivot de la création. Quelques instants de réflexion suffiront pour nous montrer combien cette illusion est grossière, et pour nous préparer à la conception de l'ensemble du monde.

Il est évident, en effet, que le soleil ne pouvant éclairer à la fois tous les côtés d'un même objet, mais seulement ceux qui sont tournés vers lui, n'éclaire à la fois que la moitié du globe terrestre ; il suit de là que la nuit n'est autre chose que l'état de la partie non éclairée. Si nous considérons le globe terrestre suspendu dans le vide de l'espace, nous reconnaîtrons que le côté tourné vers le soleil est le seul éclairé, tandis que l'hémisphère opposé reste dans l'ombre, et que cette ombre offre l'aspect d'un cône. De plus, comme la Terre tourne sur elle-même, toutes ses parties se présentent successivement au soleil et passent successivement dans cette ombre, et c'est là ce qui constitue la succession des jours et des nuits pour chaque pays du monde. Ce simple coup d'œil suffit pour montrer que le phénomène auquel nous donnons le nom de nuit appartient en propre à la terre, et que le ciel, le reste de l'univers en est indépendant.

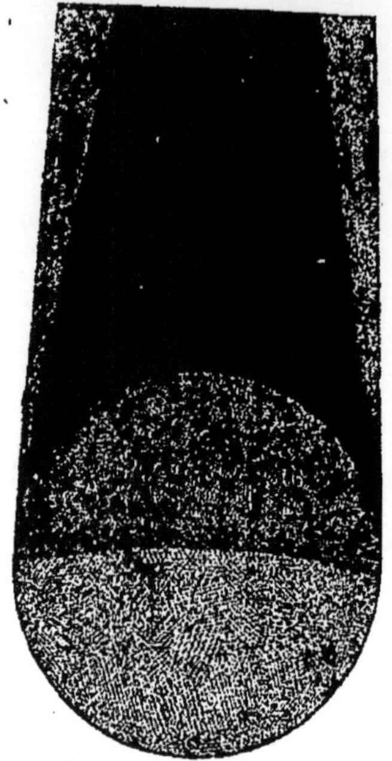

Fig. 1. — La nuit et le jour.

C'est pourquoi, si, à une heure quelconque de la nuit, nous nous élevons en esprit au-dessus de la surface terrestre, il arrivera que, loin de rester toujours dans la nuit, nous retrouverons le soleil versant ses flots de lumière dans l'étendue. Si nous nous élevons jusqu'à l'une des planètes qui, comme la Terre, roulent dans la contrée de l'espace où nous sommes, nous reconnaîtrons que la nuit de la Terre ne s'étend pas jusqu'en ces autres mondes, et que la période qui chez nous est consacrée au repos n'étend pas jusque-là son influence. Tandis qu'ici tous les êtres sont ensevelis dans l'immobilité d'une nuit silencieuse, là-haut les forces de la nature continuent l'exercice de leurs fonctions brillantes, le soleil luit, la vie rayonne, le mouvement ne se laisse point suspendre, et le règne de la lumière poursuit son action dominante dans les cieux (comme sur l'hémisphère opposé au nôtre) à la même heure où la nuit immobilise tous les êtres sur l'hémisphère que nous habitons.

Il est très-important que nous sachions tout d'abord nous habituer à cette idée de l'*isolement* de la Terre au sein de l'étendue, et à penser que tous les phénomènes que nous observons sur ce globe lui sont spéciaux, étrangers à tout le reste de l'univers. Mille et mille globes semblables roulent comme lui dans l'espace. — Je ne démontre pas encore maintenant la vérité de mes assertions, mais comme mes lecteurs sont de bonne compagnie, ils ne les mettront pas en doute et voudront bien me croire sur parole, sauf à me rappeler plus tard à justifier tout ce que j'aurai dit. Du reste, je leur promets de le faire le plus tôt possible; mais je leur demande la permission de développer de suite en esquisse mon idée générale de l'univers.

L'une des plus funestes illusions dont il soit urgent de nous désabuser tout d'abord, c'est celle qui nous présente la Terre comme la moitié inférieure de l'univers, et le ciel comme sa moitié supérieure. Il n'y a rien au monde de plus faux. Le ciel et la Terre ne font pas deux créations séparées, comme on nous l'a répété mille et mille fois : ils ne sont qu'un. La Terre est dans le ciel. Le ciel, c'est l'espace immense, l'étendue indéfinie, le vide sans bornes; nulle frontière ne le circonscrit, il n'a ni commencement ni fin, ni haut ni bas, ni gauche ni droite : c'est l'infini des espaces qui se succèdent éternellement dans tous les sens. La Terre c'est un petit globe de matière, placé dans cet espace, sans soutien d'aucune sorte, comme un boulet qui se tiendrait seul dans l'air, comme ces petits ballons qui s'élèvent et planent dans l'atmosphère, lorsqu'on a coupé le mince cordon qui les retenait. La Terre est un astre du ciel, elle en fait partie, elle le peuple, en compagnie d'un grand nombre de globes semblables à elle, elle est isolée en lui, et tous ces autres globes planent de même isolément dans l'espace. Cette conception de l'univers est non-seulement très-importante, mais c'est encore une vérité qu'il est éminemment nécessaire de se bien fixer dans l'esprit. Autrement, les trois quarts des découvertes astronomiques resteraient incompréhensibles. Ainsi voilà ce premier point bien entendu et surtout bien établi dans notre pensée. Le ciel, c'est l'espace qui nous environne de toutes parts ; la Terre est un globe suspendu dans cet espace.

Mais la Terre n'est pas seule dans cet espace. Toutes ces étoiles qui scintillent dans les cieux sont des globes isolés, des soleils brillant de leur propre lumière ; elles sont très-éloignées d'ici ; mais il y a des astres plus rapprochés qui ressemblent davantage à celui que nous habitons, en ce sens qu'ils ne sont point des soleils, mais des terres obscures recevant comme la nôtre la lumière de notre soleil. Ces mondes, nommés planètes, sont groupés en famille ; le nôtre est l'un des membres de cette famille. Au centre de ce groupe brille notre soleil, source de la lumière qui les illumine et de la chaleur qui les échauffe. Planant au sein du vide qui l'entoure de toutes parts, ce groupe est comme une flotte d'embarcations diverses bercée dans l'océan des cieux.

Une multitude de soleils, entourés comme le nôtre d'une famille dont ils sont les foyers et les flambeaux, planent semblablement dans tous les points de l'étendue : ces soleils sont les étoiles dont les prairies du ciel sont parsemées. Malgré l'apparence causée par la perspective de l'éloignement, d'immenses distances séparent tous ces systèmes du nôtre, distances telles, que les plus hauts chiffres de notre numération si puissante sont à peine en état de dénombrer les plus faibles d'entre elles. Un éloignement réciproque, que nos chiffres ne peuvent exprimer, sépare ces étoiles les unes des autres, les reculant de profondeurs en profondeur.

Malgré ces intervalles prodigieux, ces soleils sont en nombre si considérable que leur énumération surpasse encore elle-même tous nos moyens; les millions joints aux millions ne parviennent pas non plus à en dénombrer la multitude!... Que la pensée essaye, s'il lui est possible, de se représenter à la fois ce nombre considérable de systèmes et les distances qui les séparent les uns des autres! Confondue et bientôt anéantie à l'aspect de cette richesse infinie, elle ne saura qu'admirer en silence cette indescriptible merveille. S'élevant sans cesse par delà les cieux, franchissant les plages lointaines de cet océan sans bornes, elle découvrira toujours un nouvel espace, et toujours de nouveaux mondes se révéleront à son avidité... les cieux succéderont aux cieux, les sphères aux sphères .. après les déserts de l'étendue s'ouvriront d'autres déserts, après des immensités d'autres immensités... et lors même que, emportée sans trêve pendant des siècles avec la rapidité de la pensée, l'âme perpétuerait son essor au delà des bornes les plus inacessibles que l'imagination puisse concevoir, là même, l'infini d'une étendue inexplorée resterait encore ouvert devant elle... l'infini de l'espace s'opposerait à l'infini du temps, rivalisant sans cesse sans que jamais l'un puisse l'emporter sur l'autre... et l'esprit s'arrêtera exténué de fatigues, n'étant encore qu'au vestibule de la création infinie, et comme s'il n'avait pas avancé d'un seul pas dans l'espace!

L'imagination suspend son vol et s'arrête anéantie. « Étoiles, légions brillantes qui avant tous les âges avez dressé vos tentes dans vos plaines de saphir, qui dira vos myriades brûlantes si ce n'est Celui qui commande à vos chars dorés de rouler par les cieux? Quel est l'habitant de cette terre qui, devant vos armées, peut ne pas ressentir tes émotions immortelles, ô Éternité? Qu'y a-t-il de merveilleux à ce que l'âme, succombant sous le poids de ses propres pensées, et que l'œil perdu dans l'abîme, voient dans vos lumières la destinée d'une gloire sans sommeil[1] ? »

L'immensité des cieux a été chantée sur plusieurs lyres; mais comment le chant de l'homme pourrait-il rendre une telle réalité? Les poëtes ont essayé de l'exprimer dans des vers où l'on sent l'insuffisance de la parole pour noter les pensers immenses que développe en nous cette contemplation merveilleuse.

N'étais-je pas fondé à avancer plus haut que la réalité est supérieure à la fiction, même au point de vue du sentiment poétique, et que la contemplation de la nature réelle renferme une somme d'inspiration plus riche et plus féconde que l'illusion du spectacle offert par nos sens ? Au lieu d'une nuit immense s'étendant jusqu'à la voûte d'azur, au lieu d'une robe diaprée de broderie d'or ou d'un voile orné d'ornements éclatants, nous sommes au sein de la vie et du rayonnement universels. La nuit n'est plus qu'un accident, un accident heureux qui permet à nos regards de s'étendre au delà des bornes que le jour nous trace ; nous sommes semblables au voyageur qui, se reposant dans l'ombre d'une colline, contemple le paysage éclairé qui se développe jusqu'à l'horizon lointain. Au lieu de l'immobilité, du silence, de la mort, nous assistons au spectacle de la vie sur les mondes. A la lumière de la vérité les voûtes arbitraires disparaissent et le ciel nous ouvre ses profondeurs; l'infini de la création se révèle avec l'infini des espaces, et notre Terre perdant la prépondérance dont nos prétentions l'avaient décorée, se recule sous nos pas et disparaît dans l'ombre, allant se

[1] Croly, *The Stars*.

perdre au sein d'une multitude de petits mondes semblables. Dans la liberté de notre essor, nous franchissons les célestes campagnes et nous prenons une première esquisse de l'univers. C'est ainsi que nous désabusant dès le premier pas de l'erreur antique trop longuement consacrée par les apparences, nous nous plaçons en de bonnes conditions d'étude, et nous nous préparons à recevoir facilement les vérités nouvelles que la Nature doit successivement révéler à notre studieuse ardeur.

Laissez-moi, en terminant ce chapitre, vous rapporter un épisode digne d'être plus connu qu'il ne l'est encore, parce qu'il montre combien le monde réel renferme plus de puissance que l'empire des fictions. Il est tiré de la vie du grand mathématicien Euler, et c'est Arago lui-même qui l'a raconté.

Euler, le grand Euler, était très-pieux; un de ses amis, ministre dans une église de Berlin, vint lui dire un jour : « La religion est perdue, la foi n'a plus de bases, le cœur ne se laisse plus émouvoir, même par le spectacle des beautés des merveilles de la création. Le croiriez-vous? J'ai représenté cette création dans tout ce qu'elle a de plus beau, de plus poétique et de plus merveilleux ; j'ai cité les anciens philosophes et la Bible elle-même : la moitié de l'auditoire ne m'a pas écouté, l'autre moitié a dormi ou a quitté le temple. »

— Faites l'expérience que je vais vous indiquer, repartit Euler : au lieu de prendre la description du monde dans les philosophes grecs ou dans la Bible, prenez le monde des astronomes, dévoilez le monde tel que les recherches astronomiques l'ont constitué. Dans le sermon qui a été si peu écouté, vous avez probablement, en suivant Anaxagore, fait du soleil une masse égale au Péloponnèse. Et bien! dites à votre auditoire que, suivant les mesures exactes, incontestables, notre soleil est 1,400,000 fois plus grand que la terre.

« Vous avez sans doute parlé de cieux de cristal emboités: dites qu'ils n'existent pas, que les comètes les briseraient; les planètes, dans vos explicatons, ne se sont distinguées des étoiles que par le mouvement; avertissez que ce sont des mondes; que Jupiter est 1400 fois plus grand que la terre, et Saturne 900 fois; décrivez les merveilles de l'anneau; parlez des lunes multiples de ces mondes éloignés.

« En arrivant aux étoiles, à leurs distances, ne citez pas de lieues; les nombres seraient trop grands, on ne les apprécierait pas ; prenez pour échelle la vitesse de la lumière; dites qu'elle parcourt 77,000 lieues par seconde : ajoutez ensuite qu'il n'existe aucune étoile dont la lumière nous vienne *en moins* de trois ans; qu'il en est quelques-unes à l'égard dequelles on n'a pu employer un moyen d'observation particulier et dont la lumière ne nous arrive pas en moins de trente ans.

« En passant des résultats certains à ceux qui n'ont qu'une grande probabilité, montrez que, suivant toute apparence, certaines étoiles pourraient être visibles plusieurs millions d'années après avoir été anéanties; car la lumière qui en émane emploie plusieurs millions d'années à franchir l'espace qui les sépare de la terre. »

Tel est, en raccourci, et seulement avec quelques modifications dans les chiffres, le conseil que donnait Euler. Ce conseil fut suivi : au lieu du monde de la Fable, le ministre découvrit le monde de la science. Euler attendait son ami avec impatience. Il arrive enfin, l'œil terne et dans une tenue qui paraissait indiquer le désespoir. Le géomètre, fort étonné, s'écrie : « Qu'est-il donc arrivé ?— Ah ! monsieur Euler, répond le ministre, je suis bien malheureux ; ils ont oublié le respect qu'ils devaient au saint temple, ils m'ont applaudi. »

Le monde de la science était de cent coudées plus grand que le monde qu'avaient rêvé les imaginations les plus ardentes. Il y avait incomparablement plus de poésie dans la réalité que dans la Fable.

I

L'ESPACE UNIVERSEL

> Insensé, je croyais embrasser d'un coup d'œil
> Ces déserts où Newton, sur l'aile du génie
> Planait, tenant en main le compas d'Uranie.
> Je voulais révéler quels sublimes accords
> Promènent dans l'éther tous les célestes corps;
> Mais devant eux s'abîme et s'éteint ma pensée.
>
> ROUCHER.

Il y a des vérités devant lesquelles la pensée humaine se sent humiliée et confondue, qu'elle contemple avec effroi et sans pouvoir les regarder en face, quoiqu'elle comprenne leur existence et leur nécessité : telles sont celles de l'infini de l'espace et de l'éternité de la durée.

Impossible à définir, car toute définition ne pourrait qu'obscurcir l'idée primitive qui est en nous, ces vérités nous commandent et nous dominent. Chercher à les expliquer serait une peine stérile : il suffit de les mettre en face de notre attention pour qu'elles nous révèlent à l'instant toute l'immensité de leur valeur. Mille définitions en ont été données ; nous ne voulons en citer ni même en rappeler une seule. Mais nous voulons ouvrir devant nous l'espace, et nous y engager pour essayer d'en pénétrer la profondeur.

La vitesse d'un boulet de canon à sa sortie de la bouche à feu est une bonne marche : 400 mètres par seconde. Mais cette marche serait encore trop lente pour notre voyage dans l'espace, car notre vitesse ne serait guère que de 1440 kilomètres, ou de 360 lieues à l'heure. C'est trop peu. Il y a, dans la nature, des mouvements incomparablement plus rapides, par exemple la vitesse de la lumière. Cette vitesse est de 77,000 *lieues par seconde.* Ceci vaut mieux : aussi prendrons-nous ce moyen de transport. Permettez-moi donc, par une comparaison vulgaire, de vous dire que nous nous mettons à cheval sur un rayon de lumière, et que nous nous laissons emporter par sa course rapide.

Prenant la Terre pour point de départ, nous nous dirigerons en droite ligne vers un point quelconque du ciel. Nous partons.

A la fin de la première seconde, nous avons déjà parcouru 77,000 lieues; à la fin de la deuxième, 154,000. Nous continuons. Dix secondes, une minute, dix minutes sont écoulées... cinquante millions de lieues ont passé.

Poursuivons, pendant une heure, pendant un jour, pendant une semaine, sans jamais ralentir notre marche; pendant des mois entiers, pendant un an... La ligne que nous avons parcourue est déjà si longue, qu'exprimée en kilomètres ou en lieues, le nombre qui la mesure surpasse notre faculté de compréhension et n'indique plus rien à notre esprit : ce sont des trillions, des millions de millions.

Mais ne suspendons pas notre essor. Emportés sans cesse par cette même rapidité de 77,000 lieues par chaque seconde, perçons l'étendue en ligne droite pendant des années entières, pendant cinquante ans, pendant un siècle...

Où sommes-nous ? Depuis longtemps nous avons franchi les dernières régions étoilées que l'on aperçoit de la Terre, les dernières que l'œil du télescope a visitées ; depuis longtemps nous marchons en d'autres domaines, inconnus, inexplorés. Nulle pensée n'est capable de suivre le chemin parcouru ; les milliards joints aux milliards ne signifient plus rien ; à l'aspect de cette étendue prodigieuse l'imagination s'arrête, anéantie... Eh bien ! et c'est ici le point merveilleux du problème : *nous n'avons pas avancé d'un seul pas dans l'espace.*

Nous ne sommes pas plus rapprochés d'une limite que si nous étions restés à la même place ; nous pourrions recommencer la même course à partir du point où nous sommes, et ajouter à notre voyage un voyage de même étendue ; nous pourrions joindre les siècles aux siècles dans le même itinéraire, dans la même vitesse, — continuer le voyage sans fin ni trêve ; — nous pourrions nous diriger en quelque endroit de l'espace que ce soit, à gauche, à droite, en avant, en arrière, en haut, en bas, dans tous les sens ; et lorsque, après des siècles employés à cette course vertigineuse, nous nous arrêterions fascinés ou désespérés devant l'immensité éternellement ouverte, éternellement renouvelée, nous reconnaîtrions encore que notre vol séculaire ne nous a pas fait mesurer la plus petite partie de l'espace, et que nous ne sommes pas plus avancés qu'à notre point de départ. En réalité, c'est l'infini qui nous enveloppe, et comme nous l'exprimions plus haut sur le nombre infini des mondes, nous pourrions voguer pendant l'éternité sans jamais trouver autre chose devant nous qu'un infini éternellement ouvert.

Il suit de là que toutes nos idées sur l'espace n'ont qu'une valeur purement relative. Lorsque nous disions, par exemple : monter au ciel, descendre sous la terre, ces expressions sont fausses en elles-mêmes, car étant situés au sein de l'infini, nous ne pouvons ni monter ni descendre : il n'y a ni *haut* ni *bas*; ces mots n'ont qu'une acception relative à la surface terrestre que nous habitons.

Il faut donc se représenter l'univers comme une étendue sans bornes, sans rivages, illimitée, infinie, dans le sein de laquelle planent des soleils comme celui qui nous éclaire et des terres comme celle qui se balance sous nos pas. Ni dômes, ni voûtes, ni limites, d'aucune espèce : le vide dans tous les sens, et dans ce vide infini, une quantité prodigieuse de mondes, que bientôt nous allons décrire. C'est cet espace universel que l'auteur du *Génie de l'homme*, Chênedollé, a voulu célébrer, lorsqu'il exprima les remarquables pensées qui suivent :

Oui, quand je m'armerais des ailes de l'Aurore,
Pour compter les soleils dont le ciel se décore;
Quand de l'immensité sondant les profondeurs,
Ma pensée unirait les nombres aux grandeurs :
Sous ces gouffres sacrés égarant mon audace,
Quand j'userais le temps à mesurer l'espace :
Je verrais s'écouler les siècles réunis,
Et pressé, sans espoir, entre deux infinis,
Je me serais toujours écarté de moi-même,
Sans jamais m'approcher de ce vaste problème,

IV

DISPOSITION GÉNÉRALE DE L'UNIVERS

LES ÉTOILES SONT DISTRIBUÉES PAR AGGLOMÉRATIONS

. . . . . . , On a sondé ces régions voilées.
Les bornes du possible ont été reculées !
Un mortel a pu voir armé d'un œil géant.
Osciller des lueurs aux confins du néant.
C'est vous dont notre Herschel, ô pâles nébuleuses,
Découvrit des clartés qu'on dirait fabuleuses!
Il aperçut en vous des germes d'univers,
Qui selon leurs aspects et leurs âges divers,
Ou contenaient encor leurs semences fécondes,
Ou déjà répandaient leurs poussières de mondes!
Eh bien ! de ces lueurs blanchâtres, que les yeux
Discernent vaguement aux limites des cieux.
L'une contient le ciel et le monde où nous sommes,
Ah! la terre est trop loin! je ne vois plus les hommes.

J.-J. AMPÈRE.

Au sein de l'espace illimité dont nous avons essayé de concevoir l'insondable étendue, planent d'opulentes agglomérations d'étoiles, séparées entre elles par des vides immenses. Nous montrerons bientôt que toutes les étoiles sont des soleils comme le nôtre, brillant de leur propre lumière, foyers d'autant de systèmes de mondes. Or les étoiles ne sont pas disséminées au hasard en tous les points de l'espace : elles sont groupées comme les membres de plusieurs familles.

Si nous comparions l'océan des cieux aux océans de la terre, nous dirions que les îles qui parsèment cet océan ne s'élèvent pas isolément en tous les endroits de la mer, mais qu'elles sont réunies çà et là en archipels plus ou moins riches. Une puissance aussi ancienne que l'existence de la matière a présidé à l'éclosion de ces îles dont chaque archipel compte un grand nombre ; nulle d'entre elles ne s'est élevée spontanément en une région isolée ; elles sont toutes agglomérées par tribus, dont la plupart comptent leur nombre par millions.

Fig. 2. — Nébuleuse ou amas du Centaure.

Ces riches groupements d'étoiles ont reçu le nom de *nébuleuses*. Cette détermination vient de ce qu'à l'invention des lunettes astronomiques on ne distinguait ces tribus étoilées que sous un aspect diffus, nuageux, qui ne permettait pas au regard de remarquer les étoiles composantes. Cette apparence n'éveillant en aucune façon l'idée de rassemblements solaires, on pensait qu'il y avait seulement là des vapeurs cosmiques phosphorescentes, des tourbillons de substance lumineuse, peut-être des fluides primitifs dont la condensation progressive amènerait dans l'avenir la formation d'astres nouveaux. On croyait assister à la création de mondes lointains, et parfois en remarquant ces aspects parvenus à des degrés divers de luminosité, on crut pouvoir en inférer leurs âges relatifs, comme dans une forêt on peut reconnaître, par approximation, l'âge des arbres de la même espèce, selon leur grosseur, ou selon les cercles concentriques qui se forment chaque année sous l'écorce. Ainsi la première nébuleuse observée à l'aide d'un télescope et signalée comme un objet d'une nature particulière, la nébuleuse d'Andromède, fut considérée pendant trois siècles et demi comme entièrement dépourvue d'étoiles. Simon Marius, de Franconie, qui de musicien était devenu astronome, — goûts très-compatibles du reste, — décrivant cette apparence ovale et blanchâtre, qui, plus brillante au centre, s'affaiblissait sur les bords, disait qu'elle ressemblait à « la lumière d'une chandelle (*candela*) vue de loin à travers une feuille de corne. » Il y a quelques années seulement, un astronome de Cambridge a compté dans les limites de cette nébuleuse 1500 petites étoiles, et pourtant le centre garde encore, malgré les meilleurs instruments, l'aspect d'une clarté diffuse. Plus tard, l'astronome Halley ne songeait pas davantage à des agglomérations d'étoiles. « En réalité, disait-il, ces taches ne sont rien autre chose que la lumière venant d'un espace immense situé dans les régions de l'éther, rempli d'un milieu diffus et lumineux par lui-même. » On en vit d'autres encore penser que c'était là la clarté du ciel empyrée, vue à travers une ouverture du firmament. C'est ce que disait Derham, l'auteur de l'*Astro-theology*.

Fig. 3. — Amas stellaires de la Balance et d'Hercule.

Mais, lorsque les instruments d'optique furent perfectionnés, cette apparence d'une clarté diffuse se transforma en un pointillé brillant ; à mesure que la puissance du télescope devint plus perçante, le nombre des nébuleuses apparentes diminua, et aujourd'hui, toutes celles qui, du temps de Galilée, étaient regardées comme des nuages cosmiques sont résolues en étoiles. Pour être juste, il faut ajouter qu'en révélant la composition stellaire des premières nébuleuses, le télescope en a découvert d'autres dont il n'a pas encore dévoilé la nature ; mais l'analogie nous porte à croire que, semblables aux premières, ces nébuleuses ne restent à l'état indistinct que par suite de leur éloignement prodigieux, que les instruments les plus puissants ne sont pas encore parvenus à vaincre, et que le jour viendra qui, cette distance étant franchie, nous montrera, là aussi, d'immenses rassemblements d'étoiles.

Ainsi, l'on doit se représenter l'espace infini comme un vide immense au sein duquel sont suspendus des archipels d'étoiles. Ces archipels sont peut-être eux-mêmes en nombre infini ; ils comptent par millions les étoiles qui les constituent, et de l'un à l'autre, la distance est incalculable. Ils sont distribués dans l'étendue à toutes les profondeurs, dans tous les sens, suivant toutes les directions imaginables, et remettent eux-mêmes toutes les formes possibles, comme nous allons en être témoins.

L'une des nébuleuses les plus remarquables et les plus régulières, celle qui peut en même temps servir le mieux à l'illustration des raisonnements qui précèdent, c'est la nébuleuse du Centaure. — Nous étudions plus loin l'aspect des constellations, et la méthode la plus simple pour trouver les objets célestes les plus dignes de notre attention. Cette nébuleuse se présente au télescope sous l'aspect reproduit par notre figure 2.

A l'œil nu, on la distingue à peine, comme un point d'une faible clarté ; dans le télescope, on voit briller sous ses yeux une multitude prodigieuse d'étoiles fortement condensées vers le centre. Cette condensation est une preuve manifeste que l'amas d'étoiles n'est pas seulement circulaire, mais encore sphérique. Un instant d'attention

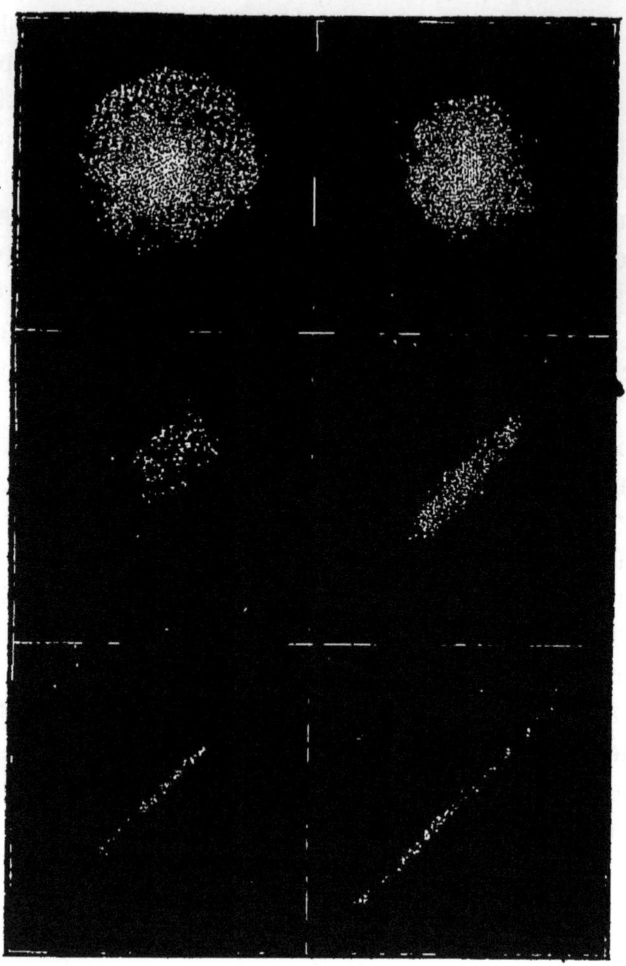

Fig. 4. — Nébuleuses globulaires.

suffit, en effet, pour montrer que, si l'on regarde de loin une sphère d'étoiles, le rayon visuel traversera une longueur moindre s'il regarde les bords de la sphère que s'il regarde le centre, et rencontrera moins d'étoiles sur son chemin vers les bords que vers le centre. A mesure que ce rayon visuel se rapprochera du centre, sa partie comprise dans la sphère deviendra plus longue et le nombre d'étoiles qu'il rencontrera ira en augmentant. Le maximum sera au centre même. C'est cet effet d'optique qui avait fait croire à une condensation de la matière nébuleuse. Halley la trouva, en 1679, pendant qu'il travaillait au catalogue des étoiles du ciel austral.

Les amas stellaires de la Balance et d'Hercule (fig. 3) sont de même ordre que le précédent. Celui d'Hercule, situé entre μ et ζ de cette constellation, est l'un des plus magnifiques de notre ciel boréal. On le distingue à l'œil nu, dans les belles nuits, comme une tache lumineuse. Les limites de cette nébuleuse ne sont pas aussi nettement définies que dans celles qui ont particulièrement reçu la désignation de globulaires. La figure 4 représente quelques types choisis parmi ces dernières.

De ces amas d'étoiles, les premiers sont certainement sphériques ; les autres, allongés, dont nous voyons l'épaisseur diminuer de plus en plus, sont probablement encore circulaires, mais aplatis sous la forme de lentilles; au lieu de se présenter à nous de face, ils se présentent par la tranche.

A la vue de ces amas globulaires, on peut se demander avec Arago quel est le nombre des étoiles contenues dans certaines de ces nébuleuses. L'astronome a répondu lui-même à sa question. Il serait impossible de compter en détail et avec exactitude le nombre total d'étoiles dont certaines nébuleuses globulaires se composent ; mais on a pu arriver à des limites. En appréciant l'espacement angulaire des étoiles situées près des bords, c'est-à-dire dans la région où elles ne se projettent pas les unes sur les autres, et le comparant avec le diamètre total du groupe, on s'est assuré qu'une nébuleuse dont l'étendue superficielle apparente est à peine égale au dixième de celle du disque lunaire, ne renferme pas moins de 20,000 étoiles : c'est là le minimum. Les conditions dynamiques propres à as-

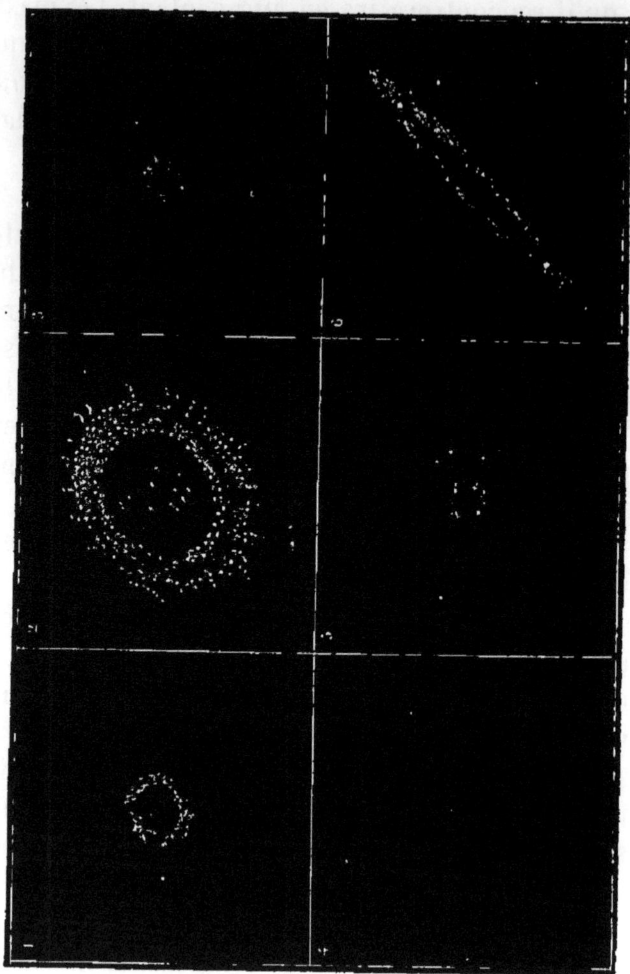

Fig. 5, — Nébuleuses annulaires.

surer la conservation indéfinie d'une semblable fourmilière d'étoiles, ne semblent pas faciles à imaginer, ajoute le célèbre astronome. Suppose-t-on le système en repos ? les étoiles à la longue tomberont les unes sur les autres.

Lui donne-t-on un mouvement de rotation autour d'un seul axe? des chocs deviendront inévitables. Au surplus,

Fig. 6. — Nébuleuse du Lion.

est-il prouvé *à priori* que les systèmes globulaires d'étoiles doivent se conserver indéfiniment dans l'état où nous les voyons aujourd'hui ?

L'examen des changements survenus dans d'autres systèmes induirait à croire au contraire qu'il n'y a là rien d'indéfiniment stable, et que le mouvement gouverne ces agglomérations de soleils aussi bien qu'il gouverne chacun des soleils et chacun des petits mondes qui les composent.

Les nébuleuses les plus régulières ne sont pas les plus curieuses, pourtant il en est quelques-unes dont l'aspect laisse un certain étonnement dans l'esprit : ce sont des amas d'étoiles qui, au lieu d'être condensées en un globe immense, sont distribuées en couronne, offrant l'apparence d'une nébuleuse circulaire ou ovale, mais percée à son centre. Notre figure 5 donne le tableau des plus curieuses. La première, en haut, à gauche, est la nébuleuse annulaire du Cygne, située entre cette constellation et celle du Renard ; la deuxième, sa voisine de droite, est celle d'Andromède, voisine de la belle étoile triple γ. L'anneau est très-allongé et deux étoiles brillent à la poupe et à la proue de l'ellipse, semblant destinées au gouvernement de ce système dans sa marche à travers l'espace. La troisième, au-dessous de la première, est la nébuleuse de la Lyre, d'après le télescope de lord Rosse : elle est située non loin de Véga, entre β et γ. On remarque des bordures étincelantes d'étoiles rapprochées, et des franges lumineuses dentelant le bord extérieur. Avant ce télescope, on la voyait simplement sous la forme représentée au-dessous. Enfin la quatrième de ces nébuleuses perforées est celle du Scorpion, et la sixième celle d'Ophiucus. Les nébuleuses perforées, dit A. de Humboldt, sont une des curiosités les plus rares. Celle de la Lyre est la plus célèbre : elle a été découverte en 1779, à Toulouse, par d'Arquier, au moment où la comète signalée par Bode s'approcha de la région qu'elle occupe. Elle a environ la grandeur apparente du disque de Jupiter, et forme une ellipse dont les deux diamètres sont dans le rapport de 4 à 5. L'intérieur de l'anneau n'est pas noir, mais faiblement éclairé. Cette partie vide est au contraire d'un noir très-foncé dans les belles nébuleuses perforées de l'hémisphère austral. Toutes sont vraisemblablement des amas d'étoiles en forme d'anneau.

La nébuleuse intéressante représentée par notre figure 6 nous servira de transition entre les nébuleuses régulières et les nébuleuses irrégulières : c'est l'amas annulaire elliptique de la constellation du Lion. Il semble qu'elle possède un noyau central de plus forte condensation, que ce noyau est enveloppé de sphères concentriques plus ou moins chargées d'étoiles, séparées entre elles par des vides relatifs, et que ces enveloppes, se succédant suivant un grand axe, s'éloignent également du centre de part et d'autre, en diminuant d'étendue jusqu'au point où elles s'éteignent en cône.

V

NÉBULEUSES, SUITE

> « Quand la nuit aux ailes noires et parsemées d'étoiles obscurcit la terre et le ciel, semblable au bel oiseau dont le sombre plumage étincelle d'yeux innombrables ; cette sainte obscurité, ces feux divins, imposants, infinis, émanent de toi, ô Créateur ! »
>
> THOMAS MOORE.

A mesure que s'accroît le pouvoir amplificateur des télescopes, les contours de ces amas d'étoiles, comme leur aspect intérieur, se présentent sous une forme de plus en plus irrégulière. Tels de ces objets qui semblaient autrefois purement circulaires ou purement elliptiques, ont offert depuis une grande irrégularité dans leurs formes aussi bien que dans le degré de luminosité qui leur appartient. Là où des nuages pâles et blanchâtres offraient un éclat calme et uniforme, l'*œil géant* du télescope a vu s'ouvrir des régions alternativement sombres et lumineuses. Les figures que nous venons d'observer viennent toutes à l'appui de cette remarque ; d'autres la confirment d'une manière plus éclatante encore. Il y a par exemple, dans la constellation zodiacale du Taureau, une nébuleuse uniforme et ovale qui n'offre d'abord aucun carac-

Fig. 7. — Nébuleuse du Taureau.

tère de singularité dans les instruments de faible puissance. Or, quand pour la première fois lord Rosse dirigea sur elle son grand télescope, il ne put s'empêcher de lui donner immédiatement le nom singulier de *Crab Nebula*, que sa forme lui décernait d'elle-même. L'ellipse s'était transformée en poisson, ou en crabe; les antennes, les pattes, la queue étaient figurées sur le ciel noir par la silhouette blanche que dessinaient de longues traînées d'étoiles.

Il y a des nébuleuses irrégulières de toutes les formes possibles, et sur les millions que l'on a déjà observées, décrites et dessinées, on ne saurait en trouver deux qui se ressemblent. Elles ont revêtu les formes les plus extraordinaires. Les unes offrent l'aspect de véritables comètes; le noyau est accompagné d'une abondante chevelure et suivi d'une longue traînée lumineuse : telles sont celles de la Licorne, du fleuve Éridan, de la Grande-Ourse : telle est surtout celle du Navire (fig. 8), dans laquelle on retrouve le type classique des comètes les plus régulières. D'autres, comme celle d'Orion, l'une des plus célèbres par les études qui l'ont illustrée, ou comme celle des Nuées de Magellan, semblent d'immenses nuages vaporeux tourmentés jadis par quelque vent tumultueux, percés de déchirures profondes, et brisés par places en lambeaux. Celle de la constellation du Renard ressemble à ces boulets doubles que les gymnasiarques anglais soulèvent pour exercer la force de leurs bras; celle de l'Écu de Sobieski (fig. 9) écrit au milieu d'une page du ciel la dernière majuscule de l'alphabet grec, l'oméga : Ω.

D'autres nébuleuses se sont offertes en groupe, comme si deux ou plusieurs de ces vastes systèmes avaient associé leurs destinées. Plusieurs sont doubles : on voit deux amas sphériques réunis par la couronne diffuse qui les enveloppe, ou séparés par une faible distance angulaire, ou quelquefois même enveloppés dans des couches concentriques lumineuses, comme deux œufs de neige au milieu d'un nid de lumière. Ailleurs encore, dans les Nuées de Magellan, sous l'hémisphère austral, on voit quatre nébuleuses circulaires disposées aux quatre angles d'un losange illuminé lui-même d'une fine poussière d'étoiles; à l'un des angles extrêmes, la nébuleuse se divise elle-même en quatre globes, de sorte qu'en réalité on a sous les yeux une immense agglomération d'étoiles, dont les limites extrêmes présentent sept condensations principales. On la voit dessinée dans la sixième nébuleuse de notre figure 10. — La première et la quatrième nébuleuse de

Fig. 8. — Nébuleuse du Navire.

cette figure appartiennent à la Vierge, la seconde et la cinquième à la Chevelure de Bérénice, la troisième appartient au Verseau.

Mais ce n'est pas tout. Non-seulement ces lointains systèmes stellaires peuplés de myriades de soleils revêtent les formes les plus variées, non-seulement ils offrent une diversité d'aspect supérieure à celle que l'imagination peut rêver, mais encore quelques-uns d'entre eux dévoilent à l'œil étonné qui les contemple des nuances variées et de véritables couleurs. L'une est colorée d'un beau bleu indigo; une autre est rose à son centre et bordée de blanc; une autre encore émet de magnifiques rayons bleu de ciel. Cette coloration est produite par la couleur même des étoiles qui les composent. On en a vu d'autres dont l'intensité lumineuse a sensiblement varié; l'éclat de l'une d'entre elles s'est même affaibli jusqu'au point de la rendre complétement invisible.

Il est difficile de rendre l'impression que l'aspect de ces lointains univers fait naître dans l'âme, lorsqu'on les contemple à travers ces merveilleux télescopes qui rapprochent les distances. Les rayons de lumière qui nous arrivent de si loin nous mettent temporairement en communication avec ces créations étrangères, et le sentiment de la vie terrestre, assoupi dans le silence des nuits profondes, semble dominé par l'ascendant que la contemplation céleste exerce si facilement sur l'âme captivée. Les choses de la terre perdent leur prestige, et l'on s'écrie volontiers avec le poëte des *Mélodies irlandaises* : « Il n'est rien de brillant que le ciel. L'éclat des ailes de la gloire est faux et passager comme les teintes pâlissantes du soir; les fleurs de l'amour, de l'espérance, de la beauté s'épanouissent pour la tombe : il n'est rien de brillant que le ciel. »

On sent que, malgré l'éloignement insondable qui sépare notre séjour de ces lointaines demeures, il y a là des foyers lumineux et des centres de mouvement; ce n'est pas le vide, ce n'est pas le désert, c'est « quelque chose, » et ce quelque chose suffit pour attacher notre attention et pour éveiller notre rêverie. Une impression indéfinissable nous est communiquée par les rayons stellaires qui descendent silencieusement des abîmes inexplorés, on la subit sans l'analyser, et les traces en restent ineffaçables, comme celles que le voyageur ressent lorsqu'il aborde de nouvelles terres et voit de nouveaux cieux se lever sur sa tête.

C'est ce que décrit l'illustre auteur du *Cosmos*, lorsqu'il présente les Nuées de Magellan, vastes nébuleuses avoisinant le pôle austral, comme un objet unique dans le

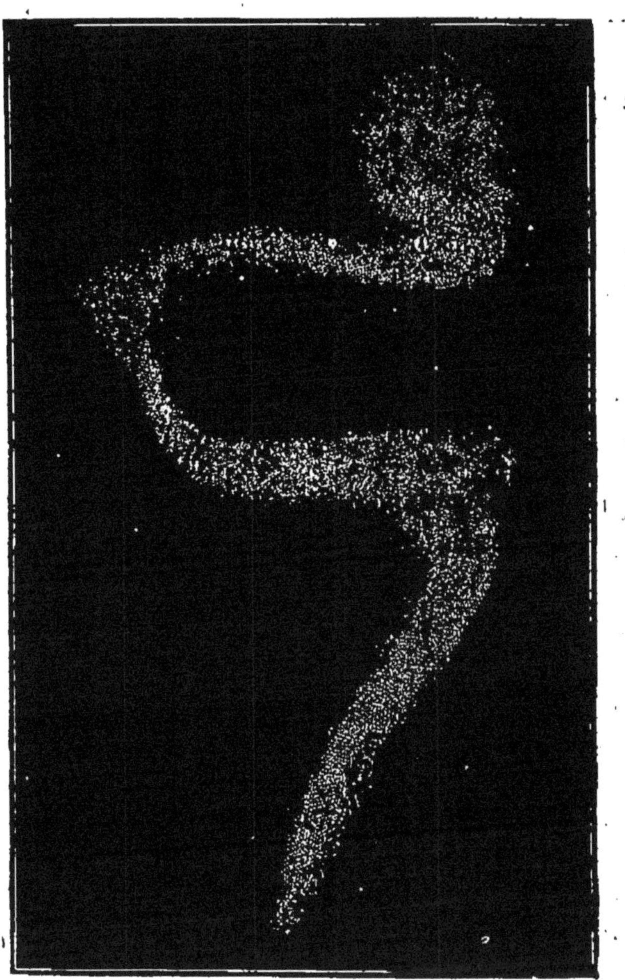

Fig. 9. — Nébuleuse de l'Écu de Sobieski.

monde des phénomènes célestes. « Les magnifiques zones du ciel austral comprises entre les parallèles du 50e et du 80e degré, dit-il, sont les plus riches en étoiles nébuleuses et en amas de nébulosités irréductibles. Des deux nuages magellaniques qui tournent autour du pôle austral, de ce pôle si pauvre en étoiles, qu'on dirait une contrée dévastée, le plus grand surtout paraît être, d'après des recherches récentes, une étonnante agglomération d'amas sphériques, d'étoiles plus ou moins grandes et de nébuleuses irréductibles, dont l'éclat général illumine le champ de la vision et forme comme le fond du tableau. L'aspect de ces nuages, la brillante constellation du Navire Argo, la Voie lactée, qui s'étend entre le Scorpion, le Centaure et la Croix, et, j'ose le dire, l'aspect si pittoresque de tout le ciel austral, ont produit sur mon âme une impression ineffaçable. »

Cependant l'aspect le plus magnifique et le plus éloquent des nébuleuses ne s'est pas encore révélé dans celles qui précèdent. Pour se former une idée de l'importance de ces amas d'étoiles et pour apprécier un peu leur valeur au point de vue de l'espace qu'ils occupent comme au point de vue du temps qui a présidé à leur formation, il faut avoir sous les yeux les splendides nébuleuses en spirales que le puissant télescope de Parsontown nous a dévoilées là où les instruments ordinaires ne montraient que des apparences semblables à celles que nous avons passées en revue.

Lord Rosse en effet a reconnu le premier que de vastes systèmes de soleils étaient agglomérés, non plus simplement autour d'un centre de condensation, non plus en amas plus ou moins réguliers, mais suivant une distribution qui révèle l'existence de forces gigantesques en action parmi eux. Il observa d'immenses agglomérations dont les étoiles composantes sont distribuées en longues courbes dans un système général de lignes spirales.

Dans la plus merveilleuse de ces nébuleuses, on remarque que du centre principal partent une multitude de spires lumineuses, formées d'une innombrable quantité de soleils, contournant le noyau resplendissant d'où elles sont issues, pour se perdre au loin en affaiblissant insensiblement leur éclat et en s'éteignant comme des traînées de vapeurs phosphorescentes. Un noyau secondaire rallie d'un côté les extrémités du plus long rayonnement. Ce sont

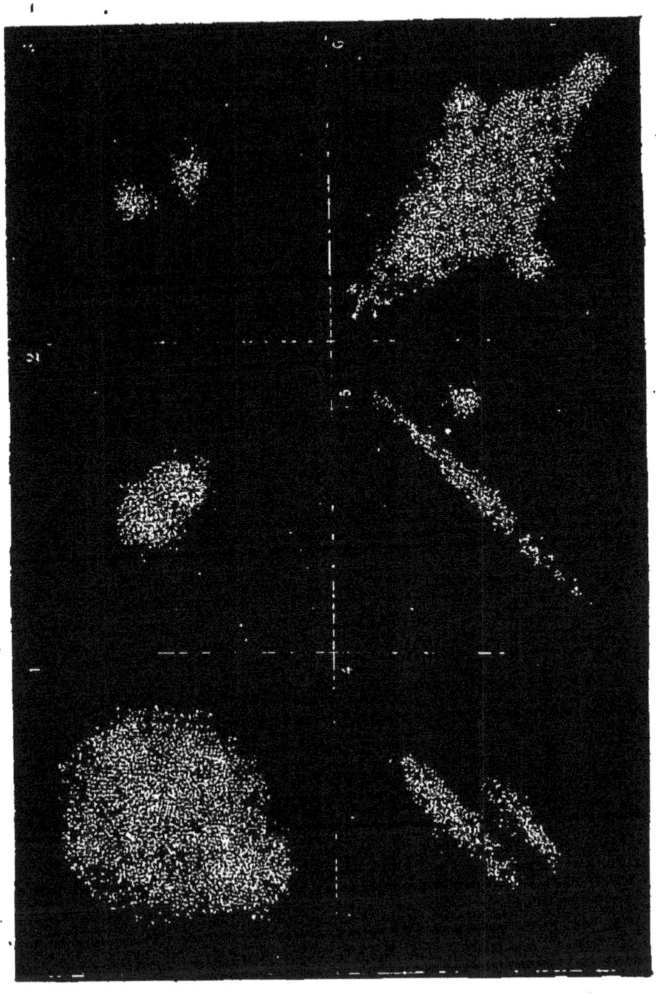

Fig. 16. — Nébuleuses doubles ou multiples.

de splendides rubans de lumière constellés, terminés par deux nœuds arrondis. Cette riche nébuleuse en spirale appartient à la constellation des *Chiens-de-chasse*, située au-dessous de la Grande-Ourse. Nous l'avons représentée fig. 11. Avant la découverte due au puissant télescope qui a fait disparaître le voile dont elle restait encore enveloppée, les meilleurs instruments ne la montraient que sous la forme d'un anneau dédoublé sur la moitié de son contour, enroulant une nébuleuse globulaire très-brillante à son centre. En dehors de l'anneau, on remarquait une seconde nébuleuse plus petite, de forme ronde. Jamais changement de forme ne fut plus manifeste entre les aspects révélés par les télescopes de différentes puissances.

Imaginer les myriades de siècles qui furent nécessaires à la formation de ces immenses systèmes serait une vaine entreprise. C'est avec lenteur que s'accomplissent les actions les plus formidables de la nature. Pour que la matière cosmique ou le prodigieux assemblage de tant d'étoiles ait pu se distribuer suivant les lignes révélées par le télescope et s'enrouler en de gigantesques spirales sous l'action dominante de l'attraction combinée de toutes les parties qui composent cet univers, il a fallu l'incalculable série des siècles amoncelés sur sa tête. C'est ici surtout qu'il est vrai de dire que les rayons lumineux qui descendent de ces créations lointaines sont pour nous le témoignage le plus ancien de l'existence de la matière.

La nébuleuse en spirale des Chiens-de-chasse n'est pas la seule de cette forme. Dans la constellation de la Vierge, du Lion et de Pégase, on admire aussi de semblables systèmes. Celle de la Vierge, située dans une aile de cette figure, s'offre sous l'aspect de ces fusées tournantes que l'on voit aux feux d'artifice : du centre lumineux s'élèvent tout autour de blanches traînées de lumière, se dirigeant et se courbant toutes dans le même sens ; des vides obscurs les séparent et donnent plus de netteté au dessin de leur direction. (Voy. la fig. 12.) Celle du Lion présente une suite de zones concentriques ovales enveloppant le centre, également plus lumineux ; une multitude d'étoiles resplendissent en ce centre. La nébuleuse en spirale de Pégasse, marquée d'une belle étoile à sa partie centrale,

Fig. 11. — Nébuleuse en spirale de la constellation des Chiens de chasse.

est circulaire et composée de cercles successivement lumineux et obscurs; d'un côté, la circonférence est coupée par une tangente, ligne de lumière large et plus

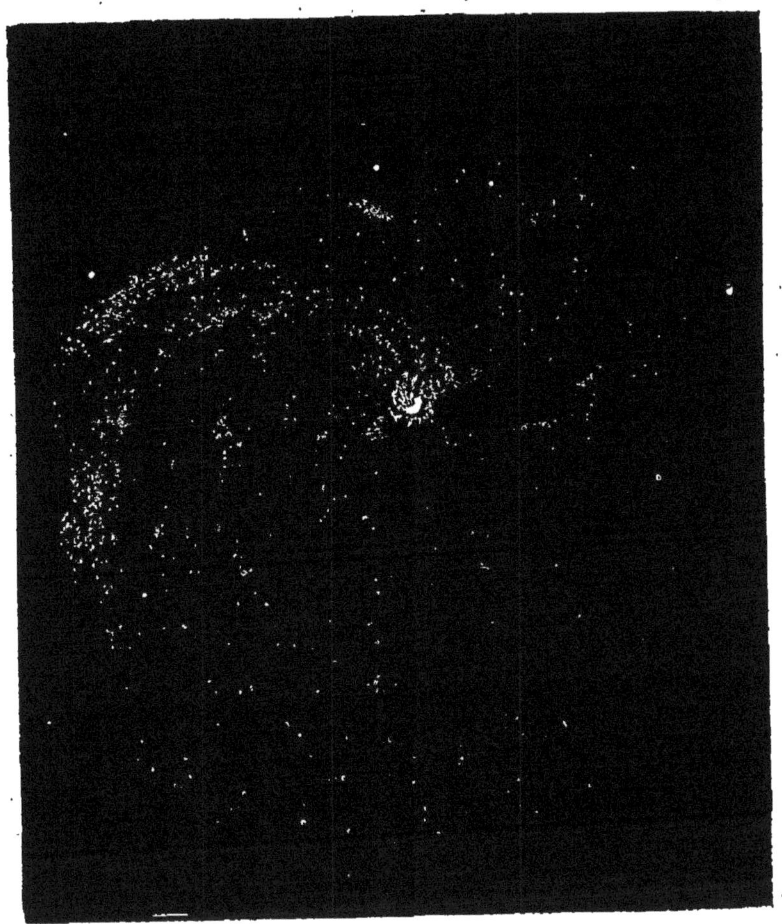

Fig. 12. — Nébuleuse en spirale de la Vierge.

longue que la nébuleuse elle-même, à laquelle celle-ci semble attachée comme ces petits nids soyeux d'insectes au flanc des branches.

Après ces magnificences stellaires découvertes au fond des espaces par la merveilleuse puissance du télescope, notre curiosité garde encore une ambition, celle de connaître le formidable instrument à l'aide duquel l'astronomie moderne s'est enrichie de telles connaissances.

William Herschel s'était construit un télescope monté sur un formidable assemblage d'échelles massives, de cordes et de poulies. Lord Rosse s'est établi au château de Parsonstown (Irlande), encastré dans des constructions monumentales, un télescope de 17 mètres de hauteur, c'est-à-dire 17 mètres de distance focale, entre le miroir qui est au fond et l'oculaire qui est en haut. Pour observer, on se place sur la plate-forme supérieure, et l'on regarde, à l'aide d'un miroir et d'un microscope, l'image formée au fond de l'appareil, qui peut supporter des grossissements de 6,000 fois.

A propos des nébuleuses en spirale, je me souviens de l'année 1702, dans laquelle un faiseur de systèmes composa un gros volume pour démontrer que l'univers est une grande spirale. Selon lui, Dieu serait placé au centre des mondes ; de ce centre il communiquerait avec tous les êtres créés par une infinité de lignes spirales se dirigeant vers la circonférence. Soleils et mondes, corps et esprits, tout serait mû en spirale. Si cet auteur singulier renaissait de nos jours, avec quel empressement il saisirait nos nébuleuses en spirales pour illustrer sa thèse !

Les nébuleuses ne sont pas uniformément répandues dans toutes les régions du ciel. Sur la sphère étoilée, on observe de vastes localités où nulle nébuleuse n'est visible, tandis qu'en d'autres points elles paraissent véritablement entassées. La région du ciel la plus riche se trouve dans le groupe suivant de constellations, que l'on apprendra bientôt à reconnaître : la Grande-Ourse, Cassiopée, la Chevelure de Bérénice, la Vierge. Dans la région zodiacale voisine de la Vierge, on peut voir passer, en une heure, plus de 300 nébuleuses, tandis que dans les régions opposées on n'en rencontrerait pas une centaine. Les es-

paces qui précèdent ou qui suivent les nébuleuses renferment généralement peu d'étoiles. Herschel trouvait cette règle constante. Aussi, il paraît que toutes les fois que,

Fig. 14. — Ancien télescope d'Herschel.

pendant un certain temps, aucune étoile n'était venue, par le mouvement du ciel, se ranger dans le champ de son télescope immobile, il avait l'habitude de dire au secrétaire qui l'assistait : « Préparez-vous à écrire, des nébuleuses vont arriver. »

De ce fait que les espaces les plus pauvres en étoiles sont voisins des nébuleuses les plus riches, et de cet autre que les étoiles sont généralement plus condensées vers le centre des nébuleuses, résulte une confirmation de ce que nous disions plus haut du travail incessant du grand nombre de siècles qu'il a fallu pour établir ces systèmes. Il n'est rien d'étonnant à ce que ces réunions puissantes se soient formées, soit aux dépens de la matière cosmique environnante, destinée à se condenser en étoiles, soit aux dépens des étoiles elles-mêmes, et à ce que les espaces qui les entourent ressemblent à de vastes déserts, à des régions ravagées.

A la vue des nébuleuses pâlissantes qui constellent l'étendue, l'âme se sent attirée comme au bord de ces abîmes dont la profondeur inconnue donne le vertige. A la grandeur du spectacle succède un sentiment plus cher, un sentiment d'affection pour ces beautés mystérieuses, et l'on comprend bientôt combien elles surpassent les plus précieuses richesses de la terre.

« Étoiles! poésie du ciel! s'écriait lord Byron, si nous cherchons à lire dans vos pages étincelantes la destinée des hommes et des empires, nous sommes pardonnables, alors que dans notre désir de grandeur nous osons franchir notre sphère mortelle et aspirer à nous unir à vous ; car vous êtes une beauté et un mystère, et vous nous inspirez de loin tant d'amour et de respect, que nous avons donné une étoile pour emblème à la fortune, à la gloire, à la puissance, à la vie. Le ciel et la terre se taisent. Ils ne dorment pas, mais leur haleine reste suspendue comme il arrive pour nous dans un moment d'émotion vive ; ils sont silencieux comme nous quand notre pensée nous préoccupe trop profondément. Le ciel et la terre se taisent : du cortége lointain des étoiles jusqu'au lac assoupi et à la rive montagneuse, tout est concentré dans une vie intense, en laquelle il n'est pas un rayon, pas un souffle, pas une feuille qui n'ait sa part d'existence, et ne sente la présence de l'Être créateur et conservateur de toute chose.

« Alors s'élève ce sentiment de l'infini que nous éprouvons dans la solitude, là où nous sommes *le moins* seuls ; c'est la vérité qui s'infuse dans notre être et le purifie du moi personnel ; c'est une vibration, âme et source de la musique, qui nous initie à l'éternelle harmonie, répand autour de nous un charme pareil à la ceinture fabuleuse de Cythérée, unissant toutes choses dans les liens de la beauté, et qui désarmerait jusqu'au spectre de la Mort, si sa fatale puissance était matérielle.

« Ils eurent raison, les anciens Persans, de lui donner pour autels les hauts lieux et le sommet des monts sourcilleux, et de ne point emprisonner dans des murailles le culte de l'esprit, qui n'est honoré qu'imparfaitement dans des sanctuaires élevés par la main des hommes. Venez donc comparer vos colonnes, vos temples grecs ou gothiques, destinés à abriter des idoles, avec l'air et la terre, ces temples de la nature, et gardez-vous de circonscrire la prière dans une étroite enceinte[1]. »

Nous avons vu que l'univers est formé par des nébuleuses, répandues dans l'immensité de l'espace, à toutes les profondeurs imaginables et dans tous les sens possibles. Mais alors, s'il n'y a que des nébuleuses dans l'espace, et si nul corps céleste n'est isolé de ces agglomérations, la terre où nous sommes fait donc partie d'une nébuleuse ? L'habitant du globe terrestre se trouve donc, lui aussi, au sein de l'un de ces immenses amas d'étoiles qui constituent les archipels de l'océan céleste ; et nous ne vivons donc pas, comme les apparences tendent à le faire supposer, en dehors de cette création étoilée qui rayonne sur nos têtes ? En un mot, si tous les astres sont réunis en groupes, la terre appartient donc aussi à un groupe d'astres, à une nébuleuse ? —! Voyons !

[1] *Childe Harold*, LXXXVIII-XC.

VI

LA VOIE LACTÉE

> O nuit majestueuse, arche immense et profonde,
> Où l'on entrevoit bien comme le fond sous l'onde !
> Où tant d'astres en feux portant écrit son nom,
> Vont de ce nom splendide éclairer l'horizon,
> Et jusqu'aux infinis où leur courbe est lancée,
> Porter ses yeux, sa main, son ombre et sa pensée !
> Et vous, vents palpitant la nuit sous ces hauts lieux,
> Qui caressez la terre et parfumez les cieux !
> Mystères de la nuit, que l'ange seul contemple,
> Cette heure aussi pour moi lève un rideau du temple.
>
> LAMARTINE, *Jocelyn*.

Oui, la terre, comme tous les autres astres, fait partie d'une nébuleuse. Elle n'est pas isolée dans les déserts de l'infini, elle ne fait pas exception à la loi générale. La terre, comme les planètes qui l'avoisinent, appartient au soleil. Ce soleil les représente dans le recensement universel des astres, car ni terre ni planètes ne comptent au nombre de ces splendeurs, et ce soleil est l'une des étoiles composantes d'une immense nébuleuse.

Le Soleil n'est qu'une étoile : cette assertion peut étonner au premier abord, à cause des illusions produites par les sens. Le flambeau de notre lumière, le foyer de la chaleur, le gouverneur de la vie terrestre nous apparaît sous le prestige légitime de son unique puissance, et nous le saluons comme le prince des astres, comme le premier d'entre les grands du ciel. Et pour nous, en effet, il mérite souverainement ces titres, et tous ceux que notre juste reconnaissance se plaît à lui attribuer. Mais si nous l'estimons supérieur aux étoiles, si nous le trouvons plus important, plus magnifique, plus nécessaire, c'est uniquement parce que nous sommes auprès de lui, parce qu'en réalité nous sommes son locataire, son sujet, et que, contrairement à ce qui se passe sur la terre, nous reconnaissons avec bonheur la supériorité de nos maîtres dans l'ordre céleste. Lui appartenant, nous vivons à ses dépens, en véritables parasites, et sans lui nous tomberions soudain dans les ténèbres de la mort. Le remercier et reconnaître sa puissance n'est que trop juste. Cependant, pour juger les choses au point de vue de l'absolu, il faut nous élever au-dessus de la dépendance particulière qui peut s'opposer à la justesse de notre jugement, comme celui qui, après avoir étudié l'intérieur d'un édifice, voulant examiner le rang de cet édifice dans la ville, s'en éloigne, et, se plaçant sur une hauteur, compare entre eux les différents monuments de la cité. Il faut de même sortir de la domination solaire et nous transporter en esprit dans un point reculé de l'espace, d'où nous puissions reconnaître par comparaison le rang occupé par notre soleil dans l'univers sidéral.

Or, en nous éloignant du soleil, vers un point quelconque de l'espace, nous verrons ce soleil diminuer de grandeur et perdre l'importance capitale qui paraissait être son privilége. Quand nous atteindrons les limites de son système, il ne nous offrira déjà plus que l'aspect d'une grande étoile. En nous éloignant encore, nous le verrons descendre au rang d'une simple étoile. Enfin, si, nous dirigeant vers une étoile quelconque du ciel, nous continuons d'assister à la décroissance du soleil, qui s'enfonce derrière nous dans les profondeurs de l'étendue ; tandis qu'il deviendra petite étoile, perdue bientôt dans la multitude des autres, celle vers laquelle nous dirigeons nos pas perdra au contraire de son aspect modeste, grossira, resplendira, et grandissant à mesure que nous approcherons d'elle, deviendra un véritable soleil, non moins important que le nôtre par sa puissance lumineuse et calorifique, et par les dons qu'elle dispense aux planètes de son domaine.

En passant au delà de ce nouveau soleil et en continuant notre marche, nous assisterons à la transformation analogue d'autres étoiles en soleils : toutes celles vers lesquelles nous passerons successivement nous apparaîtront sous cet aspect, nous montrant ainsi qu'elles brillent de leur própre lumière et sont autant de foyers planétaires. Enfin, lorsque nous aurons traversé ces plaines étoilées, nous atteindrons des plages où les soleils sont plus clairsemés, et bientôt un désert vide d'étoiles.

Aux milliards de milliards de lieues que nous venons de traverser, ajoutons encore une certaine quantité de milliards, et nous arriverons bientôt en un point favorable pour nous rendre compte du rang absolu de notre soleil. Supposons donc que nous abordions enfin les premiers soleils constitutifs d'une nébuleuse, et qu'alors seulement nous retournant du côté d'où nous venons, nous cherchions quelle place occupe notre soleil dans l'armée d'étoiles que nous avons laissée derrière nous. C'est de là seulement que nous pouvons bien juger les choses. Or voici ce qui nous apparaît :

Tous les astres qui peuplent nos nuits étoilées sont maintenant resserrés dans une étendue restreinte, et nous remarquons, — maintenant que nous sommes sortis de leur ensemble, — qu'ils forment une agglomération de petits points brillants, et qu'ils ressemblent à une île de lumière suspendue dans l'espace. En un mot, et c'est là où nous voulons en venir, ils forment une *nébuleuse*. Cette nébuleuse est isolée ; ses limites sont assez nettement définies, et nul groupe, nulle étoile ne brille dans le désert qui l'entoure. Elle se dessine dans les ténèbres sous la forme que nos lecteurs n'ont pas manqué de remarquer à travers le ciel pendant les nuits limpides.

C'est dans cette nébuleuse que nous habitons ; c'est là que réside notre monde solaire. En quel endroit sommes-nous? La question est au moins curieuse, et du point où nous venons de nous placer pour observer sous son aspect véritable l'amas d'étoiles dont nous faisons partie, les meilleurs instruments ne parviendraient pas à distinguer notre petit soleil. Mais il n'est pas toujours nécessaire de voir les personnes pour deviner où elles sont. C'est pourquoi nous avons pu faire la coupe de la voie lactée (fig. 15) et marquer vers le centre de la nébuleuse, non loin de la ligne de séparation de la zone en deux couches, un petit point de repère : S. Ce point, c'est l'endroit occupé par notre soleil. La terre et les planètes sont avec lui ; mais puisqu'il est impossible de distinguer le soleil au sein de cette assemblée, à plus forte raison est-il de la dernière impossibilité d'apercevoir le moindre vestige de l'existence de notre système planétaire, et encore moins de celle de la terre.

Si nous habitons ainsi dans la région médiane d'une riche nébuleuse, comment se fait-il, pourront se demander les esprits curieux, comment se fait-il que nous ne nous en apercevions pas, et que nos nuits limpides nous montrent tout autour de nous un ciel purement et splendidement étoilé? Est-il donc nécessaire de s'en aller à tant de milliards de milliards de lieues de la terre pour savoir où elle se trouve? et si cela est nécessaire, comment l'a-t-on su ?

Mais non : cela n'est pas nécessaire, puisque l'on connaît cette position. D'ici, sans sortir de notre sphère, nous observons le ciel, et nous voyons précisément que tout autour de nous un grand cercle nébuleux enveloppe notre globe. Nous nous voyons vers le centre de ce cercle, et toutes les nuits nous montrent sur nos têtes une bande blanchâtre de petites étoiles serrées nous entourant perpétuellement. Cette agrégation d'étoiles, on l'a déjà deviné, c'est la *Voie lactée*.

La Voie lactée, ce large ruban irrégulier de nuages stellaires qui traverse le ciel dans toute sa largeur, n'est

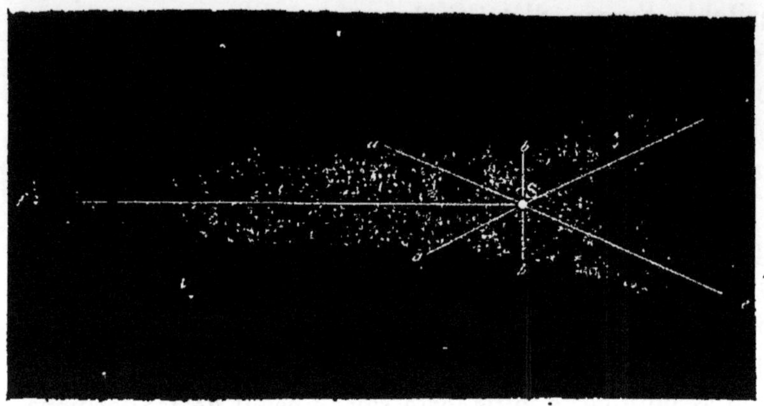

Fig. 15. — Coupe de la Voie lactée.

pas autre chose, en effet, que la plus grande longueur de cette immense lentille d'étoiles à laquelle nous appartenons. Si le ciel tout entier ne paraît pas nébuleux dans tous les sens, c'est précisément parce que la nébuleuse à laquelle nous appartenons n'est pas sphérique, mais de forme lenticulaire, et que dans la largeur de la lentille il y a moins de profondeur et moins d'étoiles que dans le sens de la longueur. Du point où nous sommes placés, si notre œil plonge dans la longueur, S *f*, par exemple, et aussi S *e*, il rencontre étoiles sur étoiles, indéfiniment, parce qu'il y a une immense étendue du point où nous sommes jusqu'aux abords de la nébuleuse aplatie; mais si notre regard s'écarte du plan équatorial vers les côtes (S b, par exemple) ou bien suivant des lignes perpendiculaires au plan axial, il rencontre d'autant moins d'étoiles qu'il s'en éloignera davantage, et, en arrivant au diamètre polaire, il n'en rencontre presque plus. Il y a trente fois moins d'étoiles dans ces régions que dans celles qui avoisinent le plan équatorial.

Toutes les étoiles qui scintillent dans le ciel pendant la nuit profonde appartiennent à une seule agglomération, à une seule nébuleuse, dont la Voie lactée nous marque le sens longitudinal. Les étoiles ne sont pas isolées d'une manière absolue, au hasard, dans les déserts du vide; elles font partie d'un ensemble; le soleil qui nous éclaire est l'une d'entre elles; elles sont réunies par millions dans un groupe gigantesque, analogue aux amas lointains dont nous parlions plus haut. Au lieu de ne voir qu'une lueur diffuse, qu'une clarté indistincte dans la Voie lactée, le télescope sépare les étoiles qui la composent et montre qu'elle est formée d'une multitude innombrable d'astres irrégulièrement rassemblés.

L'idée que nous devons nous faire de la Voie lactée est donc bien différente de celle que les apparences nous présentent et de celles dont les anciens se contentaient. Dès l'origine des âges, dès les premières observations d'une astronomie élémentaire, on avait remarqué cette traînée semi-lumineuse qui traverse le ciel, et la mythologie régnante avait brodé sur elles les images dont elle ornait toutes choses. Un poëte écossais du seizième siècle, Georges Buchanan, a retracé en quelques élégantes paroles cette histoire des singulières opinions émises sur la Voie lactée, en même temps qu'il s'est élevé à la cause véritable de cet aspect céleste.

« Pourrai-je te passer sous silence, dit-il en s'adressant à la Voie lactée, toi que les anciens poëtes ont tant célébrée dans leurs chants! toi qui partages le ciel par ta large ceinture et qui en es un des plus beaux ornements! Tu brilles au sein de la nuit, et sensible à tout l'univers, tu frappes les yeux des mortels; tu répands ta douce lumière toutes les fois que l'air sans nuages nous laisse librement porter nos regards jusqu'à la voûte céleste. Cette blancheur éclatante qui te fait si aisément remarquer t'a fait donner le nom de Voie lactée, soit si la Fable n'en a point imposé aux anciens poëtes) parce que des gouttes de lait tombée du sein de Junon coulèrent obliquement à travers les astres et tracèrent sur l'azur des cieux cette bande si remarquable par sa blancheur; soit, selon d'autres, parce que c'est le chemin qui conduit à la demeure des dieux et au palais du maître du tonnerre. Il en est qui croient que c'est le séjour qu'habitent les mânes des âmes heureuses; que là, exemptes de tout travail, libres de tout souci, elles vivent comme les dieux dans une éternelle félicité. D'autres veulent que le pôle conserve encore les traces de l'incendie allumé par Phaéton, lorsque le char de Phébus, écarté de sa route par ce conducteur novice, livra en proie aux flammes les demeures célestes, et manqua d'embraser l'univers. Il y en a qui prétendent que lorsque Dieu créa le monde et en assembla les différentes parties, lorsqu'il réunit ses flancs immenses, les extrémités du ciel, en se liant l'une à l'autre, laissèrent entre elles une espèce de suture et comme une cicatrice toujours subsistante, qui marque le point de réunion de toutes ces parties. Mais ceux qui se sont occupés de rechercher les causes secrètes des phénomènes célestes, croient que cette bande est produite par un amas de petites étoiles contiguës, dont les clartés réunies forment cette blancheur lumineuse, semblable à celle que donne le crépuscule, ou à cette faible lumière que conservent encore les astres lorsqu'ils pâlissent à l'approche de Phébus. »

Ces fantaisies de l'imagination, autorisées par les fables antiques, étaient bien loin de la réalité; et ici comme précédemment la réalité est plus belle, plus grande, plus admirable que la fiction. Depuis le jour où les premières lunettes astronomiques permirent de distinguer les étoiles dont l'agglomération forme la blancheur de cette zone, les astronomes portèrent leur attention sur sa constitution et sur sa structure. William Herschel, à l'aide du puissant télescope qu'il avait fabriqué de ses propres mains, résolut, vers la fin du siècle dernier, de dénombrer les étoiles comprises dans cette zone : il se mit à l'œuvre et divisa son travail parties par parties. Sa longue persévérance fut couronnée d'un grand succès. Par une comparaison très-habile des parties où la condensation d'étoiles atteint son maximum avec celles où elle atteint son minimum, et par l'examen de l'étendue occupée par ces anneaux immenses, le grand observateur trouva que la Voie lactée ne renferme pas moins de dix-huit *millions* d'étoiles !

Dix-huit millions d'étoiles dans la couche équatoriale de la nébuleuse lenticulaire à laquelle nous appartenons : ce n'est pas là le nombre total des étoiles dont elle se compose, puisqu'il ne s'agit pas ici des parties latérales de cette masse gigantesque, et que toutes les étoiles du ciel, situées de part et d'autre du plan de plus grande condensation, ne sont pas comprises dans cette énumération. Nous verrons un peu plus loin, au chapitre consacré à l'étude des étoiles, que le nombre total des membres de cette populeuse tribu est bien supérieur encore à dix-huit millions.

Quelle est l'étendue réelle occupée par cette réunion de soleils? Le nombre des étoiles qui la composent, et les distances réciproques de ces étoiles entre elles, donnent pour cette étendue un nombre que l'esprit ne peut bien concevoir sans s'y être bien préparé, un nombre qu'il ne peut apprécier, s'il ne fait de grands efforts pour arriver à le saisir. Je ne veux pas donner ce nombre en lieues, parce qu'une suite immense de lieues dépasse les bornes de la vision de l'esprit même; il vaut mieux prendre la mesure dont on se sert habituellement pour les grandeurs astronomiques. Or donc, l'étendue de la Voie lactée, dans sa plus grande longueur, serait mesurée par un rayon de lumière qui, à raison de 77,000 lieues par chaque seconde, volerait en ligne droite et sans s'arrêter pendant quinze mille ans!

Ainsi, comme nous nous trouvons vers le centre de cette nébuleuse, lorsque par le champ d'un puissant télescope nous observons les petites étoiles lointaines situées dans les profondeurs de la Voie lactée, notre rétine reçoit l'impression d'un rayon lumineux parti il y a sept ou huit mille ans d'un soleil analogue au nôtre et faisant partie du même groupe sidéral.

Si telle est l'étendue de la nébuleuse dont nous sommes une infinitésimale partie constituante, les autres nébuleuses semées dans l'espace sont-elles aussi opulentes et aussi vastes, ou bien notre nation est-elle privilégiée et surpasse-t-elle les autres en richesse comme en étendue?

Il n'y a pas de raison pour s'arrêter à cette dernière idée, qu'un restant de vanité pourrait peut-être encore nous suggérer pour nous dédommager un peu de la médiocrité du rang naturel où nous sommes. La Voie lactée n'est pas unique; toutes les nébuleuses de l'univers sont autant de voies lactées, plus ou moins semblables à la nôtre. Quelques-unes peuvent être moins vastes; d'autres peuvent être beaucoup plus vastes encore, attendu que dans le domaine de l'infini l'espace ne compte plus. Le mieux pour nous est donc de prendre la moyenne, et de penser que les nébuleuses pâlissantes et diffuses qui semblent trembler au loin dans les insondables immensités, sont des voies lactées peuplées d'autant de soleils que la nôtre. Mais alors, puisqu'elles nous paraissent si petites, il faut donc qu'elles soient bien éloignées de nous? Bien éloignées, en effet, car si nous cherchons à quelle distance il faudrait transporter notre voie lactée pour qu'elle se réduisît à la limite d'une nébuleuse moyenne, nous trouvons qu'il faudrait l'éloigner à 334 fois sa longueur, distance telle, que notre agile messager, le rayon de lumière, emploierait plus de cinq millions d'années pour la franchir.

Telle est la distance qui peut séparer entre elles les gigantesques agglomérations de soleils dont l'univers sidéral est composé, et qui planent dans l'espace, suspendues dans toutes les profondeurs de l'immensité insondée.

En contemplant ces merveilleuses grandeurs, on comprend qu'elles aient été pour les poëtes un sujet d'extase, et l'on redit avec émotion les belles pensées qu'elles ont inspirées.

« O toi, magnifique et inimaginable éther! ô vous, innombrables masses de lumière qui vous multipliez et vous multipliez sans cesse à nos yeux! qu'êtes-vous? Qu'est-ce que ce désert bleu et sans bornes des plaines éthérées où vous roulez comme les feuilles tombées sur les fleuves limpides d'Éden? Votre carrière vous est-elle tracée? ou parcourez-vous dans un joyeux désordre un univers aérien, infini par son étendue? Cette pensée afflige mon âme, enivrée d'amour pour l'Éternité. O Dieu ou Dieux, ou qui que vous soyez, que vous êtes beaux! que je trouve vos ouvrages parfaits!... Faites-moi mourir comme meurent les atomes (si toutefois ils meurent), ou révélez-vous à moi dans votre pouvoir et votre science. Mes pensées ne sont pas indignes de ce que je vois, quoique la poussière dont je suis formé le soit... Esprit, accorde-moi d'expirer ou de voir tout de plus près[1]. »

[1] Lord Byron, *Caïn*.

NOTRE UNIVERS

I

LE MONDE SIDÉRAL

Un monde est assoupi sous la voûte des cieux;
Mais sous la voûte même où s'élèvent mes yeux,
Que de mondes nouveaux, que de soleils sans nombre
Trahis par leur splendeur étincellent dans l'ombre!
Les signes épuisés s'usent à les compter,
Et l'âme infatigable est lasse d'y monter!
. . . Là l'antique Orion, des nuits perçant les voiles,
Dont Job a le premier nommé les sept étoiles;
Le Navire fendant l'éther silencieux,
Le Bouvier dont le char se traîne dans les cieux,
La Lyre aux cordes d'or, le Cygne aux blanches ailes,
Le Coursier qui du ciel tire des étincelles,
La Balance inclinant son bassin incertain,
Les blonds Cheveux livrés au souffle du matin,
Le Bélier, le Taureau, l'Aigle, le Sagittaire,
Tout ce que les pasteurs contemplaient sur la terre,
Tout ce que les héros voulaient éterniser,
Tout ce que les amants ont pu diviniser,
Transporté dans le ciel par de touchants emblèmes,
N'a pu donner de noms à ces brillants systèmes,

LAMARTINE.

D'après ce qui précède, nous habitons le sein d'une vaste nébuleuse, dont la couche équatoriale, se projetant sur notre ciel, y décrit cette voie blanchâtre connue sous le nom de Voie lactée. Notre soleil est l'une des étoiles composantes de cette agglomération gigantesque, et toutes les étoiles qui scintillent durant nos nuits silencieuses font partie, comme lui, de cette même tribu. C'est là, à proprement parler, notre univers. Les autres nébuleuses peuvent être regardées par nous comme d'autres univers, étrangers à celui-ci, et dont nous n'avons contemplé l'ensemble que pour nous élever à une notion plus rapprochée de la grandeur de la création, mais que nous laisserons désormais dans l'immensité inexplorée qu'ils habitent au fond des espaces. Descendant du grand au petit, procédant de l'ensemble à la partie, nous embrasserons maintenant de moins vastes proportions ; nous nous arrêterons à notre univers sidéral, autrement dit à la description générale des îles qui constituent notre archipel céleste.

Nous ne parlerons pas encore ici de la nature des étoiles, ni de leurs distances, ni de leurs mouvements, ni de leur histoire particulière ; avant de poursuivre la réalité, il sera bon pour nous de faire une digression sur les apparences. Nous sommes pourtant bien mal disposé contre les apparences, et nous leur préférons de beaucoup la réalité ; mais il en est quelques-unes dont nous ne pouvons nous dispenser de parler, attendu qu'elles forment en quelque sorte la superficie des choses que nous devons approfondir, et qu'il faut passer par cette superficie avant d'arriver à l'intérieur. Mais lorsque nous convenons bien entre nous que tel ou tel phénomène n'est qu'une apparence, il n'y a aucun inconvénient à nous occuper de lui : le principal est de s'entendre et de ne rien confondre.

Les étoiles paraissent disséminées comme au hasard dans les cieux. Par une belle nuit étoilée, quand notre regard s'élève vers ces hauteurs, il remarque une grande diversité dans l'éclat de ces lumières, en même temps qu'un désordre apparent dans leur disposition générale. Cette irrégularité et le nombre considérable des étoiles ont empêché de donner à chacune d'elles un nom particulier; et pour les reconnaître et en faciliter l'étude, on a partagé la sphère céleste en sections. L'astronomie des premiers peuples, dit Francœur, s'est bornée à quelques distinctions grossières; on s'est d'abord contenté de dénommer les planètes et les plus belles étoiles, et nous avons conservé cet usage ; mais, quand on a voulu étudier avec plus de soin et qu'on a eu besoin de désigner les astres d'un éclat moindre, on n'a pu suivre une méthode dont on sentait l'imperfection. On s'est conduit comme le font les naturalistes, qui, pour dénommer les espèces des trois règnes, réunissent sous un nom commun un certain nombre d'individus, qu'ils distinguent ensuite entre eux par une qualification. Les astronomes ont réuni les étoiles en divers groupes, sur lesquels ils ont dessiné un animal ou un être fabuleux. On imposa à ces groupes ou *constellations* des noms tirés de la Fable, de l'histoire ou des règnes de la nature. Ces dénominations, consacrées par l'antiquité, sont d'ailleurs tout à fait arbitraires, et, à moins que l'imagination ne se crée des fantômes, comme elle fait voir des tableaux dans les contours capricieux des nuages, on ne doit s'attacher à trouver dans les groupes d'étoiles rien qui puisse rappeler la figure ou imiter l'image de l'objet dont la constellation porte le nom [1].

La nécessité de se guider sur les mers obligea l'homme à choisir dans les cieux d'invariables points de repère sur lesquels il pût orienter sa course ; et c'est là l'origine historique des constellations.

On forma des cartes représentatives du ciel, et, dès Hipparque, astronome grec, on put classer les étoiles, en les distinguant selon leur éclat, dans les positions occupées par chacune d'elles sur les figures dessinées.

Il était nécessaire de déterminer une méthode pour

[1] Nous avons exposé en détail ces origines si curieuses dans notre *Histoire du ciel*.

trouver facilement une étoile particulière au milieu d'un si grand nombre (quatre à cinq mille) que l'on distingue à l'œil nu. On ignore la première origine des constellations, mais on sait qu'elles ont été établies successivement. Le centaure Chiron, précepteur de Jason, a la réputation d'avoir le premier partagé le ciel sur la sphère des Argonautes; mais Job vivait avant l'époque où l'on place le précédent, et ce prophète parlait déjà d'Orion, des Pléiades, des Hyades, il y a trois mille trois cents ans. Homère parle également de ces constellations en décrivant le bouclier de Vulcain. « Sur la surface, dit-il, Vulcain, avec une divine intelligence, trace mille tableaux variés. Il y représente la terre, les cieux, la mer, le soleil infatigable, la lune dans son plein, et tous les astres dont se couronne le ciel : les Pléiades, les Hyades, le brillant Orion, l'Ours, qu'on appelle aussi le Chariot, qui tourne toujours aux mêmes lieux et regarde l'Orion : c'est la seule constellation qui ne se plonge point dans les flots de l'Océan. » (*Iliade*, ch. XVIII.)

C'est toujours la même division mythologique qui est en usage aujourd'hui. Depuis l'établissement du christianisme, il y eut plusieurs essais destinés à réformer ce système païen et à le remplacer par des dénominations chrétiennes. Dans le planisphère de Bède, saint Pierre remplace le Bélier; saint André le Taureau, etc. De ces tentatives aucun nom n'est resté; car le Chariot de David, le sceau de Salomon, les trois Rois mages, ou « le Bâton de Jacob, » etc., datent de plus haut. Plus tard encore un Allemand proposa de donner aux douze signes du Zodiaque le blason des douze plus illustres maisons de la noblesse européenne. Ces essais particuliers restèrent stériles, et le règne de la mythologie se continua jusqu'à nos jours [1].

Comme on observe une grande diversité dans l'*éclat* des étoiles, pour en faciliter l'indication, on a classé ces astres

[1]. Voy. notre *Histoire du ciel*.

par ordre de *grandeurs*. Ce mot de grandeurs est impropre, attendu qu'il n'a aucun rapport avec les dimensions des astres, puisque ces dimensions nous sont encore inconnues; il date d'une époque où l'on croyait que les étoiles les plus brillantes étaient les plus grosses, et c'est là l'origine de cette dénomination; mais il importe de savoir que ce n'est point là son sens réel. Il correspond simplement à l'*éclat apparent* des étoiles. Ainsi les étoiles de première grandeur sont celles qui brillent avec le plus de vivacité dans la nuit obscure; celles de seconde grandeur sont celles qui brillent moins, etc. Or cet éclat apparent tient à la fois de la grosseur réelle de l'étoile, de sa lumière intrinsèque et de sa distance à la terre; il ne possède par conséquent qu'un sens essentiellement relatif. On peut dire cependant qu'en général les étoiles les plus brillantes sont les plus rapprochées, que celles dont la lueur pâle est à peine distinguée dans les champs du télescope sont les plus lointaines.

Ainsi, lorsque nous parlerons de la grandeur des étoiles, il est convenu qu'il s'agira simplement de leur éclat apparent; cet éclat facilite beaucoup les moyens de les reconnaître parmi les constellations. Il y a maintenant un autre fait qu'il n'importe pas moins de considérer comme relatif, et non comme absolu : c'est la disposition des étoiles, ou la forme des constellations. Nous savons déjà que le ciel n'est pas une sphère concave sous laquelle des clous brillants seraient attachés, mais qu'il n'y a aucune espèce de voûte, que le vide immense, infini, enveloppe la terre de toutes parts, dans toutes les directions. Nous savons aussi que les étoiles, soleils de l'espace, sont disséminées à toutes les distances dans la vaste immensité. Lors donc que nous remarquons dans le ciel deux étoiles voisines, leur proximité apparente ne prouve en aucune façon leur proximité réelle : elles peuvent être éloignées l'une de l'autre, dans le sens de la profondeur, à une distance égale ou supérieure à celle qui nous sépare de la plus rapprochée. De même, lorsqu'on réunit dans un même groupe quatre ou cinq étoiles, ou davantage, cela n'implique pas que ces étoiles, formant une même constellation, se trouvent sur un même plan et à une égale distance de la terre. Nullement. Disséminées à toutes les profondeurs de l'espace, tout autour de l'atome terrestre, la disposition qu'elles revêtent à nos yeux n'est qu'une apparence causée par la position de la terre vis-à-vis d'elles. C'est là une pure affaire de perspective. Quand nous nous trouvons pendant la nuit, au milieu d'une vaste place publique (soit, par exemple, sur la place de la Concorde, à Paris), dans laquelle un grand nombre de becs de gaz sont dispersés, il nous est difficile de distinguer, à une certaine distance, les lumières les plus éloignées de celles qui le sont moins : elles paraissent toutes se projeter sur le fond plus obscur; de plus, leur disposition apparente, vue du point où nous sommes, dépend purement de ce point, et varie selon que nous marchons nous-mêmes en long ou en large. Cette comparaison vulgaire peut nous servir à comprendre comment les étoiles, lumières de l'espace obscur, ne nous révèlent pas les distances qui peuvent les séparer en profondeur, et comment la disposition qu'elles affectent sur la voûte apparente du ciel dépend uniquement du point où nous nous plaçons pour les considérer. En quittant la terre et en nous transportant en un lieu de l'espace suffisamment éloigné de celui-ci, nous serions témoins, dans la disposition apparente des astres, d'une variation d'autant plus grande que notre station d'observation serait plus éloignée de celle où nous sommes. Mais il faudrait pour cela nous transporter, non-seulement sur les dernières planètes de notre système, mais encore quitter entièrement ce système, et nous en éloigner à des distances au moins égales à celles des étoiles voisines. En effet, de la dernière planète de notre système, de Neptune, on voit les étoiles dans la même disposition qu'ici. Le changement ne s'opère qu'en se transportant d'une étoile à l'autre. Un instant de réflexion suffit pour convaincre de ce fait et pour nous dispenser d'insister davantage à son égard.

Une fois ces illusions appréciées à leur juste valeur, on peut commencer sans crainte la description des figures dont la Fable antique a constellé la sphère. La connaissance des constellations est nécessaire pour l'observation du ciel, et pour les recherches que l'amour des sciences et la curiosité peuvent inspirer; sans elle on se trouve dans un pays inconnu, dont la géographie ne serait pas faite, où il serait complétement impossible de se reconnaître. Faisons donc la géographie du ciel. Les innombrables figures d'animaux, d'hommes, ou objets dont on a orné la sphère, ne seront cependant pas dessinées ici, attendu qu'elles ne peuvent servir qu'à *l'histoire du ciel*, et non à l'astronomie pratique. Dans le temps, on gravait des atlas célestes, où les figures étaient représentées avec un soin exquis, avec tant de soin même, qu'on avait fini par oublier les étoiles et que le ciel n'était plus qu'une ménagerie. Malgré l'intérêt des images, je ne veux pas suivre cet exemple. Je donnerai seulement plus loin, sur une carte spéciale, le tracé des constellations qui dominent sur notre hémisphère. A présent, voyons comment on s'oriente pour lire couramment dans le grand livre du ciel.

Il y a une constellation que tout le monde connaît; pour plus de simplicité nous commencerons par elle; elle voudra bien nous servir de point de départ pour aller vers les autres et de point de repère pour trouver ses compagnes. Cette constellation, c'est la *Grande Ourse;* que l'on a surnommée aussi le *Chariot de David;* que les Latins nommaient *Septem triones* (d'où est venu le mot septentrion), ou encore *Helix*, *Plaustrum;* que les Grecs ont saluée sous le nom d'"Αρκτος μεγάλη, ἑλίκή, etc.; que les Arabes appellent *Aldebb al Akbar*, et que les Chinois ont honorée, il y a trois mille ans, dans le *Tcheou-pey* comme la divinité du Nord. Ainsi elle peut se vanter d'être célèbre. Si pourtant, malgré son universelle notoriété, quelques-uns n'avaient pas encore eu l'occasion de lier connaissance avec elle, voici le signalement auquel on pourra toujours la reconnaître.

Tournez-vous vers le nord, c'est-à-dire à l'opposé du point où le soleil se trouve à midi. Quelle que soit la saison de l'année, le jour du mois ou l'heure de la nuit,

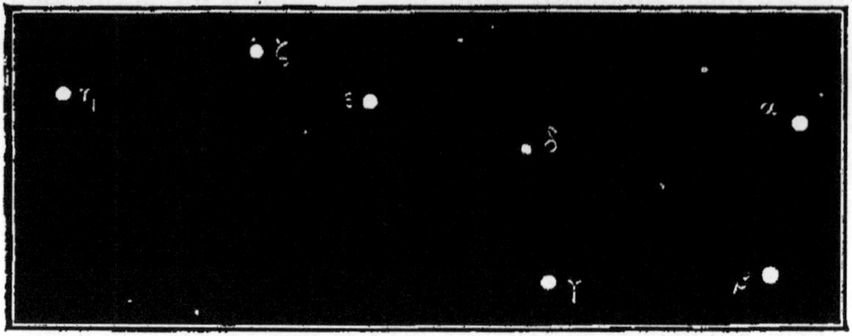

Fig. 16. — Constellation de la Grande Ourse.

vous verrez toujours là une grande constellation formée de sept belles étoiles, dont quatre en quadrilatère et trois à l'angle d'un côté; le tout distribué comme ceci :

Vous l'avez tous vue, n'est-ce pas? Elle ne se couche jamais. Nuit et jour elle veille au-dessus de l'horizon du nord, tournant lentement, en vingt-quatre heures, autour d'une étoile dont nous allons parler tout à l'heure. Dans la figure de la Grande Ourse (voy. fig. 16), les trois étoiles de l'extrémité forment la queue, et les quatre en quadrilatère se trouvent dans le corps. Dans le *Chariot*, les quatre étoiles forment les roues, et les trois le timon. Au-dessus de la seconde d'entre ces dernières, les bonnes vues distinguent une toute petite étoile, nommée Alcor, que l'on appelle aussi le Cavalier. Les Arabes l'appellent Saïdak, c'est-à-dire l'épreuve, parce qu'ils s'en servent pour éprouver la portée de la vue. Les lettres grecques servent à désigner chaque étoile ; ce sont les premières de l'alphabet : α et β marquent les deux premières étoiles, γ et δ les deux autres, ε, ζ, η les trois du timon ; on leur a également donné des noms arabes que je passerai sous silence parce qu'ils sont généralement inusités.

Fig. 17. — Les Ourses.

Cette brillante constellation septentrionale, composée (à l'exception de δ[1]) d'étoiles de seconde grandeur, a reçu depuis les temps antiques le don de captiver l'attention des contemplateurs et de personnifier les étoiles du nord. Plusieurs poëtes l'ont chantée ; nous n'en rappellerons qu'un,

[1] Cette étoile est *changeante*. Il y a deux cents ans, elle n'était pas moins brillante que ses compagnes.

dont les paroles sont dignes de la majesté du ciel : c'est l'Américain Ware.:

« Avec quels pas grandioses et majestueux, dit-il, cette glorieuse Constellation du nord s'avance dans son cercle éternel, suivant parmi les étoiles sa voie royale dans une clarté lente et silencieuse ! Création puissante, je te salue ! J'aime te voir, errant dans les brillants sentiers, comme un géant superbe à la forte ceinture, — sévère, infatigable, résolu, dont les pieds ne s'arrêtent jamais devant le chemin qui les attend. Les autres tribus abandonnent leur course nocturne et reposent sous les vagues leurs orbes fatigués ; mais toi, tu ne fermes jamais ton œil brûlant et ne suspends jamais ton pas déterminé. En avant, toujours en avant ! tandis que les systèmes changent, que les soleils se retirent, que les mondes s'endorment et se réveillent, tu poursuis ta marche sans fin. L'horizon prochain essaye de t'arrêter, mais en vain. Sentinelle vigilante, tu ne quittes jamais ta faction séculaire ; mais, sans te laisser surprendre par le sommeil, tu gardes la lumière fixe de l'univers, empêchant le nord de jamais oublier sa place...

« Sept étoiles habitent dans cette brillante tribu ; la vue les embrasse toutes ensemble ; leurs distances respectives ne sont pas inférieures à leur éloignement de la terre. Et c'est encore là l'éloignement réciproque des foyers célestes. Des profondeurs du ciel, inexplorées par la pensée, les rayons perçants dardent à travers le vide, révélant aux sens les systèmes et les mondes sans nombre. Que notre vue s'arme du télescope et qu'elle explore les cieux. Les cieux s'ouvrent, une pluie de feux étincelants tombe sur nos têtes, les étoiles se resserrent, se condensent dans des régions si éloignées, que leurs rayons rapides (plus rapides que toute chose) ont voyagé pendant des siècles avant d'atteindre la terre. Terre, soleil et constellations plus voisines, qu'êtes-vous parmi cette immensité infinie et la multitude des œuvres divines infinies ? »

Ces pensées, inspirées par la vérité scientifique, sont bien supérieures à celles que l'antique mythologie avait répandues. Sans parler du nom d'*Ourse* donné à cette constellation et à la suivante, non-seulement par les Grecs et les Latins, mais encore par d'autres peuples qui ne paraissent pas avoir eu de communication avec ceux-ci, comme les Iroquois qui la désignaient sous le même mot[1], nous dirons que, généralement, la Grande et la Petite Ourse étaient considérées comme Callisto et son chien. Jupiter avait eu de cette nymphe un fils, le Bouvier, dont nous parlerons plus tard; il les avait placés l'un et l'autre dans le ciel. Mais l'épouse officielle du roi des dieux, madame Junon (comme disait Virgile travesti), en avait été courroucée et avait obtenu de Téthys, la souveraine des ondes, que ces constellations perfides ne se baigneraient jamais

[1] C'est un fait remarquable, et qui peut servir à l'histoire de l'astronomie antique en particulier comme à celle de l'origine des peuples en général, que des groupes d'étoiles sans aucune figure caractéristique aient été nommés du même nom par les peuples les plus divers. Les Indiens et les Chinois ont les mêmes constellations zodiacales que les Grecs, portant les mêmes noms étymologiques et distribués dans le même sens, quoique tout cela soit arbitraire. Les constellations du nord ont reçues le nom d'Ourses, chez les peuples de la haute Asie, les Phéniciens, les Arabes, les Grecs, les Iroquois, quoique le carré et la queue dessinés par leur disposition ne rappellent en aucune façon les ours, qui n'ont pas de queue. En Amérique, on donne le nom de « mâchoire de bœuf » aux Hyades placées sur la tête du Taureau. Chez les Arabes, la constellation d'Andromède est une femme enchaînée; chez les Perses, Cassiopée est sur une chaise et Hercule à genoux; les Indiens nomment « petits de la poule » les Pléiades que nous nommons Poussinière ; dans l'Inde et dans la Perse, Persée porte une tête ; les brahmes ont sensiblement le même zodiaque que nous; la Voie lactée des Grecs est pour les Chinois le fleuve céleste, pour les Coptes et les Arabes le Chemin de chaume, pour les sauvages de l'Amérique septentrionale le Chemin des âmes, et pour les habitants de nos provinces le Chemin de saint Jacques. A part les rares rapports qui, à la rigueur, pourraient expliquer ces désignations, ces coïncidences restent l'objet d'un grand mystère. Elles seraient en faveur de l'unité d'une souche humaine primitive.

dans l'Océan. — C'est ainsi qu'on expliquait leur présence perpétuelle au-dessus de l'horizon.

> Callisto, dont le char craint le flot de Thétys,
> Vers les glaces du nord brille auprès de son fils;
> Le Dragon les embrasse ainsi qu'un fleuve immense.

Selon d'autres, les deux Ourses sont des nymphes qui ont nourri Jupiter sur le mont Ida; selon d'autres encore, elles représentaient les bœufs d'Icare; mais ces fantaisies de la Fable ne nous intéressent pas plus qu'elles ne doivent le faire, et, maintenant que nous connaissons la Grande Ourse, il faut savoir en tirer le meilleur parti possible afin qu'elle serve à nos voyages célestes et à nos recherches uranographiques.

Reportons-nous à la figure tracée plus haut. Si l'on mène une ligne droite par les deux étoiles, marquées α et β, qui forment l'extrémité du carré, et qu'on la prolonge au delà de α d'une quantité égale à cinq fois la distance de β à α, ou, si l'on veut, d'une quantité égale à la distance de α à l'extrémité de la queue, η, on trouve une étoile un peu moins brillante que les précédentes, qui forme l'extrémité d'une figure pareille à la Grande Ourse, mais plus petite et dirigée en sens contraire. C'est la *Petite Ourse* ou le *Petit Chariot*, formée également de sept astres. L'étoile à laquelle notre ligne nous mène, celle qui est à l'extrémité de la queue de l'Ourse ou au bout du timon du Chariot, c'est *l'étoile polaire*.

L'étoile polaire jouit d'une certaine renommée, comme tous les personnages qui se distinguent du commun, parce que, seule parmi tous les astres qui scintillent dans nos nuits étoilées, elle reste immobile dans les cieux. A quelque moment de l'année, du jour ou de la nuit que vous observiez le ciel au lieu permanent qu'elle occupe, vous la rencontrerez toujours. Toutes les étoiles, au contraire, tournent dans vingt-quatre heures autour d'elle, prise pour centre de cet immense tourbillon. La Polaire demeure immobile sur un pôle du monde, d'où elle sert de point fixe aux navigateurs de l'Océan sans routes, comme aux voyageurs du désert inexploré.

Sur mille faits que je pourrais citer pour montrer combien l'étoile polaire et sa constellation, toujours visibles au nord, ont sauvé de fois la vie de voyageurs égarés dans les ténèbres, je me contenterai du suivant, dont Albert Montémont fait honneur à l'étoile du nord :

Le 4 avril 1799, le général anglais Baird, lors de la guerre contre Tipoo-Saïb, reçut ordre de marcher durant la nuit, pour reconnaître une hauteur sur laquelle on supposait que l'ennemi avait placé un poste avancé ; le capitaine Lambton l'accompagnait comme aide de camp. Après avoir traversé à plusieurs reprises cette hauteur sans y rencontrer personne, le général résolut de retourner au camp, et il se reculait, à ce qu'il paraît, au quartier général. Cependant, comme la nuit était claire et que la constellation de la Grande Ourse était près du méridien, le capitaine Lambton remarqua qu'au lieu de retourner au sud, comme il le fallait pour retourner au camp, la division s'avançait vers le nord, c'est-à-dire vers le gros de l'armée ennemie ; et il avertit immédiatement le général de cette méprise. Mais cet officier, qui s'inquiétait fort peu de l'astronomie, répliqua qu'il savait très-bien ce qu'il faisait sans consulter les étoiles. A l'instant même, le détachement tomba dans un avant-poste ennemi. Cette surprise ayant trop bien confirmé l'observation du capitaine, on se hâta d'abord de disperser les soldats de l'avan-poste, puis de rebrousser chemin. On se procura de la lumière, on consulta une boussole, et on trouva, comme le disait en riant l'officier astronome, que les étoiles avaient raison.

L'immobilité de l'étoile polaire au nord, et le mouvement du ciel entier autour d'elle, sont des apparences causées par le mouvement de la terre autour de son axe. Nous en donnerons plus tard la démonstration ; mais, pendant que nous sommes à visiter le pays des étoiles, il ne faut pas quitter un aussi beau spectacle pour redescendre sur la terre. Continuons donc notre méthode d'arpentage et faisons plus ample connaissance avec la population du ciel étoilé.

II

LES CONSTELLATIONS DU NORD

Aux lieux où rayonnant des clartés éternelles
Les cieux sont toujours purs et les nuits toujours belles
Où l'Euphrate roulant ses flots au loin couverts
De l'ombrage fleuri des palmiers toujours verts,
Voit de feux plus puissants la nature animée
Prodiguer le cinname et la myrrhe embaumée :
Le pasteur de Babel en gardant ses troupeaux
Observa le premier les célestes flambeaux,
Et, la nuit, promenant ses tentes égarées,
Osa du firmament diviser les contrées.

CHÊNEDOLLÉ.

En regardant l'étoile polaire, immobile, comme nous l'avons vu, au milieu de la région septentrionale du ciel, on a le sud derrière soi, l'est à droite, l'ouest à gauche. Toutes les étoiles tournant autour de la polaire doivent être reconnues selon leurs rapports mutuels plutôt que rapportés aux points cardinaux.

De l'autre côté de la polaire, par rapport à la Grande Ourse, se trouve une autre constellation facile à reconnaître. Si de l'étoile du milieu (δ), on mène une ligne au pôle, en prolongeant cette ligne d'une égale quantité (voy. fig. 18), on traverse la figure de *Cassiopée*, formée de 5 étoiles principales, disposées un peu comme les jambages écartés de la lettre M. La petite étoile κ, qui termine le carré, lui donne aussi la forme d'une *chaise*. Ce groupe prend toutes

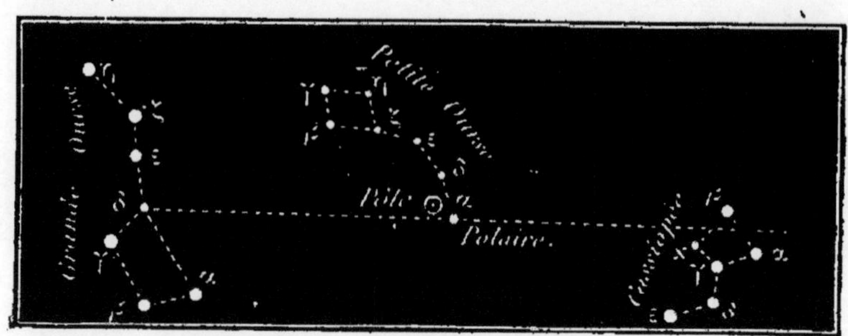

Fig. 18 — Grande Ourse, Petite Ourse, Étoile polaire, Cassiopée.

les situations possibles en tournant autour du pôle, se trouvant tantôt au-dessus, tantôt au-dessous, tantôt à gauche, tantôt à droite ; mais il est toujours facile à trouver, attendu que, comme les précédents, il ne se couche jamais, et qu'il est toujours à l'opposé de la Grande Ourse. L'étoile polaire est l'essieu autour duquel tournent ces deux constellations.

Si nous tirons maintenant, des étoiles α et δ de la Grande Ourse, deux lignes se joignant au pôle, et que nous prolongions ces lignes au delà de Cassiopée, elles aboutiront au carré de *Pégase*, qui se termine d'un côté par un prolongement de trois étoiles assez semblables à celle de la Grande Ourse. Ces trois étoiles appartiennent à *Andromède*, et aboutissent elles-mêmes à une autre constellation, à *Persée*.

La dernière étoile du carré de Pégase est, comme on voit, la première, α, d'Andromède ; les trois autres se nomment : γ, Algenib ; α, Markab, et β, Scheat. Au nord de β d'Andromède se trouve, près d'une petite étoile, ν, la nébuleuse oblongue que l'on comparait à la lumière d'une chandelle vue à travers une feuille de corne, la première nébuleuse dont il soit fait mention dans les annales de l'astronomie. Dans Persée, α, la brillante, sur le prolon-

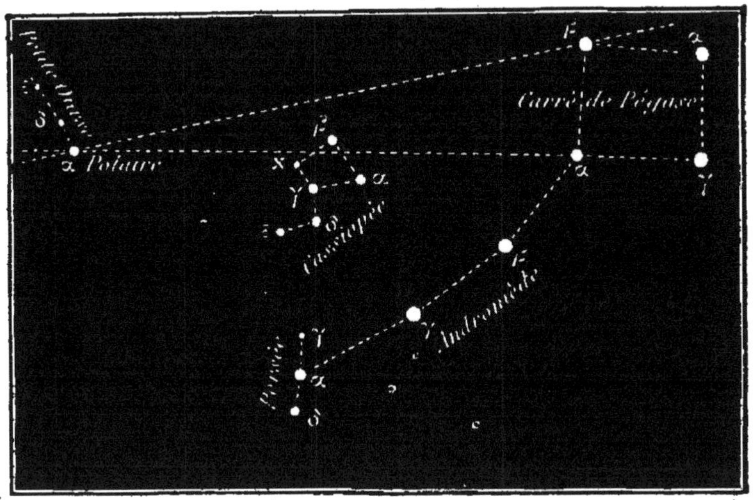

Fig. 19. — Cassiopée, Andromède, Pégase.

gement des trois principales d'Andromède, se trouve entre deux autres moins éclatantes, qui forment avec elle un arc concave très-facile à distinguer. Cet arc va nous servir pour une nouvelle orientation. En le prolongeant du côté de δ (voy. fig. 20), on trouve une étoile très-brillante de 1re grandeur : c'est la *Chèvre*. En formant un angle droit à cette prolongation du côté du midi, on arrive aux *Pléiades*, brillant amas d'étoiles. A côté est une étoile changeante, Algol, ou la *Tête de Méduse*.

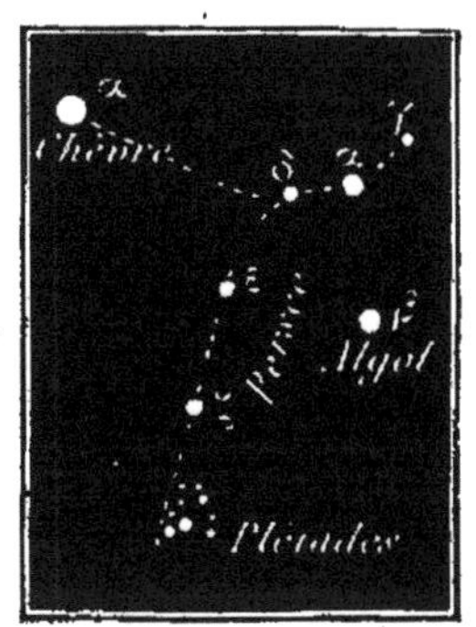

Fig. 20. — Chèvre, Pléiades.

L'étoile Algol, ou β de Persée, que l'on voit non loin de α, appartient à une classe d'étoiles variables dont nous observerons plus loin le singulier caractère. Au lieu de garder un éclat fixe, comme les autres astres, elle est tantôt très-brillante et tantôt très-pâle : elle passe de la seconde grandeur à la quatrième. C'est à la fin du dix-septième siècle que l'on s'est aperçu de cette variabilité pour la première fois. Les observations faites depuis cette époque ont montré qu'elle est périodique et régulière, et que cette période est d'une étonnante rapidité. Ainsi, pour s'élever de son minimum d'éclat à son maximum, il ne lui faut qu'une heure trois quarts, de sorte qu'en trois heures et demie elle a accompli son cycle entier, a passé par tous les éclats intermédiaires de la quatrième à la seconde grandeur et de la seconde à la quatrième. L'étoile ζ de Persée est double. L'étoile γ d'Andromède est l'une des plus belles étoiles doubles (elle est même triple).

En prolongeant au delà du carré de Pégase la ligne courbe d'Andromède, on atteint la voie lactée et on rencontre dans ces parages : le Cygne, pareil à une croix, la Lyre, où brille Vega, l'Aigle (Altaïr avec deux satellites), et Hercule, constellation vers laquelle le mouvement du Soleil dans l'espace nous emporte tous.

Tels sont les principaux personnages qui habitent les régions circumpolaires, d'un côté ; tout à l'heure nous ferons plus ample connaissance avec eux. Pendant que nous sommes à tracer des lignes de repère, gardons encore un peu de patience, et terminons notre révision sommaire de cette partie du ciel.

Voici maintenant le côté opposé à celui dont nous venons de parler, toujours auprès du pôle. Revenons à la Grande Ourse. Prolongeant la queue dans sa courbe, nous trouverons à quelque distance de là une étoile de première grandeur, *Arcturus* ou α du *Bouvier*. Un petit cercle d'étoiles, que l'on voit à gauche du Bouvier, constitue la *Couronne boréale*. Au mois de mai 1866 on a vu briller là une petite étoile qui n'a duré que quinze jours.

La constellation du Bouvier est tracée en forme de pentagone. Les étoiles qui la composent sont de troisième

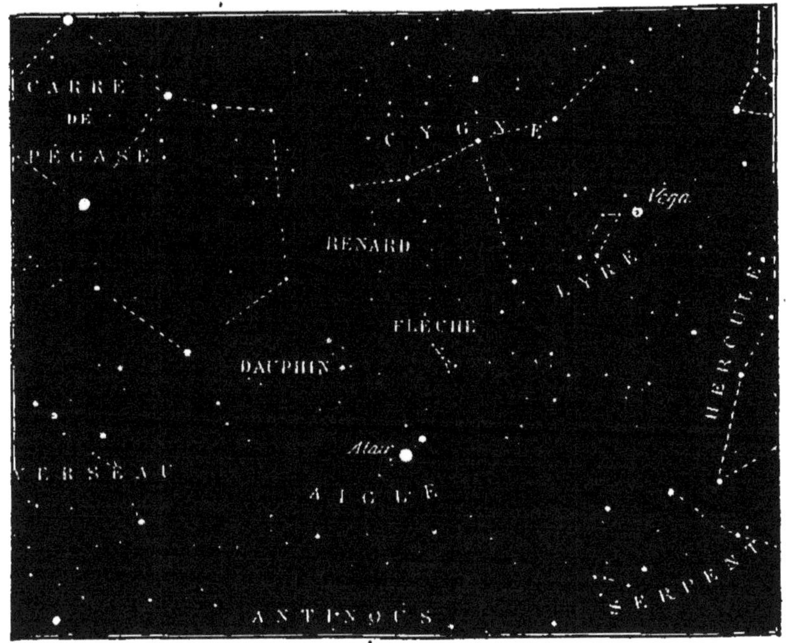

Fig. 21. — Le Cygne, la Lyre, l'Aigle.

grandeur, à l'exception de α, qui est de première. Celle-ci est l'une des plus proches de la Terre, car elle fait partie

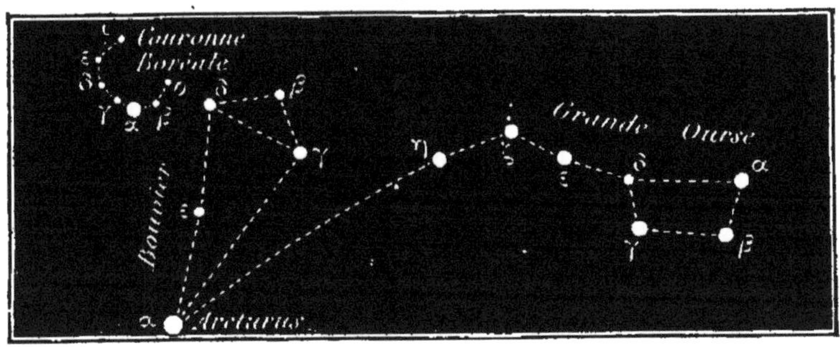

Fig. 22. — Arcturus, le Bouvier, la Couronne boréale.

du petit nombre de celles dont la distance a pu être mesurée. Elle est à 61 trillions 712 milliards de lieues d'ici.

C'est de plus une étoile colorée ; vue au télescope, elle est rouge. L'étoile ε, que l'on voit au-dessus d'elle, est *double*, c'est-à-dire que le télescope la décompose en deux astres distincts : l'un de ces astres est jaune, l'autre bleu.

En menant une ligne de l'étoile polaire à Arcturus, et en élevant une perpendiculaire sur le milieu de cette ligne, à l'opposé de la Grande Ourse, on trouve l'une des plus brillantes étoiles du ciel, Véga, ou α de la Lyre, voisine de la Voie lactée. Elle forme avec les deux que je viens de nommer un triangle équilatéral. La ligne d'Arcturus à Véga coupe la constellation d'Hercule. Entre la Grande Ourse et la Petite Ourse, on remarque une longue suite de petites étoiles s'enroulant en anneaux et se dirigeant vers Véga : ce sont les étoiles du Dragon.

Les étoiles qui avoisinent le pôle, et qui ont reçu pour cela le nom de circumpolaires, sont distribuées dans les groupes qui viennent d'être indiqués. J'engage fort mes jeunes lecteurs à profiter de quelques belles soirées pour s'exercer à trouver eux-mêmes ces constellations dans le ciel.

Maintenant que nous savons où elles se trouvent, nous pouvons parler un peu de leur illustre renommée antique. Il y a dans ce groupe l'un des plus grands drames de la mythologie hellénique. Pour retracer en deux mots cet épisode fameux, je rappellerai que Cassiopée, femme de Céphée, roi d'Éthiopie, eut un jour la vanité de se croire plus belle que les Néréides, malgré la couleur africaine de son teint. Ces nymphes sensibles, piquées au vif par une telle prétention, supplièrent Neptune de les venger d'un affront aussi colossal ; le dieu permit que d'épouvantables ravages fussent exercés par un monstre marin sur les côtes de Syrie. Pour conjurer le fléau, Céphée enchaîna sa fille Andromède sur un rocher, et l'offrit en sacrifice au terrible monstre. Mais le jeune Persée, touché de tant de malheurs, enfourcha au plus vite le cheval Pégase, modèle des coursiers, prit en main la tête de Méduse qui glaçait d'effroi, et partit pour le rocher fatal. Il arriva naturellement tout juste au moment où le monstre allait dévorer sa proie; aussi n'eut-il rien de plus pressé que de pétrifier le monstre en question en lui présentant la tête hideuse de Méduse, et de délivrer Andromède évanouie. C'est un effet de scène dont la peinture a tiré parti dans tous les sens; il y a peut-être autant d'Andromèdes que de Lédas, ce qui devient incalculable. Il faut avouer aussi que les peintres n'ont pas souvent de sujets aussi dramatiques et aussi touchants. Le combat de Persée contre le monstre est sans égal dans l'histoire :

Le héros fond sur lui sans se laisser atteindre,
S'élève, redescend, frappe encor, mais en vain.
L'écaille impénétrable a repoussé l'airain.
Le monstre est en fureur; Andromède éperdue
De cet affreux combat veut détourner la vue,
Pousse un cri lamentable et, levant ses beaux yeux,
Retrouve son vengeur qui plane dans les cieux.
La fille de Céphée, en sa douleur mortelle,
Pleure, frémit de crainte, et ce n'est plus pour elle.
Mais enfin le héros vers le monstre abhorré,
Précipite son vol, et d'un bras assuré,
Dans sa gueule béante enfonce cette épée
Du sang de la Gorgone encore toute trempée.
C'en est fait; à ses pieds revoyant son vengeur,
Andromède a senti redoubler sa rougeur;
Les dieux sont satisfaits; et, près de lui placée,
Jusqu'au brillant Olympe elle a suivi Persée.
Par quels plus beaux exploits monte-t-on dans les cieux?

(Daru.)

En commémoration de ces exploits, et pour ne pas faire de privilége, toute la famille fut installée au ciel, et aujourd'hui encore, avec un peu de bonne volonté, et en connaissant assez bien les figures conventionnelles qui se partagent notre atlas céleste, on peut voir sous le dôme étoilé : Céphée trônant, couronne sur la tête et sceptre en main, à côté de sa femme Cassiopée, assise sur un fauteuil orné de palmes; un peu plus loin, Andromède enchaînée sur un roc au milieu de l'abîme; un gros poisson la mord aux flancs; Pégase volant dans les airs, un peu en avant; et enfin le héros de la pièce, Persée, tenant de la main droite un glaive recourbé, et de la main gauche la tête aux serpents hideux.—Voilà ce que l'œil mythologique peut encore contempler au milieu de la nuit pendant la belle saison d'été.

Le *Bouvier* se voit au-dessus de la Vierge sur la carte zodiacale. Il se nommait Arcas, était fils de Jupiter et de Callisto. Il était encore Atlas qui porte le monde, parce qu'autrefois sa tête était voisine du pôle. Comme les Pléiades se lèvent quand le Bouvier se couche, on avait dit aussi qu'elles étaient ses filles. Dans son voisinage brille comme une poudre d'or la *Chevelure de Bérénice*. On se rappelle que 246 ans avant Jésus-Christ, la reine Bérénice, qui avait fait vœu de se couper la chevelure, si Ptolémée Évergète, son époux, revenait vainqueur, la consacra aux dieux, dans le temple de Vénus, après la victoire du prince. Son mari fut très-mécontent de cette malencontreuse idée, et l'on pense qu'il n'aurait pas su calmer ses emportements (d'autant plus que les cheveux de la reine furent volés dans la nuit suivante) si l'astronome Conon ne lui avait assuré que sa regrettée chevelure avait été emportée dans le ciel par ordre de Vénus, et brillait actuellement à l'état de constellation.

Le mortel qui, des cieux écartant tous les voiles,
Calcula le lever, le coucher des étoiles,
Conon, me fit voler, par la valeur des dieux,
Du front de Bérénice à la voûte des cieux.
Humide encor des fleurs de ma reine fidèle,
Je montai, nouveau signe, à la voûte éternelle.
Admise entre la Vierge et le cruel Lion,
Je guide à l'occident, en sa route incertaine,
Le Bouvier qui vers l'aube à pas pesants se traîne.

(CATULLE.)

Les Chiens de chasse, ou Lévriers ne se distinguent par

aucune étoile remarquable, mais ils possèdent la plus belle nébuleuse du ciel, celle que j'ai décrite et figurée plus haut (p. 41), elle est située dans l'oreille gauche d'Astérion, chien de chasse septentrional. Comme cette oreille gauche touche la queue de la Grande Ourse, pour trouver la nébuleuse, il est plus facile de la chercher sous la dernière étoile de la queue. Pour discerner sa forme, il faut une excellente lunette. C'est cette nébuleuse qui ressemble à la Voie lactée, vue de loin, et qu'on a longtemps considérée comme un amas globulaire entouré d'un anneau, jusqu'au jour où le grand télescope de lord Rosse vint montrer en elle la plus magnifique des nébuleuses en spirale.

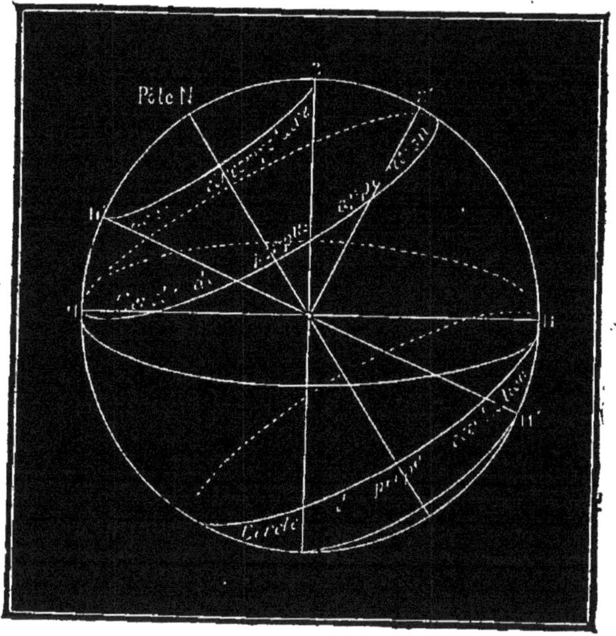

Fig. 23. — La sphère céleste et le mouvement diurne.

Toutes ces constellations tournent autour de l'étoile du nord, ou plutôt autour de l'axe du monde, dont l'inclinaison sur l'horizon d'un lieu donné est invariable.

Il résulte de cette invariabilité que ce sont toujours les mêmes étoiles qui s'élèvent au-dessus de l'horizon dans l'intervalle d'un rotation de la Terre, quelle que soit l'époque de l'année. Seulement, parmi celles qui se lèvent et se couchent, les unes sont au-dessus de l'horizon pendant la nuit, et alors elles sont visibles, tandis que les autres se lèvent et se couchent pendant la journée, et l'éclat du jour ne permet pas de les apercevoir.

Les étoiles circumpolaires, au contraire, ne s'abaissant jamais au-dessous de l'horizon, restent en vue pendant toutes les nuits de l'année.

Enfin d'autres étoiles, décrivant leurs circonférences diurnes au-dessous de l'horizon, ne sont jamais visibles dans le lieu considéré.

On voit donc que la sphère céleste peut se diviser en trois zones (fig. 22) : 1° la zone des étoiles circumpolaires et des étoiles perpétuellement visibles ; 2° celle des étoiles qui se lèvent et se couchent, et dont la visibilité pendant la nuit dépend de l'époque de l'année où l'on se trouve ; 3° enfin la zone des étoiles qui ne s'élèvent jamais au-dessus de l'horizon. Ces trois zones sont séparées les unes des autres par deux cercles tangents à l'horizon ; l'un, au nord, se nomme le cercle de *perpétuelle apparition ;* l'autre, au midi, est le cercle de *perpétuelle occultation.*

Le ciel entier tournant en vingt-quatre heures autour de l'axe du monde, toutes les étoiles passent une fois par jour au méridien. Les observatoires ont été fondés principalement pour observer ces passages quotidiens et déterminer avec précision la mesure des mouvements célestes. La figure suivante représente la nouvelle lunette méridienne de l'Observatoire de Paris. La fenêtre que l'on voit dans la direction de la lunette est taillée dans le méridien. Le toit est ouvert dans le même plan, et une fenêtre analogue à la première est ouverte à l'opposite. La lunette tournant autour de son axe immobile peut être dirigée vers un point quelconque du méridien, du nord au sud, et prendre au passage toutes les étoiles, qui y arrivent inévitablement

Fig. 24. — Lunette méridienne de l'Observatoire de Paris.

dans la période de la rotation de la Terre, excepté seulement celles qui, se trouvant au-dessous de l'horizon, ne peuvent pas être visibles.

Cela posé, voyons ce qui doit arriver lorsque l'observateur change d'horizon en se déplaçant dans la direction de la méridienne, soit du nord au midi, soit du midi au nord.

Si la Terre était plate, rien évidemment ne serait changé dans l'aspect du ciel, le déplacement de l'observateur étant nul relativement à l'immense distance où sont les astres même les plus rapprochés de la Terre : les mêmes étoiles seraient en vue, et les mêmes étoiles resteraient cachées au-dessous du plan de l'horizon.

La Terre étant sphérique, il n'en peut plus être de même. Dans ce cas, en passant d'un horizon à l'autre, en s'avançant vers le sud, par exemple, le voyageur plonge sous le plan de l'horizon, et sa vue découvre, du côté du midi des étoiles de la zone primitivement invisible. En arrivant à l'équateur, il n'a plus de cercle de perpétuelle apparition ni de perpétuelle occultation : les pôles sont à son horizon au nord et au sud, et les étoiles décrivent des cercles droits.

Nous étudierons ce sujet en détail dans notre chapitre sur la sphéricité de la Terre. Quant à présent, continuons notre révision du ciel étoilé.

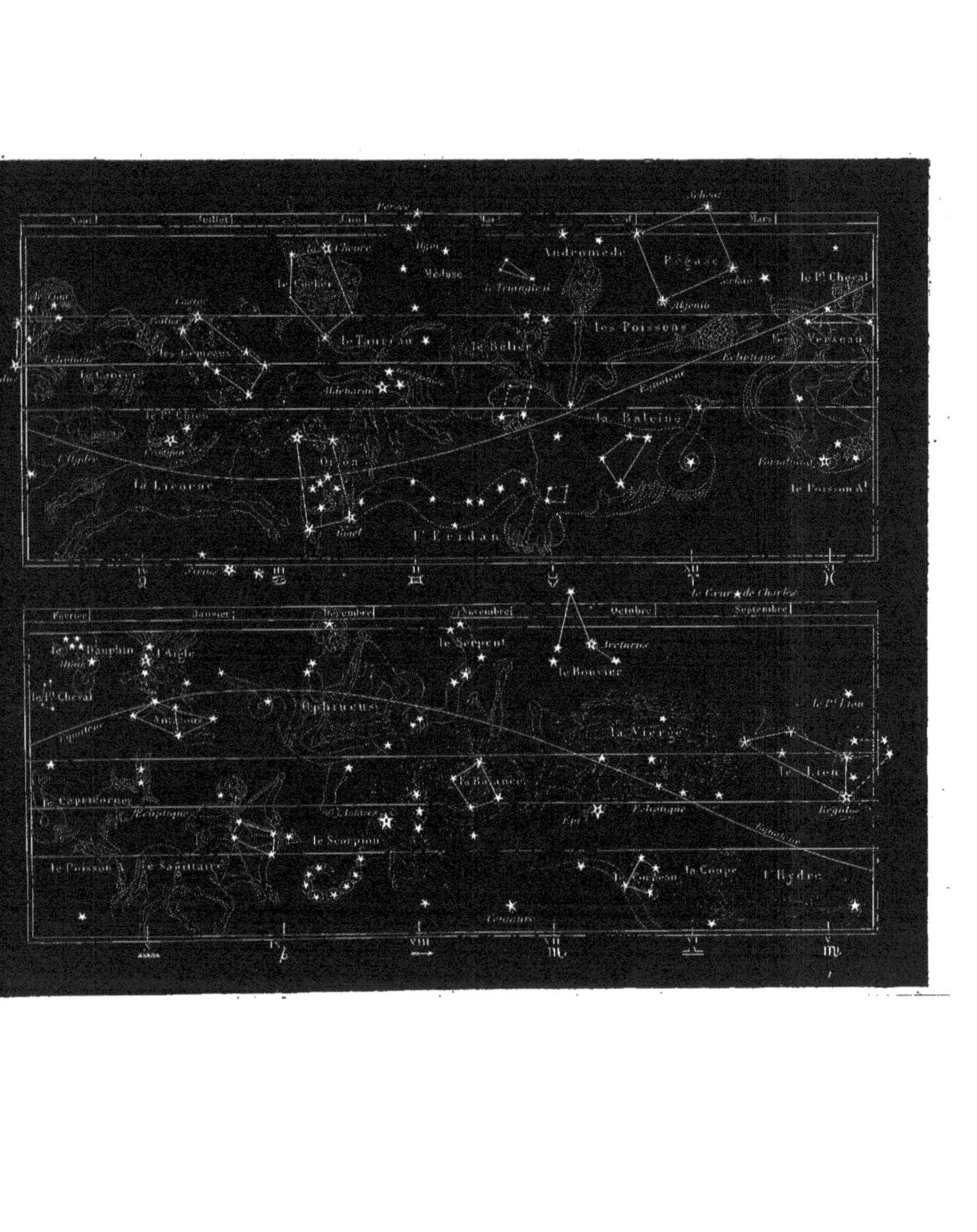
Persée
Andromède
Pégase
le Pt Cheval
Méduse
le Cocher
les Poissons
le Taureau
le Bélier
les Gémeaux
le Cancer
Aldebaran
la Baleine
le Pt Chien
Orion
la Licorne
le Poisson Al
l'Eridan
Rigel
Ecliptique
Equateur
le Cœur de Charles
Février
Janvier
Décembre
Novembre
Octobre
Septembre
le Dauphin
l'Aigle
le Serpent
Arcturus
le Bouvier
le Pt Cheval
Ophiucus
Antinous
la Vierge
le Pt Lion
le Lion
la Balance
le Capricorne
Antarès
le Scorpion
Regulus
le Sagittaire
le Corbeau
la Coupe
l'Hydre

III

LE ZODIAQUE

> Le Ciel devint un livre où la Terre étonnée
> Lut en lettres de feu l'histoire de l'année.
>
> ROSSET.

On sait que, dans sa marche apparente au-dessus de nos têtes, le Soleil suit une voie régulière et permanente : que chaque année, aux mêmes époques, il passe à la même hauteur dans le ciel, et que, s'il est moins élevé au mois de décembre qu'au mois de juin, la route qu'il suit n'en est pas moins régulière pour cela, puisque cette variation dépend simplement des saisons terrestres, et qu'aux mêmes époques il revient toujours aux mêmes points du ciel. On sait aussi que les étoiles restent perpétuellement autour de la Terre, et que, si elles disparaissent le matin pour se rallumer le soir, c'est uniquement parce qu'elles sont effacées par la lumière du jour. Or on a donné le nom de Zodiaque à la zone d'étoiles que le Soleil traverse pendant le cours entier de l'année. Ce mot vient de ζώδιον, *animal*, étymologie que l'on doit au genre de figures tracées sur cette bande d'étoiles. Ce sont, en effet, les animaux qui dominent dans ces figures. On a divisé la circonférence entière du ciel en douze parties, que l'on a nommées les douze signes du Zodiaque, et nos pères les appelaient « les maisons du Soleil, » ou encore « les résidences mensuelles d'Apollon, » parce que le Soleil en visite une chaque mois et revient à chaque printemps à l'origine de la cité zodiacale. Deux mémorables vers latins nous présentent ces douze signes dans l'ordre que le Soleil les parcourt.

> Sunt : Aries, Taurus, Gemini, Cancer, Leo, Virgo,
> Libraque, Scorpius, Arcitenens, Caper, Amphora, Pisces.

Ou bien en français : le Bélier ♈, le Taureau ♉, les Gémeaux ♊, l'Écrevisse ♋, le Lion ♌, la Vierge ♍, la Balance ♎, le Scorpion ♏, le Sagittaire ♐, le Capricorne ♑, le Verseau ♒ et les Poissons ♓. Les signes placés à côté de ces noms sont les indications primitives qui les rappellent : ♈ représente les cornes du bélier ; ♉ la tête du taureau ; ♒ est un courant d'eau, etc.

Si nous connaissons maintenant notre ciel boréal, si ses étoiles les plus importantes sont suffisamment marquées dans notre esprit avec les rapports réciproques qu'elles gardent entre elles, nous n'avons plus de confusion à craindre, et il nous sera facile de reconnaître les constellations zodiacales. Avant tout, il faut savoir qu'elles appartiennent toutes à une même zone, à une même bande du ciel, qui peut nous servir de ligne de partage entre le nord et le sud. Un moyen facile de trouver cette zone par une belle nuit étoilée, et d'éviter des recherches inutiles, c'est de prendre l'étoile polaire pour centre d'un grand cercle, et de décrire ce cercle en prenant un rayon égal à la moitié du ciel. La ligne ainsi décrite dépassera le zénith au sud, et descendra sous l'horizon au nord ; elle marquera l'équateur céleste. Or l'écliptique, ou la ligne médiane du Zodiaque, est un peu inclinée sur l'équateur, mais ne s'en écarte jamais d'une grande quantité, de sorte que notre circonférence nous donnera, avec une exactitude suffisante, la ligne vers laquelle nous devons chercher nos constellations.

Ces indications sommaires une fois données, les premiers signes seront très-faciles à trouver. Pour faire avec eux une connaissance complète et durable, il est nécessaire de suivre sur la carte ci-contre les descriptions que je vais donner, et ensuite de s'exercer le soir à reconnaître directement dans le ciel les originaux dont ces cartes ne sont que des copies. Ces mêmes cartes nous serviront encore, dans le chapitre suivant, à étudier les constellations australes visibles en France.

Le *Bélier* est situé entre Andromède et les Pléiades, que nous connaissons déjà. En tirant une ligne d'Andromède à ce groupe d'étoiles, on traverse la tête du Bélier, formée par deux étoiles de troisième grandeur. Le Bélier est le premier signe du zodiaque, parce qu'à l'époque où cette partie principale de la sphère céleste fut établie, le Soleil entrait dans ce signe à l'équinoxe du printemps et l'équateur y croisait l'écliptique. Dans la Fable, il représente le Bélier à toison d'or de l'expédition des Argonautes, parce qu'au moment où le Soleil se lève dans ce signe, gardé par un monstre (la baleine) et par un taureau qui vomit des flammes, la constellation d'Ophiucus, ou Jason, sort le soir du même point, et subjugue ainsi le bélier disparu. Le Bélier était encore le symbole du printemps et de l'ouverture de l'année. Ces deux origines se trouvent indiquées par le traducteur de Plutarque.

Le *Taureau* vient ensuite. — Nous marchons de l'ouest à l'est. — Vous le reconnaîtrez facilement par le groupe des Pléiades qui scintillent sur son épaule, par celui des Hyades qui tremblent sur son front, et par l'étoile magnifique qui marque son œil droit, l'étoile Aldébaran, α, de première grandeur. Il est du reste situé tout au-dessus de la splendide constellation d'Orion, que nous rencontrerons et que nous saluerons bientôt; Aldébaran resplendit sur le prolongement nord de la ligne du Baudrier. (Suivre sur notre carte.)

Les Pléiades qui paraissent trembler au nord-ouest d'Aldébaran, sont un groupe de quatre-vingt étoiles environ, résolues par le télescope.

Les anciens comptaient dans les Pléiades sept étoiles plus brillantes que le fond parsemé de poudre d'or. On n'en

Fig. 25. — Les Pléiades.

compte plus que six aujourd'hui, visibles à l'œil nu, que l'on nomme Alcyone, ou η du cou du Taureau, de 3e grandeur; Électre et Atlas, de 4e; Mérope, Maïa et Taygète de 5e. Si l'on en croit Ovide, la septième se serait cachée de douleur à la prise de Troie. Mais l'auteur des *Métamorphoses* ne se doutait guère de la distance des étoiles et de la durée du trajet de leurs rayons pour venir à nous.

Quand même l'une des pléiades se serait cachée à la prise de Troie, Ovide l'aurait encore vue de son temps à l'endroit qu'elle occupait jadis, et peut-être qu'aujourd'hui même nous l'y verrions encore. Les Hyades forment un V avec Aldébaran, qui en occupe l'extrémité sud. Comme les Pléiades, elles annonçaient la pluie ; leur nom signifie pleuvoir, et celui de leurs compagnes signifie navigateur. C'est ce qui a inspiré à J.-B. Rousseau ces vers qui sentent la pluie de fort loin :

Déjà le départ des Pléiades
A fait retirer les nochers,
Et déjà les tristes Hyades
Forcent les frileuses Dryades
A chercher l'abri des rochers.

Les *Gémeaux* sont faciles à reconnaître à l'est des précédents, parce que leurs têtes sont formées des deux belles étoiles Castor et Pollux. Nous les atteindrions également par une diagonale traversant la Grande Ourse dans le sens du timon. D'un autre côté, Castor, de 1re grandeur, forme un beau triangle avec la Chèvre et Aldébaran. Ainsi rien n'est plus facile à trouver. Descendant vers le Taureau, huit ou dix étoiles terminent la constellation, et plus bas on rencontre Procyon, étoile de 2e grandeur. Cette région marquée par Orion, Sirius, les Gémeaux, la Chèvre, Aldébaran, les Pléiades, est la plus magnifique région de la sphère céleste. C'est vers la fin de l'automne qu'elle resplendit le soir sur notre hémisphère. Les Gémeaux sont dans la Fable, Castor et Pollux, fils de Jupiter, célèbres par leur amitié indissoluble, dont ils furent récompensés par le partage de l'immortalité. Les tergiversations de la fortune ont été comparées par le poëte à la destinée de ces deux frères :

Jupiter fit l'homme semblable
A ces deux Jumeaux que la Fable

Plaça jadis au rang des dieux ;
Couple de déités bizarre,
Tantôt habitants du Ténare,
Et tantôt citoyens des cieux.

Les Grecs donnaient aussi le nom de Castor et Pollux à ces feux qui paraissent autour des vaisseaux après les tempêtes, phénomènes d'électricité désignés aujourd'hui sous le nom de feux Saint-Elme.

L'*Écrevisse* ou le Cancer se distingue au bas de la ligne de Castor et Pollux, dans cinq étoiles de 4e ou 5e grandeur. C'est le personnage le moins important du Zodiaque.

La timide Écrevisse à la serre traînante
Annonce le retour de la saison brûlante :
Son aspect, qui pour nous borne les plus longs jours,
Fait du char du soleil rétrograder le cours.

Pendant qu'Hercule combattait le lion de Némée, que voici, l'Écrevisse, de Junon secondant la vengeance, pinçait à plaisir le talon du héros. Hercule l'écrasa de son pied, mais la reine du ciel ne lui donna pas moins sa récompense en plaçant ses mânes dans le ciel.

Le *Lion* est un grand trapèze de quatre belles étoiles, situées à l'est des Gémeaux. On peut également le trouver en prolongeant en sens opposé la ligne de α, β, de la Grande Ourse, qui nous a servi à trouver la Polaire. La plus brillante de ses étoiles, α, est de 1re grandeur et se nomme Régulus, c'est le cœur du Lion ; les trois autres, β, γ et δ, sont de 2e grandeur. Le Soleil entrait dans le Lion au solstice d'été, et le faisait disparaître en le couvrant de ses feux ; c'est la victoire d'Hercule sur le Lion de Némée. Il fut aussi pour la même cause le symbole de la force et de la puissance. Étant la demeure du Soleil pendant le mois de juillet, il était encore le signe des chaleurs brûlantes et des fléaux qu'elles amènent quelquefois. Aux yeux des astrologues du moyen âge, c'était là son aspect terrible.

La *Vierge* vient après le Lion, toujours du côté de l'est, comme on le voit sur la carte. Si nous nous servions encore de la très-complaisante constellation qui nous a si bien servi jusqu'ici nous prolongerions vers le midi la grande diagonale α, γ du carré de la Grande Ourse, et nous ferions la rencontre d'une belle étoile de 1re grandeur placée justement dans la main gauche de notre figure ; c'est l'*Épi* de la Vierge, astre connu de toute l'antiquité. Maintenant que nous connaissons Arcturus, ou α du Bouvier (p. 80) et α du Lion, nous pouvons encore remarquer que ces deux étoiles et l'Épi font ensemble un triangle équilatéral. L'étoile β, située dans le bras droit de la Vierge, se nomme la Vendangeuse. Elle forme un triangle avec β du Lion et la Chevelure de Bérénice.

Emblème de la justice et des lois, la Vierge représente Thémis, dont la Balance est à ses pieds. Pourquoi porte-t-elle des ailes ? Peut-être parce que la Justice, autrefois sur la terre, l'a abandonnée pour le ciel. Elle est encore Astrée, fille de Jupiter et de Thémis, que les crimes des hommes forcèrent de remonter au ciel à la fin de l'âge d'or. Elle eut, du reste, le privilége de représenter bon nombre de personnifications ; la liste en serait trop longue, et voici seulement les premières : Cérès, symbole des moissons ; Diane d'Éphèse ; Isis d'Égypte, déesse de Syrie ; Atergatis ou la Fortune ; Cybèle traînée par des Lions ; Minerve, mère de Bacchus ; Méduse ; Érigone, fille du Bouvier ; enfin, au temps de Virgile, elle fut la Sibylle qui, un rameau à la main, descendait aux enfers ou sous l'hémisphère. Au milieu d'un si grand choix, elle paraît avoir préféré le titre de fille de la Justice, exilée aux régions célestes par les crimes des hommes.

La *Balance* est le septième signe du Zodiaque. A l'est de l'Épi de la Vierge, on voit deux étoiles de 2e grandeur; ce sont α et β de la Balance, marquant le sommet des plateaux. Avec deux autres étoiles moins brillantes, elles forment un carré oblique sur l'écliptique. Il y a deux mille ans, le soleil passait là à l'équinoxe d'automne, et c'est là l'origine de ce signe qui « égale au jour la nuit, le travail au sommeil. »

J.-B. Rousseau exprime la même idée dans l'une de ses odes :

Le soleil, dont la violence
Nous a fait languir si longtemps,
Arme de feux moins éclatants
Les rayons que son char nous lance,
Et, plus paisible dans son cours,
Laisse la céleste Balance
Arbitre des nuits et des jours.

Le *Scorpion*, dont le cœur est marqué par la brillante Antarès, astre de 1re grandeur, est facile à reconnaître. Ce n'est pas qu'on puisse en distinguer la forme; car cette forme n'est pas mieux dessinée par les étoiles qui le composent que les précédentes figures, la Balance, la Vierge, etc., ne l'ont été. Mais il est bien entendu que, lorsqu'on parle de reconnaître une constellation, il s'agit simplement des groupes d'étoiles qui portent son nom, et non de sa figure mythologique. Antarès, α du Scorpion, se trouve sur le prolongement de la ligne qui joindrait Régulus (α du Lion), à l'Épi; ce sont trois étoiles de 1re grandeur placées en ligne droite dans la direction ouest-est. Antarès forme encore, avec la Lyre et Arcturus, un grand triangle isocèle dont cette dernière étoile est le sommet. La seconde étoile du Scorpion, β, de 2e grandeur, marque la tête. Une file d'étoiles de 3e grandeur dessine la queue recourbée.

La Balance et le Scorpion ne formaient qu'un même signe chez les Latins, avant Auguste; la Balance était alors les serres du Scorpion. Comme Auguste était né le 23 septembre, la flatterie se ligua avec l'astrologie pour célébrer le bonheur promis à la Terre par la naissance de cet empereur; on remplaça au ciel la Balance, symbole de la Justice, que les Égyptiens avaient jadis institué dans la sphère primitive. C'est ainsi, du moins, que j'interprète les vers de l'*Énéide*.

Signe de malheur et d'effroi, le Scorpion fut maudit entre toutes les constellations. On disait surtout qu'il avait une haine invincible contre Orion, parce que cette figure se couche quand la première se lève, et réciproquement. Il était non-seulement la terreur des Étoiles, mais encore la terreur du Soleil lui-même, comme Ovide nous le dépeint.

Le *Sagittaire*, formant un trapèze oblique, se tient un peu à l'orient d'Antarès en suivant toujours la direction de l'écliptique. Il ne possède que des astres de 3e grandeur et au-dessous; σ δ γ forment la flèche; la dernière, γ, est appelée Nushaba par les Arabes. L'étoile π marque la tête. Cette constellation ne s'élève jamais beaucoup au-dessus de l'horizon de Paris. Dans la Fable, il est le centaure Chiron, l'instituteur d'Achille, de Jason, d'Esculape, et l'inventeur de l'équitation. C'était le dernier seigneur de cette race antique. Sans doute le voisinage du Scorpion avait influencé l'opinion des poëtes à son égard, car on ne le représentait pas non plus sous des couleurs bien favorables :

Déjà du haut des cieux le cruel Sagittaire
Avait tendu son arc et ravagé la terre;
Les coteaux, et les champs, et les prés défleuris,
N'offraient de toutes parts que de vastes débris;
Novembre avait compté sa première journée.

Le *Capricorne* n'est pas plus riche en étoiles brillantes. Celles qui scintillent à son front, α et β, sont les seules qui se laissent distinguer à l'œil nu. Elles se trouvent sur le prolongement de la ligne qui va de la Lyre à l'Aigle. La région du Zodiaque que nous visitons présentement est la plus pauvre du ciel ; elle présente un contraste frappant avec la région opposée, où nous avons admiré Aldébaran, Castor et Pollux, la Chèvre, etc.

Au-dessus du Capricorne brille Altaïr, ou α de l'Aigle ; les étoiles d'Antinoüs forment un trapèze sur le chemin qui va du Capricorne à l'Aigle.

Dans certains auteurs, ce signe représente la *chèvre Amalthée,* qui nourrit Jupiter sur le mont Ida et reçut pour récompense une place dans le ciel. Pour d'autres, il représente le retour du Soleil au solstice d'hiver par la porte du tropique. Selon d'autres encore, c'est un bouc qui fut élevé avec le roi des dieux, découvrit et emboucha la conque marine, et porta l'effroi parmi les Titans dans leur guerre contre l'Olympe. Les dieux épouvantés se cachèrent sous diverses formes d'animaux : Apollon se changea en grue, Mercure en ibis, Diane en chat... Jamais on ne vit pareille métamorphose... Enfin Pan en capricorne, ayant un corps de bouc et une queue de poisson. Il paraît qu'il voulait ainsi se dérober aux Géants qui escaladaient le ciel.

Le *Verseau* forme par ses trois étoiles tertiaires un triangle très-aplati. La base se prolonge en une file d'étoiles du côté du Capricorne, et vers la gauche se porte sur l'Urne. De là part une ligne sinueuse de très-petites étoiles descendant sur l'horizon. C'est l'eau du Verseau. Le Verseau paraît personnifier Ganymède, qui fut enlevé par l'aigle de Jupiter pour servir d'échanson aux dieux, après que la jeune et candide Hébé se fut laissée tomber d'une manière peu décente.

> Jupiter, qui d'Hébé prononce la disgrâce,
> Au jeune Ganymède a destiné sa place ;
> Le nouvel échanson, hôte digne des cieux,
> De torrents de nectar enivre tous les dieux !

Les *Poissons*, dernier signe du Zodiaque, se trouvent au

sud d'Andromède et de Pégase. Le poisson boréal est celui qui veut dévorer Andromède; le poisson occidental s'avance dans le carré de Pégase; ils sont liés l'un à l'autre par un ruban. Peu apparente, comme les précédentes, cette constellation est composée de deux rangs d'étoiles très-faibles, qui partent de α de troisième grandeur, nœud du ruban, et vont en divergeant, l'un vers α d'Andromède, l'autre vers α du Verseau. Ovide raconte que Vénus et l'Amour, voulant se dérober à la poursuite des Géants, passèrent l'Euphrate sur deux poissons qui, pour cela, furent placés dans le ciel. On dit encore que deux poissons, ayant trouvé une œuf de belle taille, l'entraînèrent sur le rivage, qu'une colombe le couva, et que Vénus en sortit. C'est depuis ce temps que les Syriens s'abstiennent de se nourrir de poissons. Leur signe est la dernière demeure du Soleil avant le renouvellement de l'année, la demeure de février; c'était le temps de l'inondation en Égypte, c'est celui de la pêche chez nous. Ils ferment le cercle des constellations zodiacales :

> Enfin aux derniers rangs paraissent les Poissons,
> Qui, fermant à la fois et rouvrant les saisons,
> De l'hiver rigoureux tempèrent l'influence,
> Et d'un nouveau printemps raniment l'espérance.
>
> (Ricard.)

Si l'on a bien suivi nos descriptions sur notre carte, on connaît maintenant les constellations zodiacales aussi bien que l'on connaît celles du nord. Il nous reste peu à faire pour connaître le ciel tout entier. Mais il y a un complément indispensable à ajouter à ce qui précède. Les étoiles circumpolaires sont perpétuellement visibles sur l'horizon de Paris; en quelque moment de l'année qu'on veuille les observer, on les trouve toujours, soit au-dessus de l'étoile polaire, soit au-dessous, soit d'un côté, soit de l'autre, gardant toujours entre elles les rapports qui nous servent à les trouver. Les étoiles du Zodiaque ne leur ressemblent pas sous ce point de vue, car elles sont tantôt au-dessus de l'horizon, tantôt au-dessous. Il faut donc savoir à quelle époque elles sont visibles. Il nous suffira pour cela de rappeler ici la constellation qui se trouve au milieu du ciel, à neuf heures du soir, pour le premier jour de chaque mois, celle, par exemple, qui traverse à ce moment une ligne menée par l'étoile polaire et partageant le ciel en deux, du nord au sud. Cette ligne est le *méridien*, dont nous avons déjà parlé, et toutes les étoiles la traversent une fois par jour, marchant de l'est à l'ouest. En indiquant chacune des constellations qui passent à l'heure indiquée, nous donnons ainsi le centre des constellations visibles. En cherchant les boréales au nord, devant soi ; à gauche, celles qui précèdent dans l'ordre des signes la constellation indiquée ; à droite, celles qui la suivent, on les trouvera toutes sans difficulté.

Le 1er janvier, le Taureau passe au méridien. Remarquer Aldébaran, les Pléiades. — Au 1er février : les Gémeaux n'y sont pas encore, on les voit un peu à droite. — 1er mars : Castor et Pollux sont passés, Procyon au sud ; les petites étoiles de l'Écrevisse à droite. — 1er avril : le Lion, Régulus. — 1er mai : β du Lion, Chevelure de Bérénice. — 1er juin : l'Épi de la Vierge, Arcturus. — 1er juillet : la Balance, le Scorpion. — 1er août : Antarès, Ophiucus. — 1er septembre : Sagittaire, Aigle. — 1er octobre : Capricorne, Verseau. — 1er novembre : Poissons, Algénib ou γ de Pégase. — 1er décembre : le Bélier.

Notre révision générale du ciel étoilé doit maintenant être complétée par les astres du ciel austral. C'est ce que nous ferons dans le chapitre suivant.

Je n'ai donné qu'un rapide sommaire de l'explication mythologique des signes du Zodiaque ; l'incertitude qui règne sur son origine a permis à un grand nombre de systèmes de se faire jour. Je rappellerai ici que celui dont les partisans voient les douze travaux d'Hercule dans la série des douze signes célestes ne manque pas d'être fort ingénieux. Hercule ne serait autre que le Soleil lui-même considéré dans ses attributs relatifs aux diverses époques de l'année. Francœur, dans son *Uranographie*, après l'astronome Lalande et le philosophe Dupuis, s'est chargé de soutenir ce système curieux.

L'entrée du Soleil dans le Lion solsticial, qu'il fait disparaître en le couvrant de ses feux, est la victoire sur le Lion de Némée.

A mesure que le Soleil s'avance, il traverse le Cancer, le Lion et la Vierge ; les diverses parties de l'Hydre s'éclipsent tour à tour ; d'abord la tête, puis le corps et enfin la queue ; mais alors la tête reparait dans son lever héliaque. C'est le triomphe sur l'Hydre renaissante du lac de Lerne, qu'Hercule brûla après avoir écrasé l'Écrevisse qui la secondait.

Le Soleil traversant la Balance au temps des vendanges couvre le Centaure de ses feux. La Fable dit que le centaure Chiron, ayant reçu Hercule, en avait appris l'art de faire le vin. Elle ajoute que, dans une dispute causée par l'ivresse, le peuple des Centaures avait voulu tuer l'hôte d'Hercule, ce qui avait forcé le héros à les combattre ; ceci paraît relatif au coucher du soir du Sagittaire. Enfin, dans une chasse, il avait vaincu un monstre nommé le sanglier d'Érymanthe, qu'on croit se rapporter au lever du soir de la Grande Ourse.

Cassiopée, qu'on figurait aussi par une biche, se plonge le matin dans les flots, quand le Soleil est dans le Scorpion, ce qui arrivait à l'équinoxe d'automne ; c'est cette biche aux cornes d'or que, malgré son incroyable vitesse, Hercule fatigua à la course et prit au bord des eaux où elle reposait.

Au lever du Soleil dans le Sagittaire, l'Aigle, la Lyre (ou le Vautour) et le Cygne, placés dans le fleuve de la Voie lactée, disparaissent tout d'abord dans les feux de cet astre ; ce sont les oiseaux du lac Stymphale chassés d'Arcadie par Hercule, dont la flèche est placée entre eux.

Le Capricorne ou le Bouc céleste est baigné sur le devant par l'eau du Verseau : ce sont les écuries d'Augias nettoyées en y faisant passer un fleuve.

Le Soleil dans le Verseau, ou solstice d'hiver, était près de Pégase ; le soir on voyait se coucher le Vautour, tandis que le Taureau passait au méridien ; on a dit que Hercule, à son arrivée en Élide, pour combattre le Taureau de Crète et le vautour de Prométhée, monta le cheval Arion et institua les jeux Olympiques, qu'on célébrait à la pleine lune du solstice d'été; la lune est précisément alors dans le Verseau, c'est-à-dire dans la région opposée au Lion.

L'enlèvement des cavales de Diomède, fils d'Aristée, se rapporte au lever héliaque de Pégase et du Petit Cheval, le Soleil étant dans les Poissons; ces deux chevaux sont placés au-dessus du Verseau, qui est Aristée.

Hercule part ensuite pour la conquête de la Toison d'or, le Verseau et le Serpentaire achèvent de se lever le soir, tandis qu'en même temps le Bélier, Cassiopée, Andromède, les Pléiades et Pégase se couchent. De là la victoire d'Hercule sur Hippolyte, reine des Amazones, dont la ceinture (Mirach) brille d'un vif éclat : plusieurs de ces guerrières avaient les noms des Pléiades.

Au lever du Taureau, le Bouvier se couche, et la Grande Ourse (les bœufs d'Icare) se lève ; c'est la défaite de Géryon et l'enlèvement de ses bœufs. Hercule tue Busiris, persécuteur des Atlantides ; fable qui fait allusion à Orion poursuivant les Hyades, et qui est alors dans les feux solaires. Le retour du printemps est en outre exprimé par la destruction des reptiles venimeux de la Crète et par la défaite du brigand Cacus ; celle du fleuve Achélaüs, changé en taureau, est relative à l'Éridan, qui est placé au-dessous.

Après avoir fondé Thèbes d'Égypte, Hercule va aux Enfers, délivre Thésée et enlève Cerbère. Le Soleil est arrivé dans l'hémisphère boréal ; le Grand Chien, dont le coucher héliaque a eu lieu dans le signe précédent, est maintenant absorbé dans les feux ; il est tiré des régions inférieures et produit à la lumière. Le fleuve du Verseau, qui se lève le soir avec le Cygne, lorsque le Soleil achève de décrire les Gémeaux, est Cycnus vaincu au bord du Pénée.

Le Dragon polaire et Céphée, ou le jardin des Hespérides, se lèvent au couchant du Soleil, sous le Cancer; de là le voyage d'Hercule en Hespérie. L'époque du lever héliaque de la constellation d'Hercule est en automne ; les pommes des Hespérides sont une allusion à cette saison.

Revenu au solstice d'été, le Soleil recommence sa révolution : c'est l'apothéose d'Hercule. La Fable raconte que Déjanire, cherchant un philtre pour fixer son époux, lui envoya une chemise trempée dans le sang du centaure Nessus. Hercule la revêtit pour sacrifier aux dieux, et leur demander l'immortalité promise à ses exploits ; mais, dévoré par le poison imprégné dans ce vêtement, le héros se brûla sur un bûcher. Voici le sens de cette fable. Le Soleil est rentré dans le Lion et se lève, tandis que les constellations d'Hercule et du Verseau sont prêtes à se coucher. Le Centaure se couche peu après le Lion; celui-ci fait donc mourir Hercule, et le Verseau, Ganymède, est enlevé pour verser le nectar aux dieux, à la place d'Hébé donnée au héros. La réconciliation d'Hercule et de Junon est relative au Verseau, qui est dédié à la déesse.

Hercule vécut 52 ans, eut 52 épouses et accorda les honneurs néméens à 360 de ses compagnons morts pour lui : ce sont des allusions aux 52 semaines de l'année et aux 360 degrés du Zodiaque. Les Colonnes d'Hercule étaient les limites occidentales de la terre connue, où le Soleil semblait chaque jour se coucher dans la mer. Quelque vagues qu'on suppose plusieurs des interprétations qu'on vient d'exposer, ajoute Francœur en terminant, il en est de si remarquables, qu'on ne saurait les supposer être l'effet du hasard : ainsi Hercule n'a pas été ce héros dont les bienfaits ont excité les hommes à lui ériger des autels, mais c'est le Soleil considéré dans ses attributs relatifs aux diverses époques de l'année, opinion conforme aux témoignages les plus révérés des anciens.

IV

LES CONSTELLATIONS DU SUD

Qui donc sur l'Océan, dans l'ombre et le silence,
Élève avec orgueil son front majestueux ;
Et, bravant de Phœbé le disque lumineux,
Devant son trône même insulte à sa puissance ?

C'est toi, noble Orion : tes feux étincelants
Des soleils de la nuit effacent la lumière,
Comme le dieu du jour, entrant dans la carrière,
Efface de Phœbé les rayons pâlissants.

Sur le trône des airs fais briller la couronne ;
Viens, héros indompté, régner sur nos climats,
Lève-toi ! que nos yeux attachés à tes pas
Contemplent à loisir l'éclat qui t'environne.

Perçant des sombres mers les nocturnes brouillards,
Sous l'orgueilleux fardeau de ta pesante armnre,
Je te vois déployer ta superbe ceinture
Et de l'homme étonné commander les regards.

Le Taureau loin de toi recule épouvanté :
Il roule avec effroi sa prunelle sanglante ;
Tandis que vers le nord s'enfuit l'Ourse tremblante
Aux éclairs menaçants de ton glaive irrité[1].

A tout seigneur tout honneur. Orion est la plus belle des constellations : il ne faut pas aller au delà sans lui rendre hommage, et le meilleur moyen de rendre hom-

[1] Newland, cité par Quételet dans son *Astronomie*.

mage aux personnages de valeur, c'est d'apprendre à les bien connaître.

Observez notre carte zodiacale : au-dessous du Taureau et des Gémeaux, au sud du Zodiaque, vous remarquerez ce géant qui lève sa massue vers le front du Taureau. Sept étoiles brillantes se distinguent; deux d'entre elles, α et β, sont de première grandeur; les cinq autres sont de second ordre. α et γ marquent les épaules, κ le genou droit, β le pied gauche ; δ, ε, ζ marquent le Baudrier ou la Ceinture; au-dessous de cette ligne est une traînée lumineuse de trois étoiles très-rapprochées : c'est l'Épée. Entre l'épaule occidentale γ et le Taureau, se voit le Bouclier, composé d'une file de petites étoiles en ligne courbe. La tête est marquée par une petite étoile, λ, de quatrième grandeur ; μ et ν dessinent le bras levé.

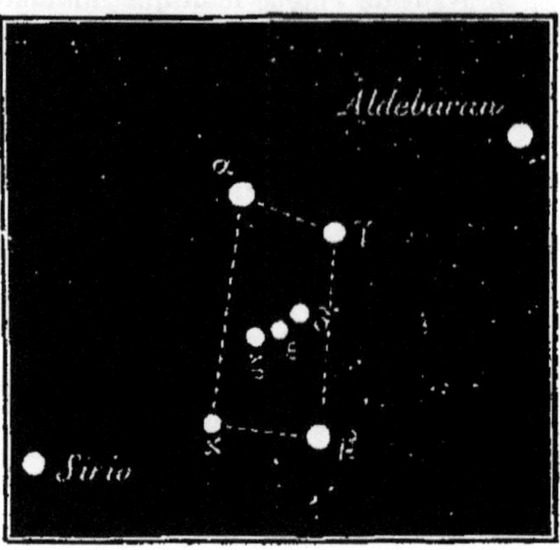

Fig. 26. — Orion, Aldébaran, Sirius.

Pour plus de clarté, voilà la disposition des étoiles principales de ce magnifique astérisme.

Orion est sur le prolongement de la ligne qui joint la Polaire à la Chèvre. Les quatres étoiles α, γ, β, κ occupent les angles d'un grand quadrilatère, les trois autres, δ, ε, ζ, sont serrées en ligne oblique au milieu de ce quadrilatère.

α, de l'angle nord-est, se nomme Betelgeuse (ne pas lire Beteigeuse, comme la plupart des traités l'impriment); β de l'angle sud-ouest se nomme Rigel.

La ligne du Baudrier, prolongée des deux côtés, passe au nord-ouest par l'étoile *Aldébaran* ou l'œil du Taureau, que nous connaissons déjà, et au sud-est par *Sirius*, la plus belle étoile du ciel, dont nous nous occuperons bientôt.

C'est pendant les belles nuit d'hiver que cette constellation brille le soir sur nos têtes. Nulle autre saison n'est aussi magnifiquement constellée que les mois d'hiver. Tandis que la nature nous prive de certaines jouissances d'un côté, elle nous en offre en échange de non moins précieuses. Les merveilles des cieux s'offrent aux amateurs depuis le Taureau et Orion à l'est, jusqu'à la Vierge et au Bouvier à l'ouest : sur dix-huit étoiles de première grandeur que l'on compte dans toute l'étendue du firmament, une douzaine sont visibles de neuf heures à minuit, sans préjudice de belles étoiles, de second ordre, des nébuleuses remarquables et d'objets célestes très-dignes de l'attention des mortels. Ces princpales étoiles sont : Sirius, Procyon, la Chèvre, Aldébaran, l'Épi, le cœur de l'Hydre, Rigel, Betelgeuse, Castor et Pollux, Régulus et β du Lion. — C'est ainsi que la nature établit partout une compensation harmonieuse, et que tandis qu'elle assombrit nos jours d'hiver rapides et glacés, elle nous donne de longues nuits enrichies des plus opulentes créations du ciel.

La constellation d'Orion est non-seulement la plus riche en étoiles brillantes, mais elle recèle encore pour les initiés des trésors que nulle autre ne saurait offrir. On pourrait presque l'appeler la Californie du Ciel. Donnons-nous le plaisir d'énumérer ses richesses, et nous trouverons un grand bonheur à la contempler dans les cieux.

Parlons d'abord de sa nébuleuse, située au-dessous de la seconde étoile du Baudrier. La première fois que l'astronome Huygens, son *découvreur*, admira cette beauté cosmique, en 1656, il fut assez émerveillé pour dire qu'elle paraissait une ouverture dans le ciel, qui donnait le jour sur une région plus brillante. « Les astronomes, dit-il, ont compté dans l'épée d'Orion trois étoiles très-voisines l'une de l'autre. Lorsque, en 1656, j'observai par hasard celle de ces étoiles qui occupe le centre du groupe, au lieu d'une j'en découvris douze, résultat que d'ailleurs il n'est pas rare d'obtenir avec les télescopes. De ces étoiles il y en avait trois qui, comme la première, se touchaient presque, et quatre autres semblaient briller à travers un nuage, de telle façon que l'espace qui les environnait paraissait beaucoup plus lumineux que le reste. »

Depuis cette époque, on s'est occupé de cette nébuleuse avec une sorte de prédilection; on l'a minutieusement examinée, et les diverses régions de cet amas ont été étudiées et décrites dans tous leurs détails. A mesure que les instruments sont devenus plus puissants, les étoiles qui la constellent sont apparues plus nombreuses, comme il est arrivé pour toutes les observations télescopiques de nébuleuses, et tandis qu'autrefois on se demandait avec une grande indécision s'il n'y avait pas là seulement un nuage phosphorescent, un amas de vapeurs, on est arrivé aujourd'hui à la conviction qu'elle est formée d'un nombre prodigieux de soleils entassés. Au centre on voit une partie plus brillante dont la forme est singulière; sir John Herschel la compare à la tête d'un animal monstrueux, dont la gueule reste béante et dont le nez se prolonge comme la trompe d'un éléphant.

Elle occupe dans le ciel un large espace, dont la dimension apparente est égale à celle du disque lunaire. Lorsqu'on réfléchit à l'éloignement qui nous sépare de cette agglomération, on est effrayé de l'étendue réelle qu'elle embrasse au fond du vide sans bornes.

Mais le phénomène le plus étrange qui se rattache à

cette nébuleuse, ce sont les changements que l'on a observés en elle. Les dessins qu'on en prend aujourd'hui diffèrent de ceux qui en ont été pris il y a moins d'un demi-siècle. Cette année encore, on vient de remarquer en Angleterre une disparition d'éclat à travers un endroit sombre qui n'existait pas il y a dix ans. Les astronomes s'accordent à reconnaître qu'il n'y a pas d'illusion possible dans certaines de ces observations, et que cette lointaine agglomération de soleils est le siége de formidables perturbations.

« L'impression générale que j'ai reçue de ces observations, disait naguère le directeur de l'Observatoire de Russie, est que la partie centrale de la nébuleuse se trouve dans un état d'agitation continuelle, comme la surface d'une mer. »

Orion possède bien d'autres richesses. L'étoile du pied gauche, Rigel, est l'une des plus belles étoiles *doubles*. (Nous entrerons bientôt dans ce chapitre de l'astronomie sidérale.) Cette étoile double se compose d'un soleil blanc et d'un soleil bleu; par les nuits calmes et limpides dont nous sommes quelquefois favorisés en hiver, il m'a semblé parfois que le reflet de l'étoile bleue nuance assez l'éclat de la blanche pour que celle-ci paraisse légèrement teintée de bleu, surtout lorsqu'on la compare aux points d'or qui parsèment le ciel alentour.

Deux autres systèmes binaires se rencontrent encore dans les deux étoiles des extrémités du Baudrier. La première, celle de droite, se compose d'un soleil blanc et d'un soleil pourpre; la seconde, d'un soleil jaune et d'un soleil bleu. Ainsi voilà trois systèmes de mondes des plus dissemblables réunis dans la même constellation. Dans chacun de ces systèmes, deux soleils au lieu d'un; non-seulement deux soleils comme le nôtre, mais deux soleils diversement colorés; sur les planètes qui appartiennent au premier, un astre blanc et un astre bleu se disputent l'empire du jour, donnant naissance, par les combinaisons sans nombre de leur chaleur, de leur lumière, de leur puissance électrique, à une variété d'actions incomparable et inimaginable pour nous, qui sommes voués à un unique soleil. Sur les planètes qui appartiennent au second, c'est un soleil pourpre qui vient diversifier la blanche lumière de son congénère. Sur celle du troisième, le nombre des couleurs, essentiellement différentes des nôtres, puisqu'il n'y a point là de lumière blanche génératrice de toutes les teintes, présente une série inconnue des nuances issues des mariages de l'or et du saphir. Ces planètes sont sans doute des planètes vertes, et la couleur des objets à leur surface ne doit probablement qu'osciller autour de cette moyenne, soit du côté du jaune, soit du côté du bleu.

Mais cette richesse de systèmes stellaires ne constitue pas encore tout le patrimoine de cette belle constellation d'Orion. Elle renferme, en outre, le plus complexe des systèmes multiples qu'on ait jamais rencontrés dans le ciel. Dans la nébuleuse dont je parlais tout à l'heure, on rencontre une étoile extraordinaire, l'étoile marquée θ sur le catalogue, un peu au-dessous de l'Épée. Cette étoile, décomposée par le télescope, permet d'admirer en elle le groupe merveilleux de sept soleils rassemblés au même point du ciel. Quatre étoiles principales de 4e, 5e, 6e et 7e grandeurs, sont disposées aux quatre angles d'un trapèze un peu irrégulier : les deux étoiles de la base ont chacune un très-faible compagnon. Celle de gauche en a même deux, ce qui fait sept. Que ces sept étoiles forment en réalité un système physique et qu'elles soient reliées entre elles comme les systèmes binaires par la loi d'attraction, c'est ce que je ne veux pas affirmer. Il peut se faire qu'il n'y ait là qu'un effet d'optique, que ces sept étoiles soient en réalité complétement indépendantes l'une de l'autre, situées à des profondeurs et à des distances immenses, mais que, se trouvant sur des rayons visuels très-rapprochés, elles nous paraissent rassemblées sur un même plan. Cependant il y a des probabilités en faveur

Fig. 27. — Étoile septuple de θ Orion.

de l'opinion qui considère cette étoile septuple comme un véritable système, surtout quand on voit que le mouvement propre de l'étoile principale est partagé par les six autres.

Une autre étoile d'Orion, la 23e, est également remarquable en ce qu'elle est double, et qu'au lieu d'avoir sa principale blanche et sa petite bleue, comme dans la généralité des cas, c'est le contraire qui se présente.

Voilà beaucoup sur une seule constellation ; mais j'ai pour cette belle et antique figure que Job chantait il y a trois mille ans, une sympathie dont je ne puis ni ne veux me défendre. Trônant entre les Pléiades et le beau Sirius, elle me présente une magnifique plage céleste, enrichie de mondes variés qui font rêver à la vie lointaine. Entre nous, j'ai lu au moyen âge un traité d'astrologie qui avait pour titre : *Flamma-orionis*. Depuis ce temps-là ce nom m'est cher, je l'aime !

Or vous savez tous combien les amoureux éprouvent de bonheur à parler sans cesse de l'objet qui fait battre leur cœur.

Suivant dans son cours, comme le Soleil et comme les planètes, les constellations zodiacales, la Lune passe quelquefois auprès d'Orion. Elle occulte alors les étoiles devant lesquelles sa marche l'a conduite. En parlant d'Orion, le poëte américain Longfellow a dépeint cette occultation sous de vives couleurs :

« Sirius se levait à l'orient, et lentement, montant l'une après l'autre, brillaient les constellations étincelantes. Au milieu du cortége d'étoiles flamboyantes, se tenait debout le géant Algebar, Orion le chasseur. Sa luisante épée était suspendue à son côté, et sur son épaule, la peau du Lion laissait voltiger sur le ciel de minuit le rayonnement doré de sa chevelure. La Lune était pâlissante, sans que sa clarté fût affaiblie, aussi belle qu'une sainte virginale, s'avançant dans la pureté de sa voie pendant les heures d'épreuves et de terreur. Comme si elle eût entendu la voix de Dieu, elle marchait pieds nus, sans blessures, sur les astres brûlants, semblables à des charbons embrasés ; faisant ainsi éclater sa puissance, comme sa pureté et sa sainteté.

« Errant ainsi dans son pas silencieux, le triomphe empreint sur son visage si pur, elle atteignit la station d'Orion. Étonné, il s'arrêta dans une étrange frayeur, et subitement, de son bras étendu laissa tomber la peau rouge du lion à ses pieds dans la rivière. Sa massue ne resta pas plus longtemps levée sur le front du Taureau ; mais lui, chancela comme autrefois près de la mer, lorsque, aveuglé par Œnopion, il chercha le forgeron dans sa forge, et, grimpant sur la montagne escarpée, fixa ses yeux ternes sur le soleil. »

Dans la Fable, Orion, le plus bel homme de son temps, était d'une taille si haute que, quand il marchait dans la mer, il dépassait les flots de toute sa tête : ce qui veut dire que cette constellation est moitié sous l'équateur et moitié au-dessus.

J'oubliais d'ajouter que les trois étoiles obliques qui forment son *baudrier*, ou sa *ceinture*, ont été nommées les *Trois Rois Mages*, le *Bâton de Jacob*, et que dans nos campagnes on les distingue simplement sous le nom de *Râteau*.

Au sud-est d'Orion, sur la ligne des trois Rois, resplendit la plus magnifique de toutes les étoiles, *Sirius*, ou α de la constellation du *Grand Chien*. Cet astre de première grandeur marque l'angle supérieur oriental d'un grand quadrilatère dont la base, voisine de l'horizon à Paris, est adjacente à un triangle. Les étoiles du quadrilatère et du triangle sont toutes de seconde grandeur. Cette constellation se lève, le soir, à la fin de novembre, passe au méridien à la fin de janvier, et se couche à la fin de mars.

Sirius étant la plus éclatante étoile du ciel, lorsque les astronomes osèrent essayer les opérations relatives à la recherche des distances des étoiles, elle eut le don d'attirer particulièrement leur attention. Après des études longues et minutieuses, on arriva à déterminer sa distance : elle est de 52 trillions 200 milliards de lieues. Pour traverser la distance de la terre à cet astre, la lumière emploie plus de 14 ans. Il suit de là que, lorsque nous l'observons, ce n'est point le Sirius d'aujourd'hui qui est au-dessus de nos yeux, mais bien le Sirius d'il y a quatorze ans : le rayon de lumière qui atteint notre œil en 1875, par exemple, est sorti de Sirius pendant l'année 1861.

Le nom que nous donnons aujourd'hui à α du Grand Chien appartenait jadis à la constellation tout entière, et l'on ne trouve pas un seul monument égyptien où cette figure soit indiquée sans qu'elle représente Sirius, nom dérivé, dit-on, d'Osiris, le Soleil. A l'origine des constellations, le solstice d'été arrivait lorsque le soleil parcourt le Capricorne : le lever de Sirius annonçait à l'Égypte l'époque de la crue du Nil, et, comme un *chien* fidèle, avertissait les hommes de se tenir sur leurs gardes. Là ne se bornait pas le rôle de Sirius. L'année civile des Égyptiens étant de 365 jours exactement, et les rois jurant de ne jamais permettre l'intercalation de jours supplémentaires, cette année vague empiétait d'un jour tous les quatre ans sur l'année solaire, et revenait coïncider avec celle-ci au bout de 365 fois quatre ans, en 1460 ans; mais pendant ce temps-là les périodes civiles, les travaux d'agriculture, les fêtes et les divers points du calendrier, ne pouvaient être fixés par des dates immuables. On choisit dans le ciel un signe propre à annoncer l'époque du solstice : le lever du matin de Sirius, qu'on nommait alors Sothis, annonça l'époque demandée. Le lever héliaque (solaire) de cet astre n'était ramené au même jour de l'année qu'après 1461 ans.

Depuis ces temps antiques, un mouvement de la Terre qui modifie lentement la marche du Soleil parmi les constellations, qu'on appelle la précession des équinoxes, a privé Sirius de sa faculté de prédire l'inondation et le solstice; son lever héliaque n'arrive maintenant en Égypte que le 10 août, au lieu du 20 juin. Mais au commencement de notre ère, il arrivait en juillet, au milieu des grandes chaleurs et des maladies qu'elles engendrent. De là cette constellation fut accusée de maligne influence, comme vous pouvez le voir dans Sophocle et dans cent autres auteurs moins anciens; elle donne la fièvre aux hommes et la rage aux chiens. Les jours *caniculaires* viennent de là. Pour conjurer Sirius, on lui éleva des autels sur lesquels on sacrifia la caille et la chèvre. On redoutait l'étoile du midi.

Déjà le Chien brûlant dont l'Inde est dévorée
Vomissait tous ses feux sur la plaine altérée.

(*Géorgiques*.)

Sirius lève au ciel son front pernicieux,
Et son affreux aspect consterne tous les yeux.

(*Énéide.*)

Sirius ou la canicule s'appelait aussi le chien de *Procris*, épouse de Céphale, qui la perça d'un trait décoché par mégarde, comme Ovide le rapporte fort au long. Jean-Baptiste-Rousseau, qui se plaisait parfois à montrer ses connaissances astronomiques, n'a pas tout à fait réussi en parlant à notre époque du *brûlant* Sirius, dans une ode, charmante du reste, à l'abbé Chaulieu :

Mais aujourd'hui qu'en nos plaines
Le Chien brûlant de Procris
De Flore aux douces haleines
Dessèche les dons chéris,

Veux-tu d'un astre perfide
Risquer les âpres chaleurs
Et, dans ton jardin aride,
Sécher ainsi que tes fleurs?

Boëce (*de Consolatione philosophicæ*, liv. I), avait plus raison de dire, au dixième siècle :

Le grain semé sous Arcturus
Devient épi sous Sirius.

Sirius a une longue et bonne réputation comme chien. Après tous les services qu'il avait déjà rendus aux Égyptiens, Jupiter le chargea de la garde de sa chère Europe ; après l'enlèvement, il passa entre les mains de Minos, de Procris, de Céphale et d'Aurore. Des auteurs fort accrédités pensent même que, malgré tout ce qui précède, il fut Cerbère, le *canis* à trois têtes ; leur opinion est appuyée sur cette coïncidence, que le Grand Chien garde à l'équateur l'hémisphère inférieur des Égyptiens de la même manière que Cerbère gardait la région du Tartare. On voit que ce chien revendique une noblesse fort ancienne. Aucun titre héraldique ne peut se vanter de remonter si haut.

Le *Petit Chien*, ou Procyon, que nous avons déjà vu sur nos cartes zodiacales, se trouve au-dessus de son aîné et au-dessous des Gémeaux Castor et Pollux, à l'est d'Orion. Si ce n'est α, aucune étoile brillante ne le distingue. Au point de vue mythologique, il partage avec le Grand Chien la plupart des fables attribuées à ce dernier.

L'*Hydre* est une longue constellation qui occupe le quart de l'horizon, sous l'Écrevisse, le Lion et la Vierge. La tête, formée de quatre étoiles de quatrième grandeur, est à gauche du Procyon, sur le prolongement d'une ligne menée par cette étoile et par Betelgeuse. Le côté occidental du grand trapèze du Lion, comme la ligne de Castor et Pollux, se dirigent sur α, de seconde grandeur : c'est le cœur de l'Hydre ; on remarque des astérismes de second ordre, le Corbeau, la Coupe. Imitant le cours d'un fleuve par ses sinuosités, l'Hydre a été regardée comme habitant le Nil et le représentant. Comme le Navire se trouve non loin de là, on a même été jusqu'à expliquer par certains aspects le déluge de Deucalion qui se sauve sur un vaisseau, et qui, quarante jours après, s'assure si les eaux sont retirées en donnant la liberté à un corbeau.

L'*Éridan*, la *Baleine*, le *Poisson austral* et le *Centaure* sont les seules constellations importantes qu'il nous reste à décrire. On les retrouvera dans l'ordre que nous venons d'indiquer, à la droite d'Orion. L'Éridan est un fleuve composé d'une suite d'étoiles de troisième et de quatrième grandeur, descendant et serpentant du pied gauche d'Orion, Rigel, et se perdant sous l'horizon. Après avoir suivi de longues sinuosités, invisibles pour nous, il se termine par une belle étoile de première grandeur, α ou Achernar. C'est le fleuve dans lequel tomba Phaéton, qui conduisait maladroitement le char du Soleil ; il fut placé dans le ciel pour consoler Apollon de la mort de son fils.

« Cependant Phaéton, les cheveux en feu, tombe du haut du ciel et laisse après lui une longue traînée de flammes. L'Éridan, qui coule dans les lieux bien éloignés du pays qui a vu naître ce prince infortuné, le reçut dans ses ondes et lava son visage, qui était tout couvert d'écume. »

Au-dessus du Bélier on rencontre une étoile de seconde grandeur qui forme un triangle équilatéral avec le Bélier et les Pléiades; c'est α de la Baleine, ou la mâchoire; α, μ, ξ et γ forment un parallélogramme : c'est la tête. Cette base, α, γ, se prolonge sur une étoile de troisième grandeur, δ, et sur une étoile du Cou marquée o. Cette étoile est l'une des plus curieuses du ciel : on la nomme la Merveilleuse, *Mira Ceti*. Elle appartient à la classe des étoiles *changeantes*. Tantôt elle égale en éclat les étoiles de premier ordre, tantôt elle devient complétement invisible. On a suivi ses variations depuis la fin du seizième siècle, et l'on a reconnu que la période de croissance et de décroissance est de 331 jours en moyenne, mais toutefois irrégulière, étant parfois de 25 jours en retard ou de 25 jours en avance. L'étude de ces astres singuliers nous offrira de curieux phénomènes.

La Baleine fut envoyée par Neptune pour dévorer Andromède : je ne reviendrai pas sur l'histoire de cette pauvre princesse.

Quatre étoiles de troisième grandeur forment la queue de ce cétacé et descendent vers Fomalhaut ou α du Poisson austral, qui reçoit l'eau du Verseau. Cet astérisme s'élève très-peu sur l'horizon de Paris.

Enfin la constellation du Centaure est située au-dessous de l'Épi de la Vierge. L'étoile θ, de seconde grandeur, et l'étoile ι, de troisième, marquent la tête et l'épaule : c'est la seule partie de cette figure qui s'élève au-dessus de notre horizon. Le Centaure renferme l'étoile *la plus rapprochée* de la terre, α, de première grandeur, dont la distance est de 8 trillions 376 milliards de lieues. C'est également dans cette constellation que se trouve la belle nébuleuse régulière que nous avons admirée plus haut, l'amas globulaire de ω du Centaure. Les pieds de derrière touchent à la *Croix du sud*, formée de quatre étoiles de seconde grandeur, toujours cachée sous l'horizon. Un peu plus loin se trouve le pôle austral.

V

LE NOMBRE DES ÉTOILES. LEURS DISTANCES

Il est bon pour la pensée une heure... une heure sainte
Alors que s'enfuyant de la céleste enceinte,
De l'absence du jour pour consoler les cieux,
Le crépuscule aux monts prolonge ses adieux.
On voit à l'horizon sa lueur incertaine,
Commes les bords flottants d'une robe qui traîne,
Balayer lentement le firmament obscur,
Où les astres ternis revivent dans l'azur.
Alors ces globes d'or, ces îles de lumière,
Que cherche par instinct la rêveuse paupière,
Jaillissent par milliers de l'ombre qui s'enfuit,
Comme une poudre d'or sous les pas de la nuit.

LAMARTINE.

Afin que l'esprit pût se reconnaître plus facilement au milieu de ces milliers de points étincelants, outre les divisions que nous venons de passer en revue, on convint dès la plus haute antiquité de classer les étoiles selon leur éclat apparent. Nous l'avons vu, les étoiles les plus brillantes ont été appelées étoiles de premier ordre ou de première grandeur, quoique cette dénomination n'implique aucun sens relatif à la grosseur réelle ou à l'éclat réel de l'étoile; celles qui viennent ensuite, toujours dans l'ordre de leur éclat apparent, furent nommées étoiles de seconde grandeur; puis viennent celles de troisième, de quatrième et de cinquième grandeur à mesure qu'elles paraissent plus petites; enfin on appela étoiles de sixième grandeur les dernières étoiles visibles à l'œil nu.

Les étoiles de première grandeur sont au nombre de dix-huit. En réalité, la dix-huitième, c'est-à-dire la moins brillante de la série, pourrait aussi bien être inscrite au premier rang des étoiles de seconde grandeur, ou la première de cette seconde série pourrait de la même façon être ajoutée aux étoiles de première grandeur : il n'y a pas dans la nature de ces séparations que nécessitent nos classifications. Mais comme il faut s'arrêter à une étoile si l'on veut faire des séries, on est convenu de terminer la liste des astres de première grandeur comme elle se termine ici.

Liste des étoiles de première grandeur, dans l'ordre de leur éclat décroissant.

1. Sirius, ou α du Grand Chien.
2. η d'Argo (étoile variable).
3. Canopus ou α du Navire.
4. α du Centaure.
5. Arcturus, ou α du Bouvier.
6. Rigel, ou β d'Orion.
7. La Chèvre, ou α du Cocher.
8. Véga, ou α de la Lyre.
9. Procyon, ou α du Petit Chien.
10. Betelgeuse, ou α d'Orion.
11. Achernar, ou α d'Éridan.
12. Aldébaran, ou α du Taureau.
13. β du Centaure.
14. α de la croix du Sud.
15. Antarès ou α du Scorpion.
16. Altaïr ou α de l'Aigle.
17. L'Épi ou α de la Vierge.
18. Fomalhaut, ou α du Poisson austral.

On peut penser qu'en général les plus brillantes sont les plus rapprochées, et qu'elles nous paraissent d'autant plus petites qu'elles sont plus distantes de nous. Il suit de là que le nombre des étoiles doit augmenter en raison inverse de chaque grandeur, que les astres qui forment la seconde série, par exemple, se trouvant sur un cercle visuel plus éloigné, et par conséquent plus étendu que celui de la première série, sont plus nombreux, que la troisième série est plus riche que la seconde, etc. C'est précisément là ce que l'on observe. On compte environ 55 étoiles de la seconde grandeur, 170 de la troisième, 500 de la quatrième, etc. Voici du reste un moyen facile de connaître approximativement le nombre des étoiles de chaque ordre. On a observé que chaque classe est ordinairement trois fois plus peuplée que celle qui la précède, de sorte qu'en multipliant par 3 le nombre des astres qui composent une série quelconque, on a à peu près le nombre de ceux qui composent la série suivante. Par cette estimation, le nombre des étoiles des six premières grandeurs, autrement dit, celui de toutes les étoiles visibles à l'œil nu, fournirait un total de 6,000 environ. — Généralement on croit en voir bien davantage, on croit pouvoir les compter par myriades, par millions : il en est de cela comme du reste, nous sommes toujours portés à l'exagération! Cependant, en fait, le nombre des étoiles visibles à l'œil nu, dans les deux hémisphères, sur toute la terre, ne dépasse pas ce chiffre, et même il est bien peu de vues assez bonnes pour aller au delà de quatre à cinq mille.

Mais là où s'arrête notre faible vue, le télescope, cet œil géant qui grandit de siècle en siècle, perçant les profondeurs des cieux, y découvre sans cesse de nouvelles étoiles. Après la sixième grandeur, les premières lunettes ont révélé la septième. Puis on est allé jusqu'à la huitième, la neuvième. C'est alors que les milliers ont grossi jusqu'aux dizaines de mille, et que les dizaines sont devenues des centaines de mille. Des instruments plus perfectionnés encore ont franchi ces distances et ont trouvé les étoiles de la dixième et de la onzième grandeur. De cette époque on commença à compter par millions. Le nombre des étoiles de la douzième grandeur est de 9,556,000; ajouté aux onzes termes qui le précèdent, il dépasse quatorze millions. A l'aide d'une amplification plus puissante encore, on dépassa de nouveau ces bornes. Aujourd'hui la somme des étoiles réunies de la première à la treizième grandeur inclusivement est évaluée à 43,000,000. Le ciel s'est véritablement transformé. Dans le champ des télescopes, on ne distingue plus ni constellations ni divisions; mais une fine poussière brille là où l'œil, laissé à sa seule puissance, ne voit qu'une obscurité noire sur laquelle ressortent deux ou trois étoiles. A mesure que les découvertes merveilleuses de l'optique augmenteront la puissance visuelle, toutes les régions du ciel se couvriront de ce fin sable d'or, et un jour viendra où le regard étonné, s'élevant vers ces profondeurs inconnues, se trouvant arrêté par l'accumulation des étoiles qui se succèdent à l'infini, ne trouvera plus devant lui qu'un délicat tissu de lumière.

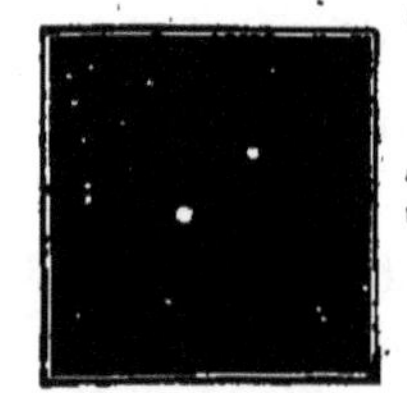

Fig. 28. — Un petit carré de la constellation des Gémeaux vu à l'œil nu.

Voici, par exemple (fig. 28), un petit coin de la constellation des Gémeaux, dans lequel les vues ordinaires ne voient que deux étoiles, et où les meilleures vues ne parviennent à en distinguer que cinq autres plus petites. Eh bien, en dirigeant le télescope sur ce point, on voit une véritable poussière lumineuse (fig. 29), et l'on arrive à y compter 3,205 étoiles.

Quelle étendue occupent ces myriades d'étoiles qui se succèdent éternellement dans l'espace? Cette question a toujours eu le don de captiver l'attention des astronomes aussi bien que celle des simples penseurs ; mais on n'a pu commencer des recherches relatives à sa solution qu'à une époque très-rapprochée de nous, lorsque les moyens

Fig. 29. — Le petit carré précédent, vu au télescope.

si minutieux d'y parvenir nous furent accessibles. Les anciens ne se formaient pas la plus légère idée de la distance des corps célestes, pas plus que de leur nature. Pour la plupart, c'étaient des émanations de la terre, s'étant élevées comme les feux follets au-dessus des endroits marécageux ; ce serait faire une longue et curieuse histoire que celle de toutes ces idées primitives si peu en harmonie avec la grandeur de la création. Pour pouvoir mesurer la distances des étoiles les plus proches, il faut pouvoir mesurer l'épaisseur d'un cheveu. On a attendu longtemps avant d'en arriver là. Je donnerai à la fin de ce chapitre une idée de la méthode employée pour arriver à ces déterminations rigoureuses ; mais satisfaisons d'abord notre curiosité, et apprenons de suite à quelle distance se trouvent de nous les étoiles les plus rapprochées.

L'étoile la plus voisine se trouve dans la constellation australe du Centaure : c'est l'étoile α. D'après les recherches les plus récentes, elle est éloignée de nous de 211,300 fois la distance d'ici au soleil, distance égale à 37,000,000 de lieues. Il y a quelques années encore, on la croyait un peu plus loin ; mais des déterminations plus précises ont établi définitivement qu'elle n'est pas au delà de la distance qui vient d'être mentionnée.

Il est fort difficile, pour ne pas dire impossible, de se figurer directement de pareilles longueurs, et, pour arriver à les concevoir, il est nécessaire que notre esprit, associant à l'idée de l'espace l'idée du temps, voyage en quelque sorte le long de cette ligne et estime par succession sa longueur. Pour les faibles grandeurs, nous agissons déjà de même sur la terre. Si, par exemple, on nous dit qu'il y a 500 kilomètres de Paris à Strasbourg, nous nous figurons difficilement cette distance du premier coup d'œil ; mais, en lui associant l'idée du temps nécessaire pour la franchir avec une vitesse donnée, en apprenant qu'un train express direct, animé d'une vitesse moyenne de 72 kilomètres à l'heure, y arrive en 7 heures, nous nous représentons de suite le chemin parcouru. Cette méthode, utile pour les distances terrestres, est nécessaire pour les distances célestes. Ainsi nous mesurons l'espace par le temps ; seulement, au lieu de la vitesse d'un train direct, nous prenons celle de la lumière, qui voyage en raison de 77,000 lieues par seconde.

Eh bien, pour traverser la distance qui nous sépare de notre voisine α du Centaure, ce courrier emploie 3 ans et 8 mois. Si l'esprit veut et peut le suivre, il ne faut pas qu'il saute en un clin d'œil du départ à l'arrivée, autrement il ne se formerait pas davantage la moindre idée de la distance ; il faut qu'il se donne la peine de se représenter la marche directe du rayon lumineux, qu'il s'associe à cette marche, qu'il se figure traverser 77,000 lieues pendant la *première* seconde de chemin à dater de son moment de départ, puis 77,000 autres lieues pendant la *deuxième* seconde, ce qui fait 154,000 ; puis de nouveau 77,000 lieues pendant la *troisième*, et ainsi de suite, sans s'arrêter, *pendant 3 ans et 8 mois*. S'il se donne cette peine, il pourra comprendre l'effroyable valeur du chiffre ; autrement, comme ce nombre dépasse tous ceux que l'esprit a coutume d'employer, il ne sera pour lui d'aucune signification et restera incompris.

Notre étoile voisine est donc α du Centaure. Celle que sa distance met immédiatement après elle est une étoile située en une autre région du ciel, dans la constellation du Cygne. C'est *notre seconde voisine ;* ce qui n'empêche pas qu'elle soit presque trois fois plus éloignée de nous que la première. On a calculé la distance d'une dizaine d'étoiles. Voici les plus rapprochées. La première colonne de chiffres représente le nombre de rayons de l'orbite terrestre (distance de la terre au soleil) qu'il faudrait aligner à la suite l'un de l'autre pour atteindre l'étoile ; la seconde donne les lieues de la distance en *trillions ;* la troisième indique le nombre des années que la lumière emploie à franchir la distance :

α du Centaure.	211 330	8 *trillions*	3 ans 8 mois.
61e du Cygne.	403 000	21 —	6 — 5 —

Sirius, α du Grand Chien.	897 000	53 —	14 ans 2 mois.
β du Centaure.	936 000	35 —	15 — 5 —
Véga, α de la Lyre. . . .	1 360 000	51 —	21 — 3 —
ι de la Grande Ourse . .	1 550 900	59 —	24 — 5 —
Arcturus, α du Bouvier.	1 624 000	61 —	26 —
Étoile polaire.	2 714 000	117 —	50 —
La Chèvre α du Cocher .	4 484 000	170 —	72 —

Telles sont les étoiles les plus rapprochées. La plupart des étoiles dont la distance a été calculée sont au nombre des plus brillantes du ciel et comptent parmi celles de première ou de seconde grandeur. On peut se demander s'il est possible, par comparaison, de déterminer la distance vraisemblable des régions où brillent les dernières grandeurs. C'est là une question curieuse, dont Arago a cherché la solution et sur laquelle il raisonne comme il suit :

Nous prenons, par exemple, sur la liste ci-dessus, une étoile moyenne de première grandeur, non pas Sirius, qui dépasse toutes les autres par son éclat, mais Arcturus ou Véga ; nous nous demandons à quelle distance il faudrait transporter cette étoile pour qu'elle diminue d'éclat apparent jusqu'à la quatrième grandeur, et nous voyons qu'il faudrait la transporter à une distance quatre fois plus grande que la distance présente ; — qu'en l'éloignant à huit fois la distance primitive, elle deviendrait de cinquième à sixième ordre ; — qu'en moyenne, une étoile de première grandeur, transportée à douze fois sa distance actuelle, ne cesserait pas d'être visible à l'œil nu, et que son éclat ne tomberait pas au-dessous de la sixième grandeur.

William Herschel essaya d'étendre aux observations télescopiques l'échelle de visibilité qu'il avait formée pour l'œil nu. Il prépara une série de télescopes dont la puissance allait sans cesse en augmentant, et prit pour sujet de ses observations la nébuleuse de Persée.

L'œil ne distinguait là aucune étoile. S'il y en avait, elles étaient nécessairement plus faibles que ne le seraient les étoiles de première grandeur transportées à douze fois leur distance actuelle : le petit instrument en montra un grand nombre. Admettons que dans ce grand nombre il se trouvait, comme cela est probable, d'aussi fortes étoiles qu'Arcturus, que Véga, etc., ces étoiles, pour devenir tout juste visibles après que leur intensité avait quadruplé, devaient être deux fois plus loin que les dernières étoiles visibles à l'œil nu, c'est-à-dire vingt-quatre fois plus loin qu'Arcturus, que Véga, etc.

Le second instrument, celui qui augmentait la lumière dans le rapport de 1 à 9, qui rapprochait les objets trois fois, faisait voir des étoiles dont le premier ne dévoilait aucune trace; les étoiles étaient en intensité ce que deviendraient Arcturus, Véga, etc., à trente-six fois leur distance.

En arrivant, toujours par degrés, jusqu'au télescope de trois mètres avec toute son ouverture, l'observateur apercevait des étoiles pareilles à ce que seraient les étoiles de première grandeur à trois cent quarante-quatre fois la distance qui maintenant les sépare de nous.

Le télescope de six mètres étendait sa puissance jusqu'à neuf cents fois cette même distance des étoiles de première grandeur; et il était évident qu'un télescope plus fort aurait montré des étoiles plus éloignées encore.

Pour échapper aux conséquences numériques que je vais déduire de ces résultats d'Herschel, il faudrait supposer que, parmi le nombre prodigieux d'étoiles que chaque télescope d'une puissance supérieure découvre, il n'en existe aucune d'aussi brillante qu'Arcturus ou Véga de la Lyre; il faudrait admettre, en un mot, qu'il ne s'est formé d'étoiles de première grandeur que près de notre système solaire. Une pareille supposition ne mérite certainement pas d'être réfutée.

Il n'y a aucune étoile de première grandeur dont la lumière nous parvienne en moins de trois ans. D'après cela, ajoute Arago en terminant, les lumières des étoiles de différents ordres, aussi grandes en réalité qu'Arcturus, que Véga de la Lyre, etc., doivent être situées à de telles distances de la terre, que la lumière ne saurait les parcourir :

Pour les étoiles de deuxième grandeur en moins de.	6 ans.
— quatrième grandeur :	12
— de sixième grandeur	36
Pour les dernières étoiles visibles avec le télescope de 3 mètres	1042
Pour les dernières étoiles visibles avec le télescope de 6 mètres.	2700

Ce sont là des valeurs minimum. Mais il y a des étoiles dont la lumière ne nous parvient pas en moins de 10,000, 50,000 ans... et des nébuleuses dont la lumière emploie plusieurs millions d'années pour nous parvenir.

Les rayons lumineux qui nous arrivent des étoiles nous racontent donc l'*histoire ancienne* de ces astres, et non leur état contemporain. En nous éloignant à une assez grande distance de la terre, nous reverrions les premiers âges de l'humanité, la construction des pyramides, les événements antédiluviens, notre propre existence et celle de nos ancêtres! etc.[1].

Mais par quel pouvoir l'homme est-il parvenu à connaître les premières distances des étoiles?

Il y a en astronomie des faits qui surprennent par leur grandeur, et qui surpassent de telle sorte la sphère des conceptions habituelles de l'homme, qu'on est tenté de les révoquer en doute malgré l'affirmation des astronomes et de les reléguer au rang des prétentions trompeuses dont la science s'est quelquefois enveloppée pour en imposer au vulgaire. De ce nombre sont les principales conquêtes de l'astronomie stellaire, et notamment les déterminations relatives à la distance des étoiles.

[1] Voy. notre ouvrage : LUMEN, *Récits de l'infini.*

J'essayerai de donner une idée de la méthode dont on se sert pour obtenir ces distances et d'éloigner, par cette exposition, l'idée défavorable qu'un grand nombre partagent encore contre les assurances parfaitement fondées de l'astronomie moderne.

Une réflexion de quelques instants suffira pour faire admettre que si la terre se meut dans l'espace, pendant son cours annuel autour du soleil, il doit en résulter pour nous un déplacement apparent des autres astres dans le ciel. Personne n'a mis la tête à la portière d'un wagon sans s'apercevoir que les arbres, les maisons, les collines, les divers objets qui accidentent la campagne se meuvent dans un sens opposé à la marche du train, et que les objets les plus proches sont ceux qui paraissent subir le plus grand déplacement, tandis que les plus éloignés se meuvent plus lentement, jusqu'à l'horizon, qui reste à peu près immobile. Il doit donc résulter du mouvement de la Terre dans l'espace, que les étoiles situées dans une région du ciel dont la Terre s'éloigne à une certaine époque de l'année, paraîtront se resserrer, tandis que les étoiles dont la Terre se rapproche paraîtront s'écarter les unes des autres. Cet effet sera nécessairement d'autant moins grand que les distances des étoiles seront plus grandes.

Si l'on pouvait mesurer la valeur de l'écart subi par une étoile, par suite du mouvement de la Terre, on aurait la distance de cette étoile. Voici comment :

Soit cette ellipse (fig. 30) la courbe suivie par la Terre dans sa marche annuelle autour du soleil, soit S le soleil, TST′ un diamètre de l'orbite terrestre, T et T′ la position de la Terre aux deux extrémités de ce diamètre, c'est-à-dire à six mois d'intervalle (puisque la Terre fait le tour entier en un an); soit enfin E l'étoile dont on veut mesurer la distance.

Quand la Terre est située au point T, on mesure l'angle STE, formé par le Soleil, la Terre et l'étoile; quand la Terre est en T′, on mesure l'angle ST′E. On sait que dans tout triangle la somme des trois angles est égale à deux angles droits, c'est-à-dire à 180°; donc, si l'on fait la somme des deux angles observés STE et ST'E, et qu'on retranche cette somme de 180°, on aura la valeur de l'angle E sous-tendu à l'étoile par le diamètre de l'orbite terrestre. Et cette valeur sera aussi exacte que si l'on avait pu se transporter sur l'étoile pour la mesurer directement. La moitié de cet angle, c'est-à-dire l'angle SET, est ce qu'on nomme la *parallaxe annuelle* de l'étoile E. Ainsi la parallaxe annuelle d'une étoile, c'est l'angle sous lequel un observateur placé sur l'étoile verrait de face le rayon de l'orbite terrestre.

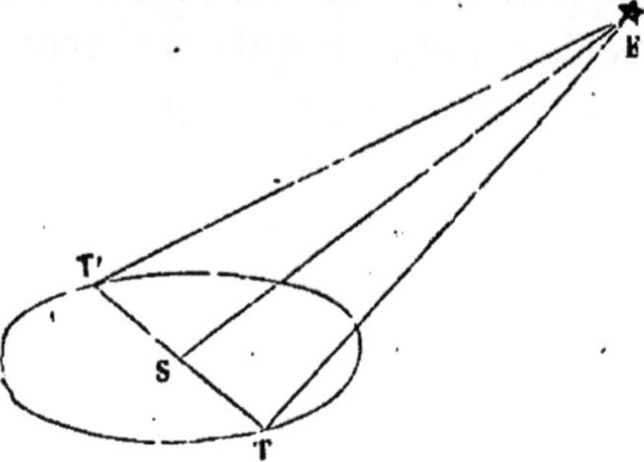

Fig. 30. — Mesure des distances célestes.

En prenant toujours des observations correspondantes à deux points diamétralement opposés de l'orbite de la Terre, on obtiendra de la sorte, dans le cours de l'année, un grand nombre de mesures de la parallaxe annuelle. Dans notre exemple et dans notre figure, l'étoile est située au pôle de l'écliptique; l'opération est la même, quoique un peu moins simple, pour les autres positions du ciel. Dans la pratique, on obtient d'une manière exacte la valeur des angles STE, ST'E, en comparant les positions successives de l'étoile observée à celle d'une étoile relativement fixe, qui n'ait pas de parallaxe. La grande majorité des étoiles se trouve dans ce dernier cas.

Les recherches des astronomes ont démontré qu'il n'est pas une seule étoile dont la parallaxe soit égale à 1″. Elles sont toutes inférieures à ce chiffre déjà si faible. Pour se faire une idée de cette valeur, il faut savoir que la circonférence des cercles astronomiques qui servent aux observations est divisée en 360 parties appelées degrés, chaque degré en 60 minutes, chaque minute en 60 secondes. Cette valeur d'une seconde est si petite, qu'un fil d'araignée placé au réticule de la lunette cache entièrement la portion de la sphère céleste où s'effectuent les mouvements apparents des étoiles, au plus égaux à 1″.

L'étoile que ces sortes d'observations ont constatée être la plus proche, c'est l'étoile α du Centaure, sa parallaxe est égale à 97 centièmes de seconde (0″,97). De l'étoile α du Centaure, le rayon de l'orbite terrestre est donc réduit à 0″,97. Or, pour que la longueur d'une ligne droite quelconque vue de face se réduise à n'apparaître plus que sous un angle aussi petit que celui de 1 seconde, il faut que cette ligne soit à une distance de 206,000 fois sa longueur; et pour qu'elle se réduise à 0″,97, il faut qu'elle soit un peu plus loin encore : à 211,330 fois sa longueur. C'est là une donnée mathématique. Donc l'étoile α du Centaure est éloignée de nous de 211,330 fois le rayon de l'orbite terrestre, c'est-à-dire 211,330 fois 37 millions de lieues, soit près de huit mille milliards de lieues!

C'est là l'étoile *la plus voisine*. La lumière marche pendant trois ans et huit mois pour venir d'elle à la Terre. Les autres étoiles rapprochées se succèdent, comme nous l'avons vu, à des distances supérieures à celle-là.

On voit par ce qui précède que ces résultats, quelque prodigieux qu'ils paraissent au premier abord, sont dus à des méthodes mathématiques d'une grande simplicité. Toute la difficulté de ces sortes de déterminations consiste dans l'observation extrêmement minutieuse, longue et pénible, du faible déplacement de l'étoile dans le ciel.

Toutes ces étoiles, vastes comme notre soleil, éloignées les unes des autres par de telles distances, se succédant à l'infini dans l'immensité des espaces, sont en mouvement dans les cieux. Rien n'est fixe dans l'univers, il n'y a pas un seul atome en repos absolu. Les forces formidables dont la matière est animée régissent universellement son action. Ces mouvements de translation des soleils de l'espace dans l'étendue sont insensibles à nos yeux, parce qu'ils s'exécutent à une trop grande distance; mais ils sont plus rapides que nulle vitesse que nous puissions observer sur la Terre : il y a des étoiles qui sont emportées dans l'espace avec une rapidité de vingt lieues par seconde. Pour l'œil qui saurait faire abstraction du temps comme de l'espace, le ciel serait un véritable fourmillement d'astres divers tombant dans toutes les directions du vide éternel. L'étoile qui est notre soleil tombe, entraînant la terre et les planètes avec elle, avec une vitesse de 120 lieues par minute, ou 7,200 lieues à l'heure... s'enfonçant de plus en plus chaque jour, chaque année, chaque siècle, dans les immensités toujours ouvertes de l'espace.

VI

ÉTOILES VARIABLES, TEMPORAIRES, ÉTEINTES OU SUBITEMENT APPARUES

J'étais seul près des flots par une nuit d'étoiles.
Pas un nuage aux cieux, sur les mers pas de voiles.
Mes yeux plongeaient plus loin que le monde réel.
Et les bois et les monts, et toute la nature,
Semblaient interroger dans un confus murmure
Les flots des mers, les feux du ciel.

Et les étoiles d'or, légions infinies,
A voix haute, à voix basse, avec mille harmonies,
Disaient en inclinant leur couronne de feu,
Et les flots bleus, que rien ne gouverne et n'arrête.
Disaient en recourbant l'écume de leur crête :
— C'est le Seigneur, le Seigneur Dieu !

VICTOR HUGO, *Orientales.*

De toutes les merveilles que le télescope a mises au jour en cultivant les champs de l'espace, aucune n'eut peut-être plus de droits à l'étonnement des mortels que l'existence d'étoiles changeantes, périodiquement variables, dont la lumière et la couleur sont soumises à une périodicité d'éclat; du moins aucune révélation télescopique n'a plus surpris les observateurs. Des étoiles qui, loin de rester fixes dans une lumière inaltérable, voient leur clarté s'affaiblir et se raviver périodiquement! des étoiles qui brillant aujourd'hui d'un éclat splendide seront invisibles demain, et ressuscitées après-demain! l'imagination la plus téméraire n'eût jamais osé inventer de telles créations; et c'est à peine si, maintenant que leur existence est bien constatée, l'esprit peut s'accoutumer à la concevoir.

Il y a des étoiles dont l'éclat subit une variation périodique, qui le ramène tour à tour à son maximum et à son minimum d'intensité. Pour bien nous figurer en quoi consiste ce changement singulier, représentons-nous notre Soleil, et supposons qu'il soit soumis à ces variations. Aujourd'hui le voici qui rayonne de ses flammes les plus éclatantes et déverse dans l'atmosphère échauffée des flots d'une éblouissante lumière; pendant quelques jours il garde cette même intensité; mais voilà que, le ciel restant pur comme précédemment, l'éclat du soleil s'affaiblit de jour en jour; au bout d'une semaine il a perdu la moitié de sa lumière; au bout de quinze jours, on peut le fixer en face; et puis il s'affaiblit encore, devient pâle et morne, n'envoyant plus qu'une clarté blafarde à la Terre. Nous craignons pour ses jours, et nous nous demandons avec le traducteur de Plutarque :

> Le Dieu qui du néant vient de tirer le monde
> Va-t-il le replonger dans une nuit profonde?
> Le Soleil, ce flambeau de la terre et des cieux,
> A-t-il vu pour jamais anéantir ses feux?

Mais il renait, et l'espérance avec lui. On remarque un premier progrès dans sa lumière éteinte; elle devient plus blanche, plus éclatante. Son flambeau se rallume et augmente de jour en jour; une semaine après son minimum d'intensité, il verse déjà une lumière et une chaleur qui rappellent le foyer solaire. Son accroissement continue. Et lorsqu'une période égale à celle de son déclin sera passée, le soleil étincelant aura repris toute sa force, toute sa grandeur. La terre est inondée des rayons de sa lumière éblouissante et de sa chaleur féconde... Mais elle ne se réjouit pas longtemps dans cette splendeur, car déjà le soleil commence à reprendre sa voie descendante. Et ainsi de suite, toujours. La nature de ce nouveau soleil est d'être périodique, comme la vertu de notre précédent soleil était de garder une lumière et une chaleur permanentes.

On conçoit que ces variations d'éclat étonnent l'œil observateur qui les contemple dans le champ de la vision télescopique. Ces périodes sont de toutes les durées. Pour certaines étoiles, par exemple pour la trentième de l'Hydre d'Hévélius, la période est de plus d'un an : de 494 jours. Elle varie entre la quatrième grandeur et la disparition complète. L'étoile χ du col du Cygne varie de la cinquième à la onzième grandeur dans une période de 404 jours. Une autre étoile dont nous avons déjà parlé au chapitre des constellations, o de la Baleine, appelée aussi la *Merveilleuse* (Mira ceti), varie en 334 jours entre la deuxième grandeur et la disparition entière. D'autres astres sont gouvernés par des variations plus rapides. L'étoile qui passe le plus rapidement de son maximum à son minimum est Algol de la tête de Méduse, que nous connaissons déjà (β de Persée). En 1 jour 10 heures 24 minutes, elle a terminé son déclin; dans le même laps de temps, elle est revenue à son maximum; sa période n'est donc que de 2 jours 20 heures 48 minutes. L'étoile δ de Céphée varie dans une période de 5 jours 8 heures 37 minutes de la troisième à la cinquième grandeur, etc.

On voit que ces variations sont elles-mêmes très-diverses, et qu'il est des soleils qui passent avec une étrange rapidité de leur plus grand à leur plus petit éclat. Quelles sont les forces prodigieuses qui régissent ces gigantesques changements? C'est ce que la science n'a pu encore déterminer. Maupertuis disait que les étoiles changeantes avaient la forme de lentilles, qu'elles tournaient perpendiculairement sur elles-mêmes, et qu'elles nous présentaient successivement leur tranche et leur face. A l'époque où elles ne présentaient que la tranche, c'était le minimum de leur éclat; à l'époque où elles présentaient leur face entière, c'était leur maximum. Mais existe-t-il des soleils faits en lentille? Si la chose est possible, elle n'est pas prouvée.

Non-seulement il y a des étoiles dont la lumière change périodiquement, diminuant parfois jusqu'à nous devenir complétement invisible, quoique en réalité elles ne s'éteignent pas tout à fait; il en est d'autres dont l'éclat s'est affaibli pour ne plus se réveiller et qui sont à jamais disparues du ciel. Ce sont les *étoiles éteintes*, dont la liste est assez nombreuse. L'astronome Ulugh-Beigh disait en l'année 1437, qu'une étoile du Cocher, que la onzième du Loup, que six étoiles, parmi lesquelles quatre de troisième grandeur voisines du Poisson austral, toutes marquées dans les catalogues de Ptolémée et d'Abdurrahman-Suphi, ne se voyaient plus de son temps. Au dix-septième siècle, J.-D. Cassini, et à la fin du dix-huitième siècle W. Herschel signalèrent un grand nombre d'autres étoiles complétement disparues. Ce sont des systèmes pour lesquels l'heure de la fin du monde a sonné.

En parlant de fin du monde, cette crainte s'est réveillée chez les habitants de la Terre, non pas lorsque des étoiles disparaissent du firmament, car cette disparition n'était tout au plus remarquée que des astronomes, mais bien lorqu'un astre nouveau s'allumait soudain dans le ciel. Il y a en effet des étoiles subitement apparues. L'année même du massacre de la Saint-Barthélemy, le 11 novembre 1572, une magnifique étoile de première grandeur apparut subitement dans la constellation de Cassiopée, effaçant par son éclat les plus belles étoiles du ciel. Elle resta pendant dix-huit mois et disparut pour ne plus revenir. Les astrologues avaient rêvé que cette apparition était la même que celle des mages à la naissance de Jésus-Christ, et en avaient conclu que le jugement dernier approchait.

Fig. 31. — L'étoile nouvelle de 1572.

Trente-deux ans plus tard, une autre étoile nouvelle apparaissait encore dans la constellation du Serpentaire. Dès le jour de son apparition, dit Arago, le 10 octobre 1604, elle était blanche ; elle surpassait en éclat les étoiles de première grandeur, et aussi Mars, Jupiter, et Saturne, dont elle se trouvait voisine. Plusieurs la comparaient à Vénus. Ceux qui avaient vu l'étoile de 1572 trouvaient que la nouvelle la surpassait en éclat.

Elle ne parut éprouver aucun affaiblissement dans la seconde moitié du mois d'octobre; le 9 novembre, la lumière crépusculaire qui effaçait Jupiter n'empêchait pas de voir l'étoile. Le 16 novembre, Kepler l'aperçut pour la dernière fois; mais à Turin, losrqu'elle reparut à l'orient, à la fin de décembre et au commencement de janvier, sa

ÉTOILES MULTIPLES COLORÉES

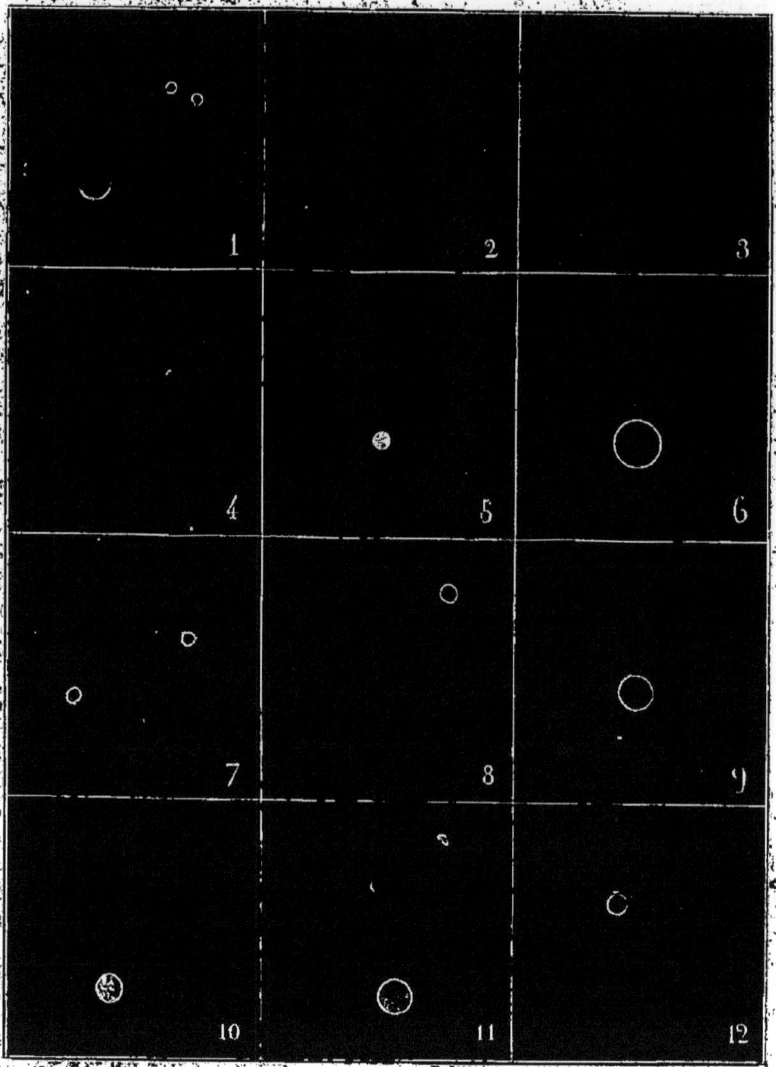

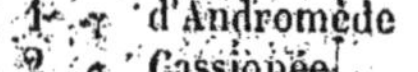

1 γ d'Andromède
2 σ Cassiopée
3 η Persée
4 δ Serpent
5 32 Éridan
6 α Hercule

7 61 du Cygne
8 Double du Navire
9 γ Lion
10 κ Pégase
11 η Cassiopée
12 β du Cygne

lumière s'était affaiblie; elle surpassait certainement Antarès, mais n'égalait par Arcturus. Le 20 mars 1605, plus petite en apparence que Saturne, elle surpassait notamment les étoiles de troisième grandeur d'Ophiucus. Le 21 avril, elle parut égale à l'étoile luisante du genou de ce personnage. Elle diminua insensiblement... Le 8 octobre, elle était encore visible, mais difficilement, à cause de la lumière crépusculaire. En mars 1606, elle était devenue complétement invisible.

Depuis que les hommes observent les étoiles, on a compté 22 apparitions d'étoiles nouvelles. La dernière est celle qui est subitement apparue au mois de mai 1866, dans la constellation de la Couronne[1].

Ces apparitions, aussi bien que tous les phénomènes extraordinaires, avaient le don de répandre la terreur et de réveiller les idées peu assoupies de l'embrasement du monde, de la chute des étoiles, de la fin des temps. L'une des plus mémorables prédictions est celle de 1588, annoncée en vers latins emphatiques, dont voici la traduction : « Après mille cinq cents ans révolus, à dater de la conception de la Vierge, la quatre-vingt-huitième année sera étrange et pleine d'épouvante ; elle amènera avec elle de tristes destinées. Si dans cette terrible année le monde pervers ne tombe pas en poussière, si la terre et les mers ne sont pas anéanties, tous les empires du monde seront bouleversés, et l'affliction pèsera sur le genre humain. » Cette prédiction fut plus tard reprise en faveur, ou plutôt en défaveur du dix-huitième siècle, et le *Mercure de France* annonça pour l'année 1788 la plus grande des révolutions. Elle passait alors pour avoir été trouvée dans le tombeau de Régiomontanus. Les auteurs ne croyaient pas dire si vrai en inscrivant cette époque mémorable sous le titre de *révolution*.

[1] Voy. son histoire dans nos *Études et lectures sur l'astronomie*.

Mais en songeant à ces prédictions, dont la liste serait beaucoup plus longue qu'on ne peut le penser au premier abord, je ne puis m'empêcher de vous rapporter les curieuses mystifications opérées en 1524 par l'astrologue allemand Stoffler. Suivant lui, le 20 février de cette année, la conjonction des planètes dans les Poissons devait produire un déluge universel. Les astrologues y ajoutaient foi comme le commun des martyrs. La sinistre nouvelle parcourut bientôt le monde, et l'on s'apprêta à voir l'univers trépasser du temps dans l'éternité. « Toutes les provinces des Gaules, dit un auteur du temps, furent en une merveilleuse crainte et doute d'universelle inondation d'eau, et telle que nos pères n'en avaient vue, ni sue par les historiens, ni autrement. Au moyen de quoi hommes et femmes furent en grand doute. Et plusieurs deslogèrent de leurs basses demeurances, cherchèrent hauts lieux, firent provision de farines et d'autres cas, et se firent processions et oraisons générales et publiques, à ce qu'il plût à Dieu avoir pitié de son peuple. » On vit alors la crainte s'emparer d'une bonne partie des esprits. Ceux qui habitaient près de la mer, des fleuves ou des rivières, abandonnèrent leurs demeures et vendirent à grosses pertes, sans doute aux incrédules, leurs propriétés et leurs meubles. A Toulose, un nouveau Noé fit construire un bateau pour servir d'arche à sa famille et à ses amis, — et probablement aussi à quelques couples de bêtes. Ce n'est pas le seul, au rapport de l'historiographe Bodin : « Il se trouva plusieurs mécréants qui firent des arches pour se sauver, quoiqu'on leur prêchât la promesse de Dieu et son serment de ne plus faire périr les hommes par le déluge. »

Maintes et maintes fois cette prédiction fut renouvelée, et, triste remarque, elle trouva toujours le même nombre de crédules, quoique chaque fois l'événement lui eût donné un démenti formel. En 1584, la frayeur causée par une annonce de cette sorte fut si grande, que les églises ne purent contenir ceux qui y cherchaient un refuge, qu'un grand nombre firent leur testament, sans réfléchir que c'était une chose inutile si tout le monde devait périr, et que d'autres donnèrent leurs biens aux ecclésiastiques, dans l'espoir que leurs prières retarderaient le jour du jugement. — Je crois vraiment qu'aussi longtemps que le monde vivra, il craindra de mourir.

Elles se doutent bien peu des terreurs qu'elles font naître si innocemment parmi les hommes, ces étoiles singulières qui s'allument subitement dans les cieux pour s'éteindre bientôt après, ces flammes variables qui passent par tous les degrés de la lumière et semblent, comme Castor et Pollux, avoir reçu pour destinée un éternel mouvement de transition de la vie à la mort et de la mort à la vie. Quelle puissance inconnue préside à ces variations de lumière et de chaleur? L'influence de ces variations sur les mondes qui circulent autour de ces astres doit être d'une bien étrange nature! Quelle pensée régit ces mouvements et quelle main construisit les êtres nés pour vivre en harmonie avec de tels systèmes? Quelle distance sépare la nature terrestre, où les années se suivent par une loi permanente et ramènent successivement les mêmes phénomènes, de ces mondes où règnent des variations si prodigieuses? L'esprit s'étonne dans cette contemplation et demeure dans l'inconnu... En songeant à ces merveilles des cieux, le poëte anglais Kirke-White exprimait son étonnement en ces termes :

« O vous, étoiles scintillantes qui occupez encore vos places brillantes sur la voûte sombre du domaine de la nuit! planètes et sphères centrales d'autres systèmes, vastes comme le foyer brûlant qui rayonne sur ce bas monde, quoique à nos yeux vous paraissiez aussi faibles que l'étincelle du ver luisant : — vers vous j'élève mon humble prière, tandis qu'émerveillé mon regard voyage à travers votre armée céleste. Spectacle trop immense, trop illimité pour notre étroite pensée, qui rapetisse toutes choses dans ses vils préjugés et ne peut vous approfondir ni vous comprendre. De là, prenant un essor plus élevé, à travers vous j'élève mes pensées solennelles jusqu'au puissant fondateur de cette merveilleuse immensité, le grand Créateur qui réside enveloppé dans la solitaire grandeur d'un espace sans bornes, sur son trône silencieux qui domine les sphères.

« Mortel orgueilleux, lève les regards vers la voûte étoilée, contemple les brillants innombrables qui parsèment richement le char impérial de la nuit ! Les télescopes te montreront les myriades plus serrées que les sables des mers. Chacun de ces petits flambeaux est la grande source de lumière, le soleil central autour duquel une famille de planètes voyage fraternellement ; chaque monde est peuplé d'êtres vivants semblables à toi. Maintenant, mortel orgueilleux, où est ta grandeur passée? qui es-tu sur l'amphithéâtre de l'univers ? Moins que rien, en vérité ! Pourtant, le Dieu qui éleva ce merveilleux édifice des mondes a soin de toi, aussi bien que du mendiant qui demande les restes de ta table. »

VII

LES UNIVERS LOINTAINS, SOLEILS DOUBLES MULTIPLES, COLORÉS

> Par delà l'infini des cieux,
> Je vis encore une étendue
> Où des soleils mystérieux,
> Qui se cachent à notre vue,
> Illuminent d'autres mortels.
> Là notre terre est inconnue.
> Là sont d'immenses archipels
> Dont les humains, sans se connaître,
> Adorent tous le même Maître,
> Chacun sur différents autels.
>
> . . . . . 1859.

Les merveilles qui viennent de passer sous nos yeux pâlissent encore devant celles dont nous approchons. Ici, ce que nous appelons la nature est entièrement bouleversé. Nos observations, les idées issues de l'expérience, nos classifications, nos jugements en ce qui concerne les œuvres de la nature, n'ont plus la moindre application. Nous sommes réellement dans un autre monde, étrange, invraisemblable, non naturel pour nous. La vie, les forces qui l'entretiennent, la lumière, la chaleur, l'électricité, les périodes des jours et des nuits, les saisons, les années, le monde visible et invisible, tout est transformé. Nous voici à la surface des globes célestes illuminés par plusieurs soleils de toutes grandeurs, de toutes lumières, de toutes couleurs, par des lunes aux disques multicolores. Rien d'approchant ne s'est vu sur la terre : est-ce vraiment là notre création ? ne sont-ce pas d'autres univers ?

Résumons donc en un même panorama les études que nous avons faites sur la nature de ces mondes et observons les types essentiels de l'étonnante diversité qui les sépare du nôtre.

A l'œil nu, ou dans les lunettes de moyenne puissance, toutes les étoiles apparaissent comme de simples points lumineux. Si l'on emploie un instrument qui permette un grossissement considérable, on est surpris de voir que quelques-uns de ces points se dédoublent : on aperçoit deux étoiles, au lieu d'une seule.

Il y a un siècle, on connaissait au plus 20 groupes de ce genre; aujourd'hui les observateurs en ont recensé plus de 10,000. Ces groupements de deux ou plusieurs étoiles ne sont pas seulement apparents, c'est-à-dire dus à la présence de deux ou plusieurs étoiles dans la même direction du rayon visuel d'un habitant de la terre.

Sur 10,000 étoiles voisines, peut-être doubles réellement, les astronomes ont déjà reconnu 650 systèmes physiques, c'est-à-dire 650 groupes de soleils tournant l'un autour de l'autre.

Les éléments de plusieurs de ces systèmes ont été complétement déterminés. Voici les principaux :

NOMS DE L'ÉTOILE	TEMPS DE LA RÉVOLUTION DE LA PETITE AUTOUR DE LA GRANDE	COULEURS DES DEUX ÉTOILES	ASTRONOMES AUXQUELS ON DOIT LE CALCUL
42e de la Chevelure . .	25 ans 6 mois	blanches	Otto Struve.
ζ d'Hercule	34 — 7 —	jaune et rouge	Flammarion.
η de la Couronne . .	40 — 2 —	jaunes	Flammarion.
ζ du Cancer.	58 — 6 —	blanches	Villarceau.
ξ de la Grande Ourse.	60 — 7 —	jaune d'or et cendrée	Flammarion.
α du Centaure. . . .	76 — 4 —	blanches	Powell.
70 Ophiucus	92 — 8 —	pourpres	Flammarion.
ξ du Scorpion. . . .	100 —	blanches	Smyth.
ω du Lion.	135 —	blanches	Klinkerfues.
γ de la Vierge. . . .	155 —	jaune d'or	Flammarion.
ξ du Bouvier.	169 —	jaune et orange	Hind.
Castor	632 —	blanches	Hind.
γ du Lion.	1000 —	jaunes	Dawes.
ε de la Lyre.	2000 —	blanches	John Herschel.

On voit que la durée des révolutions de ces curieux systèmes varie considérablement, puisque la plus petite de ceux qui ont pu être calculés est de 25 ans et demi, et la plus longue de 2,000 ans.

Les distances mutuelles qui séparent ces lointaines étoiles sont, quoiqu'elles paraissent se toucher, de centaine de millions de lieues.

Parmi les étoiles doubles, il faut citer encore Sirius, dont le satellite avait été soupçonné avant que les instruments l'eussent découvert. La théorie avait assigné à la révolution de ce soleil une durée de 50 années, qui paraît être en parfait accord avec les récentes observations du satellite. Quelques savants ont émis l'opinion que ce satellite n'est pas un soleil, mais une planète fort volumineuse éclairée par la lumière de Sirius.

On ne connaît pas seulement des étoiles doubles, mais des étoiles triples, quadruples, etc., et jusqu'à des étoiles septuples : telle est la fameuse étoile θ de la constellation d'Orion, qui, simple à l'œil nu, se décompose en quatre étoiles formant un trapèze lorsqu'on l'observe avec une lunette d'une suffisante puissance. Les grands télescopes ont montré d'abord deux, puis trois très-petites étoiles situées dans les limites du trapèze, ce qui porte à 7 le nombre des étoiles de ce groupe. Nous en avons parlé à propos d'Orion, p. 109.

La blanche lumière de notre soleil déverse ses rayons éclatants du haut de l'azur, et, grâce à l'atmosphère transparente dont les mille réflexions forment un véritable réservoir de lumière, tous les objets qui ornent ou peuplent la surface du globe sont enveloppés dans cette clarté. Cependant cette lumière blanche n'est pas simple. Elle renferme dans son rayon la puissance de toutes les couleurs possibles, et les corps, au lieu de nous paraitre tous revêtus d'une blancheur uniforme, absorbent certaines couleurs de ce rayon complexe et réfléchissent les autres. C'est cette réflexion qui constitue à nos yeux la coloration de ces corps. Elle dépend donc de l'agencement moléculaire de la surface réfléchissante, de sa disposition à recevoir certains rayons du spectre et à renvoyer les autres. Mais la somme de toutes ces couleurs constitue le blanc originaire, source unique de ces apparences diverses.

Il est bon de se rappeler maintenant que cette théorie, applicable au monde organique, reçoit encore une importance plus considérable lorsqu'on envisage le mode de coloration des substances organiques. La beauté des plantes, la diversité des prairies, l'or des sillons, la blancheur du lis, l'écarlate, l'orangé, l'azur, toutes les nuances ravissantes qui font la richesse des fleurs ; l'éclat du plumage chez les petits oiseaux des tropiques, la neige des colombes, la fourrure fauve du lion du désert comme le rayonnement des blondes chevelures : c'est à la lumière blanche de notre soleil qu'il faut remonter pour l'explication de la beauté visible, c'est en elle que réside la source des nuances infinies qui décorent les formes de la nature.

Or supposons un instant qu'au lieu de la blanche source de toute lumière qui nous inonde, nous ayons un soleil bleu foncé : quel changement à vue aussitôt s'opère dans la nature ! Les nuages perdent leur blancheur argentée et l'or de leurs flocons pour étendre sous le ciel une voûte plus sombre ; la nature entière se couvre d'une pénombre colorée ; les plus belles étoiles restent dans le ciel du jour ; les fleurs assombrissent l'éclat de leur brillante parure ; les campagnes se succèdent dans la brume jusqu'à l'horizon invisible ; un jour nouveau luit sous les cieux ; l'incarnat des joues fraîches efface son duvet naissant, les visages semblent vieillir, et l'humanité se demande, étonnée, l'explication d'une transformation si étrange. Nous connaissons si peu le fond des choses, nous tenons tant aux apparences, que l'univers entier nous semble renouvelé par cette légère modification de la lumière solaire.

Que serait-ce si, au lieu d'un seul soleil indigo, suivant avec régularité son cours apparent, s'assurant les années et les jours par son unique domination, un second soleil venait soudain s'unir à lui, un soleil d'un rouge écarlate disputant sans cesse à son partenaire l'empire du monde des couleurs? Imaginez-vous qu'à midi, au moment où notre soleil bleu étend sur la nature cette lumière pénombrale que nous décrivions tout à l'heure, l'incendie d'un foyer resplendissant allume à l'orient ses flammes. Des silhouettes verdâtres se dressent soudain à travers la lumière diffuse, et à l'opposite de chaque objet une traînée sombre vient couper la clarté bleue étendue sur le monde. Plus tard le soleil rouge monte tandis que l'autre descend, et les objets sont colorés, à l'orient des rayons du rouge, à l'occident des rayons du bleu. Plus tard encore, un nouveau midi luit sur la terre, tandis qu'au couchant s'évanouit le premier soleil, et dès lors la nature s'embrase d'un feu rouge écarlate. Si nous passons à la nuit, à peine l'occident voit-il pâlir comme de lointains feux de Bengale les derniers rayonnements de la pourpre solaire, qu'une aurore nouvelle fait apparaître à l'opposite les lueurs azurées du cyclope à l'œil bleu. L'imagination des poëtes, le caprice des peintres, créeront-ils sur la palette de la fantaisie un monde de lumière plus hardi que celui-ci ? La main folle de la chimère, jetant sur sa toile docile les éclats bizarres de sa volonté, édifiera-t-elle au hasard un édifice plus étonnant que celui-ci ?—Hegel a dit que « tout ce qui est réel est rationnel, » et que « tout ce qui est rationnel est réel. » Cette pensée hardie n'exprime pas encore toute la vérité. Il y a bien des choses qui ne nous paraissent point rationnelles, et qui néanmoins existent en réalité dans l'une des créations sans nombre de l'infini qui nous entoure.

Ce que nous venons de dire à propos d'une terre éclairée par deux soleils de diverses couleurs, dont l'un serait bleu foncé et l'autre rouge écarlate, n'a rien d'imaginaire. Par une belle nuit calme et pure, prenez votre lunette et regardez dans Persée, ce héros sensible marchant en pleine Voie lactée et tenant en main la tête de Méduse; regardez, dis-je, l'étoile η : voilà au grand jour notre monde de tout à l'heure. La grande étoile est d'un beau rouge, l'autre est d'un bleu sombre. A quelle distance ce monde étrange est-il situé? C'est ce que nul ne peut dire. On peut seulement affirmer qu'à raison de 77,000 lieues par seconde, la lumière met plus de cent ans à nous venir de là.

Mais ce monde n'est pas le seul de son genre. Celui de ζ d'Ophiucus lui ressemble à un tel point, qu'on pourrait facilement s'y tromper et les prendre l'un pour l'autre (à cette distance-là ce serait, il est vrai, pardonnable). Seulement, dans le système d'Ophiucus, le soleil bleu n'est pas aussi foncé que dans l'autre. Une étoile du Dragon ressemble beaucoup aux précédentes; mais chez elle le grand soleil est d'un rouge plus foncé : une autre du Taureau a son grand soleil rouge, son petit bleuâtre; une autre encore, η d'Argo, a son grand soleil bleu et son petit rouge sombre.

Ainsi voilà notre monde imaginaire réalisé en plusieurs endroits de l'espace, et il y a, à n'en pas douter, des yeux humains qui là-bas contemplent chaque jour ces merveilles. Qui sait? — et la chose est très-probable — ils n'y font peut-être guère attention, et dès leur berceau habitués comme nous à la même vue, ils n'apprécient pas la valeur pittoresque de leur séjour. Ainsi sont faits les hommes : le nouveau, l'inattendu, seul les touche; quant au naturel, il semble que c'est là un état éternel, nécessaire, fortuit, de l'aveugle nature, qui ne mérite pas la peine d'être observé. Si les humains de là-bas venaient chez nous, tout en reconnaissant la simplicité de notre petit univers, ils ne manqueraient pas de l'observer avec surprise, et de s'étonner de notre indifférence.

C'est sans doute après avoir rêvé à ces étranges et lointains univers, que Victor Hugo écrivit les strophes suivantes :

S'il nous était donné de faire
Ce voyage démesuré,
Et de voler de sphère en sphère
A ce grand soleil ignoré;
Si, par un archange qui l'aime,
L'homme aveugle, frémissant, blême,
Dans les profondeurs du problème,
Vivant, pouvait être introduit;
Si nous pouvions fuir notre centre,
Et, forçant l'ombre où Dieu seul entre,
Aller voir de près dans leur antre
Ces énormités de la nuit;

Ce qui t'apparaîtrait te ferait trembler, ange!
Rien, pas de vision, pas de songe insensé,
Qui ne fût dépassé par ce spectacle étrange;
Monde infernal, et d'un tel mystère tissé,

Que son rayon fondrait nos chairs, cire vivante,
Et qu'il ne resterait de nous dans l'épouvante
Qu'un regard ébloui sous un front hérissé;
Tu verrais! — un soleil, autour de lui des mondes,
Centres eux-mêmes, ayant des lunes autour d'eux;
Là des fourmillements des sphères vagabondes;
Là des globes jumeaux qui tournent deux à deux.

Les soleils qui constituent ces systèmes multiples diffèrent donc encore du nôtre par leur coloration. Dans leur variété, parmi l'ensemble des astres, une nouvelle variété se manifeste encore. Les systèmes binaires colorés ne se composent pas unanimement des soleils rouges et bleus auxquels nous faisions allusion tout à l'heure; les moyens ne leur font pas défaut; il en est ici comme dans l'universalité des productions de la nature : c'est à une source intarissable qu'elle a puisé pour la richesse et le luxe dont elle a décoré ses œuvres.

Voici par exemple le beau système de γ d'Andromède. Le grand soleil central est orangé, le petit qui gravite alentour est vert émeraude. Que résulte-t-il du mariage de ces deux couleurs, l'orange et l'émeraude? N'est-ce pas là un assortiment plein de jeunesse, — si cette métaphore est permise, — un grand et magnifique soleil orange au milieu du ciel; puis une émeraude brillante et qui gracieusement vient marier à l'or ses reflets verts?

Voici encore, dans Hercule, deux soleils rouge et vert; dans la chevelure de Bérénice, l'un rouge pâle, l'autre d'un vert limpide; dans Cassiopée, soleil rouge et soleil vert : nouvelle série de nuances tendres et ravissantes.

Changeons la vue, il suffit pour cela de considérer d'autres systèmes, il y a plus de variété parmi eux que dans tous les changements à vue que l'opticien peut produire sur l'écran d'une lanterne magique. Tels univers planétaires éclairés par deux soleils ont toute la série des couleurs renfermées au-dessous du bleu et ne connaissent point les nuances éclatantes de l'or et de la pourpre, qui jettent tant de vivacité sur le monde. C'est dans cette catégorie que se trouvent placés certains systèmes situés dans les constellations d'Andromède, du Serpent, d'Ophiucus, de la Chevelure de Bérénice, etc. Tels ne connaissent que des soleils rouges, comme une étoile double du Lion par exemple. Tels autres systèmes sont voués au bleu et au jaune, ou du moins sont éclairés par un soleil bleu et un soleil jaune qui ne leur donnent qu'une série limitée de nuances comprises dans les combinaisons de ces couleurs primitives ; tels sont des systèmes de la Baleine, de l'Éridan, dont l'une est couleur de paille et l'autre bleue ; de la Girafe, d'Orion, de la Licorne, des Gémeaux, du Bouvier, la grande jaune, la petite bleu verdâtre ; du Cygne, dont la petite est d'un bleu intense. Nous avons, d'un autre côté, les assortiments du rouge et du vert, comme on en voit dans Cassiopée, la Chevelure et Hercule.

D'autres systèmes stellaires se rapprochent davantage du nôtre, en ce sens que l'un des soleils qui les illuminent a comme le nôtre une lumière blanche, source de toutes les couleurs, tandis que son voisin vient rejeter un reflet permanent sur toutes choses. Voici, par exemple, les mondes qui circulent autour du grand soleil d'α du Bélier ; ce grand soleil est blanc, mais on voit constamment dans le ciel un autre soleil plus petit, dont le reflet bleu couvre comme d'un voile les objets exposés à ses rayons.

La 26e de la Baleine se trouve dans les mêmes conditions, et il en est de même d'un très-grand nombre d'étoiles, parmi les plus brillantes. Telle est l'étoile χ du col du Cygne, qui est en outre l'une des variables les plus remarquables : dans une période de 404 jours, le grand soleil blanc diminue de la cinquième à la onzième grandeur et revient à son état primitif. Pour les mondes qui gravitent autour du soleil principal dans ces systèmes binaires, la lumière blanche originaire paraît donner naissance aux variétés infinies que nous observons sur la terre, avec réserve d'un reflet bleu constamment issu de l'autre soleil : mais pour les planètes qui gravitent autour de celui-ci, c'est la coloration bleue qui domine tandis que l'action du soleil blanc, plus éloigné, n'est que secondaire.

De même qu'il y a des soleils blancs accompagnés de soleils bleus, de même il en est qui sont escortés de soleils rouges ou jaunes... Mais je ne m'arrêterais pas dans cette énumération, si je voulais passer en revue toute l'armée du ciel.

Quelle variété de clarté deux soleils, l'un rouge, et l'autre vert, l'un jaune et l'autre bleu, doivent répandre sur une planète qui circule autour de l'un ou de l'autre! à quels charmants contrastes, à quelles magnifiques alternatives doivent donner lieu un jour rouge et un jour vert, succédant tout à tour à un jour blanc et aux ténèbres ! Quelle nature est-ce là ! quelle inimaginable beauté revêt d'une splendeur inconnue ces terres lointaines disséminées au fond des espaces sans fin?

Si comme notre lune, qui gravite autour du globe, comme celle de Jupiter, de Saturne, qui réunissent leurs miroirs sur l'hémisphère obscur de ces mondes, les planètes invisibles qui se balancent là-bas sont entourées de satellites qui sans cesse les accompagnent ; quel doit être l'aspect de ces lunes éclairées par plusieurs soleils ! Cette lune qui se lève des montagnes lointaines est divisée en quartiers diversement colorés, l'un rouge, l'autre bleu; — cette autre n'offre qu'un croissant jaune; celle-là est dans son plein, elle est verte et paraît suspendue dans les cieux comme un immense fruit. L'une rubis, jaune émeraude, lune opale : quels diamants célestes ! O nuit de la terre, qu'argente modestement notre lune solitaire, vous êtes bien belle, quand l'esprit calme et pensif vous contemple! mais qu'êtes-vous à côté des nuits illuminées par ces lunes merveilleuses?

Et que sont les éclipses de soleil sur ces mondes? Soleils multiples, lunes multiples, à quels jeux infinis vos lumières mutuellement éclipsées ne donnent-elles pas naissance! Le soleil bleu et le soleil jaune se rapprochent; leur clarté combinée produit le vert sur les surfaces éclairées par tous deux, le jaune ou le bleu sur celles qui ne reçoivent qu'une seule lumière. Bientôt le jaune s'approche sous le bleu; déjà il entame son disque et le vert répandu sur le monde pâlit, pâlit, jusqu'au moment où il meurt, fondu dans l'or qui verse dans l'espace ses rayonnements cristallins. Une éclipse totale colore le monde en jaune. Une éclipse annulaire montre une vague bleue autour d'une pièce d'or. Peu à peu, insensiblement, le vert renait et reprend son empire.

Ajoutons à ce phénomène celui qui se produirait si quelque lune venait au beau milieu de cette éclipse dorée couvrir le soleil jaune lui-même et plonger le monde dans l'obscurité, puis suivant la relation existant entre son mouvement et celui du soleil, continuer de le cacher après sa sortie du disque bleu et laisser alors la nature retomber sous le rideau d'une nouvelle couche azurée. Ajoutons encore... mais non, c'est le trésor inépuisable de la nature : y plonger à pleines mains, c'est n'y rien prendre.

J'aime terminer ces descriptions par un chant gracieux, œuvre du poëte américain Bryant, par le *Chant des étoiles*. Ces strophes sont à leur place naturelle, après les harmonies de lumière et de ravissantes colorations que nous venons d'observer dans le monde de ces étoiles lointaines.

« Lorsque le matin radieux de la création se leva, et que le monde s'éveilla dans le sourire de Dieu; lorsque les royaumes déserts de l'obscurité et de la mort sentirent le souffle de sa puissance émouvoir leurs profondeurs, que les orbes splendides, que les sphères enflammées de l'abîme du vide s'élevèrent par myriades dans la joie de la jeunesse; comme elles s'élançaient en avant pour jouer dans les profondeurs grandissantes de l'espace, leurs voix argentines s'unirent en chœur, — et voici le chant que chantait l'une des plus brillantes :

« En avant! en avant! parmi les vastes, les vastes cieux; parmi les beaux champs d'azur qui s'étendent devant vous. Voguez, soleils accompagnés des mondes qui roulent autour de vous; et vous, planètes suspendues sur vôtre pôle tournant, avec vos îles de verdure, vos blancs nuages et vos ondes étendues, comme une lumière fluide.

« Car la source de la gloire dévoile sa face, et la lumière déborde l'espace sans bornes. Nous buvons en voguant les marées lumineuses, dans notre éther limpide et nos plaines fleuries. Ah! oui. Voguez au delà des vivantes splendeurs! suivez en chantant votre chemin joyeux.

« Regardez! regardez! là-bas, à travers nos rangs étincelants, dans l'azur infini, étoile après étoile, comme ces astres brillent et fleurissent lorsqu'ils passent dans leur course rapide! comme la verdure court sur leur masse roulante! comme les vents légers marquent leur passage lorsque les petites vagues s'émeuvent et que se courbe la tête des jeunes bois!

« Voyez! le jour plus brillant verse ses rayons, comme l'arc-en-ciel se suspend dans l'onde de l'atmosphère éclairée! Et les crépuscules du matin et du soir avec leurs richesses de nuances, lorsqu'ils descendent sur les brillantes planètes, y répandent leur rosée! et entre eux, sur les régions fécondes, la nuit qui les couvre de son cône d'ombre.

« En avant! en avant! Dans nos bocages en fleurs, dans la douce brise enveloppant les sphères, dans les mers et les sources qui brillent avec l'aurore, voyez, l'amour court, la vie naît, des myriades d'êtres respirent et se séparent de la nuit pour se réjouir comme nous dans le mouvement et dans la lumière.

« Glissez dans votre beauté, ô sphères pleines de jeunesse! dominant la danse qui mesure les années! glissez dans la gloire et dans la joie qui s'étend jusqu'aux plus lointaines frontières du firmament, source visible de Celui dont le front se cache sous un voile devant lequel pâlissent nos flambeaux. »

LE DOMAINE DU SOLEIL.

I

LE SYSTÈME PLANÉTAIRE

Dans le centre éclatant de ces orbes immenses
Qui n'ont pu nous cacher leur marche et leurs distances,
Luit cet astre du jour, par Dieu même allumé,
Qui tourne autour de soi sur son axe enflammé :
De lui partent sans fin des torrents de lumière ;
Il donne en se montrant la vie à la matière,
Et dispense les jours, les saisons et les ans,
A des mondes divers, autour de lui flottants.
Ces astres asservis à la loi qui les presse
S'attirent dans leur course et s'évitent sans cesse,
Se servent l'un et l'autre et de règle et d'appui,
Se prêtent les clartés qu'ils reçoivent de lui.
Au delà de leur cours, et loin dans cet espace
Où la matière nage et que Dieu seul embrasse,
Sont des soleils sans nombre et des mondes san fin...
Par delà tous ces cieux le Dieu des cieux réside !

VOLTAIRE.

Nous allons descendre de l'ensemble des étoiles à une étoile particulière, et de la contemplation générale de notre univers à l'étude d'une région limitée. Après avoir embrassé l'étendue de ce vaste et imposant domaine exploré par la science, nous concentrerons nos regards sur une seule cité, comme l'observateur qui, voulant se rendre compte de la position d'une villa au milieu d'un paysage, après avoir examiné d'abord les alentours et les sites qui l'environnent, concentre son attention sur la cité elle-même. Si l'immensité des nombres ou l'infini de cette étude ne viennent plus dans cette contemplation nouvelle étonner notre esprit et confondre nos facultés, les caractères inaliénables qui distinguent universellement les œuvres de la nature nous révéleront des beautés plus sensibles et plus touchantes, non moins dignes de notre attention. Dans l'œuvre parfaite de la nature, les plus modestes d'entre les êtres laissent encore voir sur leur front le signe divin de leur origine, et les plus simples d'entre les créations permettent d'apprécier en elles une splendeur cachée non moins merveilleuse que les manifestations les plus éclatantes. Ainsi les rayonnements splendides de l'aurore boréale, que l'ombre gigantesque d'une main invisible élève sur les glaces du pôle, sont produits dans une couleur plus vive et dans un aspect plus ravissant encore sur les corolles parfumées des petites fleurs aux nuances si tendres.

Que l'on n'aille pas croire cependant que nous allons descendre à de petits objets. Pour ne pas être infinis, ils n'en sont pas moins fort respectables ; ce sont encore des formes colossales, à l'aspect desquelles l'imagination reste confondue. Nous allons nous entretenir du système de mondes auquel la Terre appartient et auquel le Soleil commande.

Peut-être même ressentirons-nous un intérêt plus grand à nous entretenir de choses qui nous touchent de plus près que de celles dont l'éloignement nous rend étrangères les richesses les plus précieuses. Nous voici, en effet, à peu près arrivés à notre demeure dans l'espace. Descendus des hauteurs de la création sidérale, après avoir commencé notre étude par la circonférence fictive que les limites de notre vue amplifiée par les instruments décrivent autour du point que nous habitons, nous nous sommes successivement rapprochés du centre. L'observation de notre quartier céleste n'est-elle pas plus intéressante que celle des autres cités de l'espace ?

Le soleil qui nous éclaire est une des étoiles de la Voie lactée, unité perdue dans des millions qui constituent cette nébuleuse. Mais ce n'est plus comme étoile que nous devons l'examiner maintenant : c'est comme centre d'un système de mondes groupés autour de lui.

Autour de cet astre lumineux sont réunis des astres opaques, obscurs d'eux-mêmes, et qui reçoivent de lui leur lumière et leur chaleur. Ces astres obscurs sont nommés planètes. Pour faciliter leur étude et pour aider à les mieux reconnaître, on peut d'abord les diviser en deux groupes bien distincts :

Le premier, voisin du Soleil, est formé de quatre planètes, de petites dimensions relativement à celles du second groupe. Ces quatre planètes sont, dans l'ordre des distances au Soleil : *Mercure*, *Vénus*, la *Terre* et *Mars*.

Le second, plus éloigné du Soleil, est aussi formé de quatre planètes ; mais elles sont très-grosses si on les compare aux précédentes. Ces quatre mondes, sont, dans l'ordre des distances à l'astre radieux : *Jupiter*, *Saturne*, *Uranus* et *Neptune*. Ces astres sont si volumineux, que les quatre premiers réunis en un seul ne formeraient pas encore un globe de la grosseur du plus petit d'entre eux.

Maintenant, entre ces deux groupes bien distincts, il en est un troisième, formé d'un nombre considérable de petits corps dont on a déjà découvert plus d'une centaine. Ces *petites planètes* occupent l'espace qui s'étend du premier au second groupe. Comparés aux autres globes du système, ce sont de bien petits corps, en effet, car la plupart d'entre eux mesurent moins de cent lieues de diamètre, et dans quelques-uns même ce diamètre est à peine de quelques lieues. Ce sont de modestes départements.

Ces planètes, grosses et petites, sont les membres principaux de la famille. Il faut maintenant leur adjoindre des membres secondaires, des satellites qui appartiennent à quelques-uns d'entre eux et sont groupés autour des planètes comme celles-ci le sont autour du soleil. De ces satellites, la Terre en possède un : la Lune; Jupiter quatre, Saturne huit, Uranus un même nombre, et Neptune probablement deux.

A quelles distances ces corps planétaires sont-ils situés autour de l'astre central? Mercure, le plus proche, réside à 15 millions de lieues du Soleil; Vénus, qui vient ensuite, à 26 millions; la Terre, à 37 millions, et Mars à 56 millions. Le groupe des petites planètes occupe une zone éloignée, en moyenne, de 100 millions de lieues du flambeau central. Puis viennent les quatre grosses planètes : Jupiter, presque à 200 millions de lieues; Saturne, à 355 millions; Uranus, à 735 millions, et Neptune, la dernière, à 1 milliard 100 millions de lieues. Les unes et les autres circulent aux distances respectives qui viennent d'être énoncées, et tournent autour du soleil en un temps plus ou moins long, selon qu'elles sont plus ou moins éloignées de cet astre. Les plus proches ayant moins de chemin à faire et étant plus fortement attirées, circulent plus rapidement; les plus éloignées marchent avec lenteur, comparativement aux précédentes. La Terre emploie 365 jours à accomplir sa révolution; Mercure 88 seulement, tandis que Neptune met plus de 164 ans. Ces mouvements sont réglés par une loi admirable et fort simple, trouvée par l'illustre Kepler, après trente ans de recherches. Exprimée en termes astronomiques, cette loi s'énonce ainsi : « Les carrés des temps des révolutions sont entre eux comme les cubes des distances. » En d'autres termes, en multipliant trois fois par lui-même le nombre qui représente la distance d'une planète au soleil, on a le temps de sa révolution, multiplié par lui-même. Avec un peu d'attention, on voit combien est simple cette loi formidable qui dirige tous les mouvements célestes dans l'espace. Ainsi, par exemple, Jupiter est *cinq* fois (5,2) plus loin du Soleil que la Terre. Je multiplie trois fois ce nombre par lui-même : $5{,}2 \times 5{,}2 \times 5{,}2 = 140$. Eh bien, la révolution de Jupiter est de presque douze ans (11,85), nombre qui, multiplié par lui-même, égale aussi 140. Il en est de même pour toutes les planètes, tous les satellites, tous les corps célestes. — Je dois ajouter, à l'usage de ceux qui voudraient aller plus loin en astronomie, que ces rapports ne sont pas rigoureusement exacts, et que, s'ils l'étaient, le système du monde serait bientôt bouleversé.

Ces mouvements, dont la formule fut trouvée par Kepler, ont pour cause l'attraction ou la *gravitation* universelle, dont la loi fut donnée par Newton. Tous les corps s'attirent dans la nature ; le Soleil attire la Terre, la Terre attire la Lune, et dans l'infiniment petit comme dans l'infiniment grand, on voit les molécules élémentaires s'attirer les unes les autres par la loi d'affinité, et constituer la matière visible, qui n'est qu'un assemblage d'atomes juxtaposés. C'est en vertu de cette force universelle que les mondes lancés dans l'espace suivent une courbe autour du Soleil ; de cette courbe rapidement parcourue résulterait une force contraire qui, semblable à celle dont la pierre est animée lorsqu'elle s'échappe de la fronde, rejetterait les planètes hors de leurs orbites, si l'attraction du Soleil ne les retenait captives. C'est en effet l'attraction qui régit le monde, comme l'a chanté notre penseur Eugène Nus.

La loi d'amour est souveraine :
Partout son doux verbe est écrit.
Elle féconde, unit, entraîne,
La matière comme l'esprit.
La terre s'échauffe à vos flammes ;
Les cieux modulent vos accords,
Amour, attraction des âmes,
Attraction, amour des corps !

Pour compléter cette esquisse sommaire de l'empire du

Soleil, il faut encore ajouter aux sujets précédents certains astres voyageurs qui, sans sortir de son empire, sont toujours en voyage. Ils viennent de temps en temps faire une visite à la capitale, puis s'en retournent en province, à toutes les distances imaginables. Ce sont les comètes, êtres vagabonds s'il en fut jamais, voyageurs infatigables, mais que l'attraction puissante de l'astre solaire retient toutefois dans les limites de son domaine.

Tel est le petit groupe de mondes dont notre soleil est le souverain. Représentez-vous un magnifique vaisseau, *le Léviathan*, par exemple, planant en pleine mer. Autour de lui circulent une quantité de petites chaloupes qui ne lui vont pas à la cheville, et, autour de quelques-unes de ces chaloupes, de petits bateaux d'enfants comme on en voit sur les bassins de nos squares. Les chaloupes, placées à diverses distances, circulent autour du grand vaisseau, et les petits bateaux tournent autour des chaloupes. Enfin une quantité de canots s'éloignent et s'approchent alternativement du *Léviathan* en suivant des ovales.

Cette flotte d'embarcations variées n'est pas immobile sur l'Océan, et voici le point le plus merveilleux. Pardessus tous les mouvements circulaires dont je viens de parler, il faut voir le mouvement collectif de la flotte, emportée sur la plaine liquide par le vaisseau maître. Fixe au milieu des chaloupes qui circulent autour d'elle, la grande nef brillante vogue sur l'Océan, entraînant avec elle tous ses petits sujets, sans qu'ils s'en aperçoivent, occupés qu'ils sont à tourner fidèlement autour du centre. Oui, le Soleil, qu'elle représente, vogue dans l'espace, entraînant avec lui terre, lune, planètes, comètes et tout son système. Où va-t-il? quel est le lieu de l'espace qui voit venir vers lui notre flotte grandissante?

Allons-nous sur des bords de silence et de deuil,
Échouant dans la nuit sur quelque vaste écueil,

Semer l'immensité des débris du naufrage ?
Ou, conduits par la main sur un brillant rivage,
Et sur l'ancre éternelle à jamais affermis,
Dans un golfe du ciel aborder endormis ?

Il me serait difficile de vous dire si nous allons échouer sur quelque écueil ou jeter l'ancre dans un golfe ; je crois plutôt que nous allons continuer indéfiniment notre marche, en suivant dans le ciel une orbite gigantesque. Nous nous dirigeons actuellement vers une imposante constellation, la constellation d'Hercule, située, comme on l'a vu, entre la Lyre et le Bouvier : c'est là où nous tendons. Un jour, les habitants des univers lointains verront une petite étoile arriver dans cette constellation, entre les étoiles μ et π, à un quart de la distance de la seconde à la première : cette étoile sera notre soleil, nous emportant dans ses rayons. A cette époque, l'aspect général des constellations commencera à changer pour nous, attendu que les étoiles dont nous approchons s'écartent les unes des autres, que celles dont nous nous éloignons se resserrent, et que de chaque côté de nous elles semblent reculer ; mais cette époque est à une telle distance de nous que les meilleurs yeux n'y peuvent arriver. Le soleil nous emporte, il est vrai, avec une vitesse d'environ deux lieues par seconde ; mais il y a une telle distance entre chaque étoile que cette vitesse est à peu près insignifiante. On se souvient qu'il est des étoiles dont le mouvement est plus rapide encore.

Tel est l'aspect sous lequel il convenait d'embrasser le Soleil en passant de son rôle d'étoile à son rôle de chef de système. Maintenant ce dernier rôle sera le seul que nous étudierons. Les étoiles étant des soleils, il est plus que probable que, pour étudier et connaître complétement leur histoire, il faudrait aussi les considérer sous le même aspect, et s'occuper également de leurs familles respectives ; mais ces familles nous sont inconnues, et l'esprit de l'homme est ainsi fait, qu'il lui est déjà difficile d'embrasser entièrement la sphère des choses connues, et qu'il se perdrait facilement en désirant aller au delà. De plus, on garde toujours, quoi qu'on fasse, un petit fond d'égoïsme, et l'on se réserve volontiers pour les personnes ou les choses qui nous touchent de plus près. Nous voici donc définitivement passés de l'astronomie sidérale à l'astronomie planétaire.

II

LE SOLEIL

> Observez le soleil lui-même, s'élançant à l'orient sur ses ailes de gloire: Ange de lumière qui, depuis l'époque où les cieux ouvrirent leur marche sublime, a, le premier de tout le chœur étoilé, suivi la voie éclatante tracée par le Créateur.
>
> Délicieuse puissance de la lumière, jour si doux et si tendre, quel baume, quelle vie répandent tes rayons! Te sentir est un bonheur si complet que si le monde n'avait d'autre joie que de s'asseoir dans ton rayonnement calme et pur, ce serait encore un monde trop exquis pour que l'homme ait le courage de le quitter pour les ténèbres, les profondeurs et l'ombre glaciale de la tombe.
>
> THOMAS MOORE, *Lalla Rookh.*

L'astre resplendissant qui brille sur nos têtes occupe le centre du groupe de mondes auquel la terre appartient. Notre système planétaire lui doit son existence et sa vie. Il est véritablement le cœur de cet organisme gigantesque, comme l'exprimait jadis une heureuse métaphore de Théon de Smyrne, et ses battements vivificateurs en entretiennent la longue existence. Placé au milieu d'une famille dont il est le père, et sur laquelle il veille sans cesse depuis les âges inconnus où les mondes sortirent de leur berceau, il la gouverne et la dirige, soit dans le maintien de son économie intérieure, soit dans le rôle individuel qu'elle remplit parmi l'universalité de la création sidérale. Sous l'impulsion des forces qui émanent de son essence ou dont il est le pivot, la Terre et les planètes, nos compagnes, gravitent autour de lui, puisant dans l'éternel cours qui les emporte les éléments de lumière, de chaleur, de magnétisme, qui renouvellent incessamment l'activité de leur vie. Cet astre magnifique est à la fois la main qui les soutient dans l'espace, le foyer qui les échauffe, le flambeau qui les éclaire, la source féconde qui déverse sur elles les trésors de l'existence. C'est lui qui permet à la Terre de planer dans les cieux, soutenue par l'invisible réseau des attractions planétaires ; c'est lui qui la dirige dans sa voie, et qui lui distribue les années, les saisons et les jours. C'est lui qui prépare un vêtement nouveau pour la sphère encore glacée dans la nudité de l'hiver, et qui la revêt d'une luxuriante parure, lorsqu'elle incline vers lui son pôle chargé de neiges ; c'est lui qui dore les moissons dans les plaines et mûrit la grappe pesante sur les coteaux échauffés. C'est cet astre glorieux qui, le matin, vient répandre les splendeurs du jour dans l'atmosphère transparente, ou soulève de l'Océan endormi comme un duvet de ses eaux, qu'il transformera en rosée bienfaisante pour les plaines altérées ; c'est lui qui forme les vents dans les airs, la brise du crépuscule sur le rivage, les courants pélagiques qui traversent les mers. C'est encore lui qui entretient les principes vitaux des fluides que nous respirons, la circulation de la vie parmi les êtres organiques, en un mot, la stabilité régulière du monde. Enfin, c'est à lui que nous devons notre vie intellectuelle et la vie collective de l'humanité entière, l'aliment perpétuel de notre industrie ; plus que cela encore : l'activité du cerveau, qui nous permet de revêtir d'une forme nos pensées et de nous les transmettre mutuellement dans le brillant commerce de l'intelligence.

Quelle imagination serait assez puissante pour embrasser l'étendue de l'action du Soleil sur tous les corps soumis à son influence? Près de quatorze cent mille fois plus gros que la terre, et sept cents fois plus volumineux à lui seul que toutes les planètes ensemble, il représente le système planétaire tout entier, et devant les étoiles ce système n'existe pas. Il l'entraîne dans les déserts du vide, et ces mondes le suivent à son gré comme d'obscurs passagers emportés par un splendide navire sur la mer sans bornes. Il les fait rouler autour de lui, afin qu'ils viennent d'eux-mêmes puiser dans leur cours l'entretien de leur existence; il les domine de sa royale puissance et gouverne leurs mouvements formidables. S'adressant à lui, le poëte put lui dire sans flatterie :

> Ta présence est le jour, la nuit est ton absence ;
> La nature sans toi, c'est l'univers sans Dieu[1] !

De ces manifestations éclatantes de son pouvoir, descendons maintenant à ses actions cachées. Voyons sa lumière et sa chaleur agir sur l'organisme sensible des plantes qui le regardent avec amour et boivent à longs traits ses féconds rayonnements, sur l'électricité des minéraux et sur les variations diurnes de l'aiguille aimantée, sur la formation des nuées et la coloration des météores; Voyons-les, ces influences occultes de la lumière et de la chaleur, descendre à travers la pureté du jour sur notre âme elle-même, si éminemment accessible aux impressions extérieures et lui communiquer la joie ou la tristesse ; et peut-être commencerons-nous à nous former une idée de ce que c'est qu'un rayon de soleil, dans l'infi-

[1] Chénedollé.

niment petit de la nature terrestre comme dans l'infiniment grand des phénomènes sidéraux.

Ce coin de soleil condense
L'infini de volupté.
O charmante providence !
Quelle douce confidence
D'amour, de paix, de beauté!

Dans un moment de tendresse;
Seigneur, on dirait qu'on sent
Ta main douce, qui caresse
Ce vert gazon qui redresse
Son poil souple et frémissant.

LAMARTINE.

Mais quelle est la nature de cet astre puissant dont l'action est si universelle? quel feu brûle dans ce vaste encensoir? quels sont les éléments qui constituent ce globe splendide? Porte-t-il en soi les conditions d'une durée infinie, ou bien la terre est-elle destinée à voir un jour s'éteindre ce flambeau de la vie et à rouler désormais dans les ténèbres d'un éternel hiver? Ces questions se posent devant notre curiosité légitime, et nous voulons qu'une solution satisfaisante vienne y répondre.

Lorsqu'on veut apprécier la nature et la grandeur d'un haut personnage, on ne cherche pas généralement à mettre en évidence ses défauts, à étudier les taches de son caractère : ce serait un singulier moyen de juger de sa valeur; et lors même qu'il en serait ainsi, on le devrait à l'imperfection humaine, dont les plus grands d'entre nous ne sont pas affranchis. Mais il s'agit d'un être dont le caractère distinctif est précisément d'offrir, non-seulement une pureté magnifique, mais encore la source de toute lumière et de toute pureté, ce ne sont pas des taches que l'on devrait chercher en lui pour le connaître. Aussi le monde savant fut-il fort étonné, il y a 261 ans, lorsque le roi soleil, le dieu du jour, fut accusé par le télescope d'être constamment couvert de taches, et eut-on lieu d'être encore plus étonné depuis, lorsqu'on reconnut que ces taches étaient justement le seul moyen que le Soleil nous laissât de pénétrer sa nature; — on croirait presque, à ce propos, que l'orgueil est en raison inverse de la valeur. Les savants officiels de ce temps, les théologiens et les disciples de l'école d'Aristote n'en voulaient rien croire. Le père provincial de l'ordre des jésuites à Ingolstadt répondit à Scheiner, le premier qui ait vu le soleil et ses taches dans une lunette, qu'Aristote avait prouvé que tous les astres en général étaient incorruptibles, et que le soleil en particulier était le flambeau le plus pur qui fût au monde; conséquemment, que les prétendues taches du Soleil étaient dans les verres de ses lunettes ou dans ses yeux, Lorsque Galilée fit la même observation, messieurs les péripatéticiens s'exercèrent à lui démontrer, livres en main, que la pureté du Soleil était inattaquable et qu'il avait mal vu. Et, en effet, qui se serait jamais douté d'une pareilles chose? Des taches sur le Soleil! ce devait être une erreur, c'était une illusion évidente. On avait bien vu dans le temps, en de graves circonstances, le disque du Soleil affaiblir son éclat, comme à la mort de Jules César :

> Quand César expira, plaignant notre misère,
> D'un nuage sanglant tu voilas ta lumière;
> Tu refusas le jour à ce siècle pervers :
> Une éternelle nuit menaça l'univers.

C'est Virgile lui-même qui rapporte le fait, et l'auteur des *Métamorphoses* le confirme en un touchant témoignage :

> Soleil, tu te voilas : et tes pâles rayons
> S'affligèrent du deuil de la terre alarmée.
> Des torches flamboyaient sous la nue enflammée.

Le sang pleuvait des airs ; l'Aurore, à son réveil,
Vit des taches de sang rougir son teint vermeil,
Et du char de Phœbé la lumière argentée
Couvrit ses feux éteints d'une ombre ensanglantée.

Mais c'était là une exception, et c'eût été une grande témérité d'en conclure pour cela que l'astre du jour était soumis à la corruption.

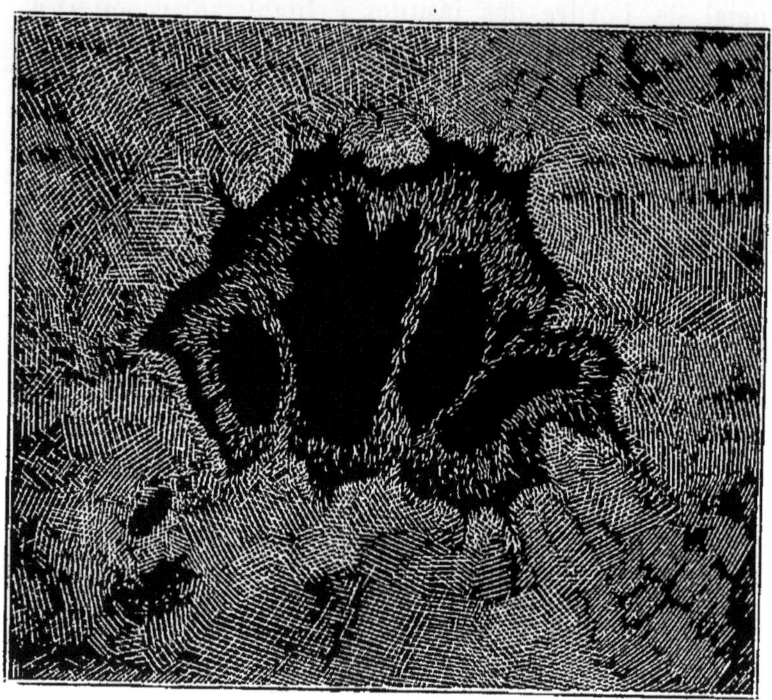

Fig. 32. — Une tache du Soleil.

Pourtant le Soleil a des taches, et le fait le plus curieux, c'est que ces taches nous ont mis sur la voie de connaître sa nature et sa constitution physique, tandis que sans elles il nous aurait été fort difficile d'avoir le moindre indice sur son état.

Voyons donc en quoi consistent les taches du Soleil.

En général, voilà l'aspect qu'elles nous présentent dans le champ du télescope (fig. 32).

On remarque en elles deux parties bien distinctes. Au centre, une région noire bien définie. Autour d'elles une région moins sombre, d'un éclat grisâtre, relativement à la surface du Soleil qui l'enveloppe. La partie centrale a reçu le nom d'*ombre;* quelquefois, au centre de cette partie, on remarque un point noir plus intense encore, que l'on nomme *noyau.* La région extérieure de la tache a reçu le nom de *pénombre.* Lorsqu'on dit que le centre des taches est noir, il faut entendre cette expression relativement à la surface générale du Soleil; car ce centre, quelque sombre qu'il paraisse par contraste, a été trouvé d'une clarté égale à deux mille fois celle de la pleine Lune.

On peut être porté à croire que ces taches, ordinairement invisibles à l'œil nu, sont des mouvements insignifiants opérés à la surface de l'astre, et d'une petite étendue. Il n'en est pas ainsi. Ce sont des phénomènes journaliers et très-importants. Quelques-unes ont été reconnues mesurer un diamètre de 30,000 lieues, c'est-à-dire qu'elles étaient dix fois plus larges que la Terre. Dans la plupart d'entre elles, notre globe, y tombant, s'y perdrait comme une pierre dans un puits! Outre cette étendue, elles sont encore le siége d'actions multiples et de phénomènes prodigieux. Elles ne se forment pas brusquement dans toute leur étendue, mais grandissent jusqu'à la limite qu'elles doivent atteindre et diminuent ensuite. Quelques-unes ne durent que quelques jours, d'autres des mois entiers. Or les mouvements dont elles sont animées, soit pour s'accroître ou pour diminuer, soit dans leur action interne, sont parfois d'une rapidité inouïe. Dernièrement on a suivi un météore éblouissant courant à travers un groupe de taches avec une vitesse de deux mille lieues par minute. D'autre part, on a suivi des tourbillons circulaires entraînant dans leurs tumultes des taches grosses comme la

Terre et s'engloutissant dans des abîmes avec une vitesse effrayante. Quelquefois on aperçoit les crêtes de vagues tumultueuses débordant aux environs de la pénombre et s'élevant sur la surface blanche du Soleil comme une substance plus blanche et plus éclatante encore, rejetées sans

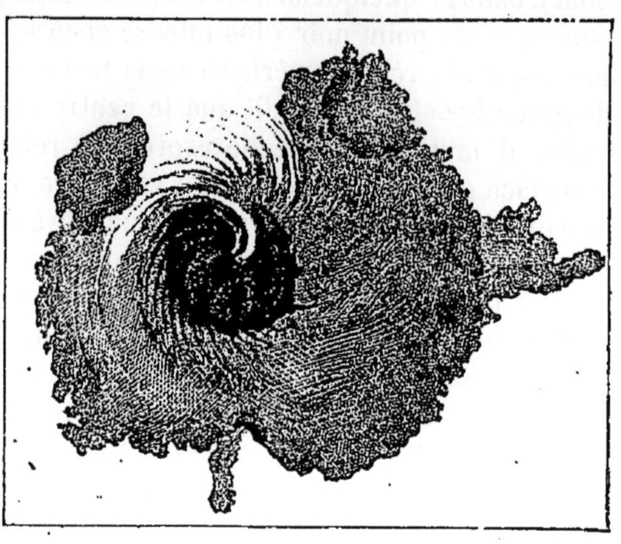

Fig. 33. — Tache en forme de tourbillon. (Observation de Secchi.)

doute dans leur bouillonnement par des forces intérieures. Ailleurs on a vu des ponts immenses de substance enflammée jetés soudain sur une tache noire, la traverser d'un bout à l'autre comme une arche de stries lumineuses, et parfois se dissoudre et s'écrouler dans les abîmes des tourbillonnements intérieurs. Cet astre, qui déverse chaque jour sur nos têtes une lumière si calme et si pure, est le siége d'actions puissantes, de mouvements prodigieux dont nos tempêtes, nos ouragans et nos trombes ne nous donnent qu'une faible idée, car ces perturbations gigantesques ne s'exécutent plus, comme ici, dans une atmosphère de quelques lieues d'épaisseur et sur une lon-

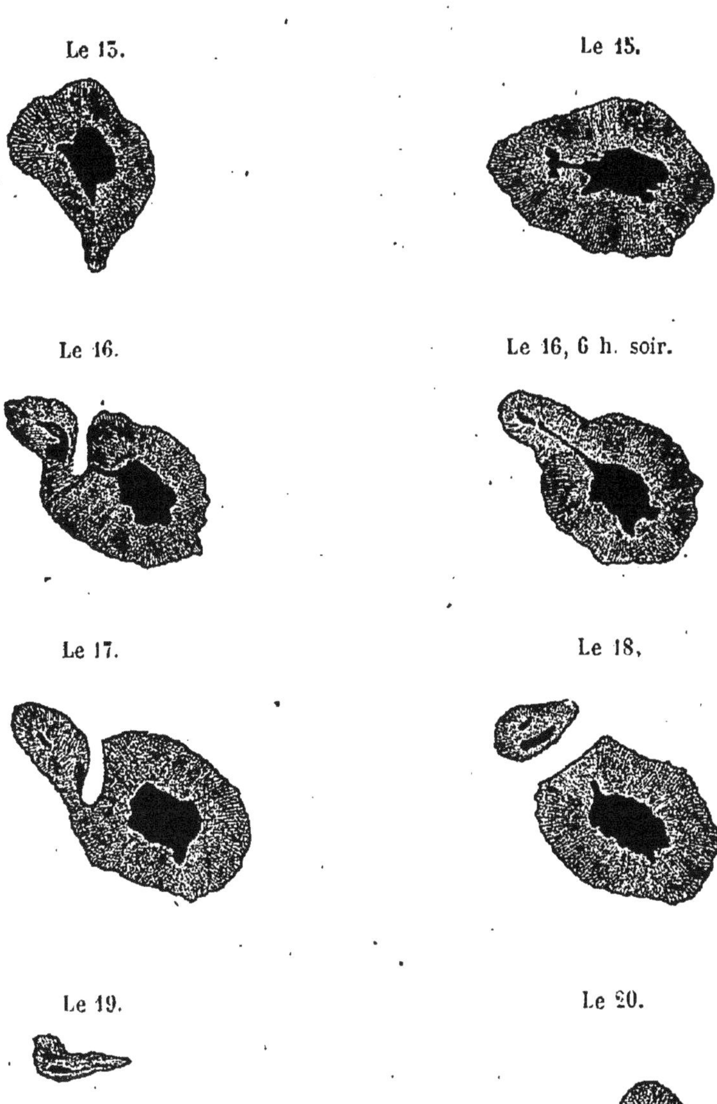

Fig. 31. — Segmentation d'une tache solaire. (Observation de Flammarion.)

gueur de quelques lieues, mais dans des proportions bien autrement vastes, puisque l'atmosphère solaire s'élève à des milliers de lieues au-dessus de la surface, et que le volume du Soleil surpasse de 1 million 280 mille fois celui de notre globe.

Parfois aussi ces taches immenses, dont la nature reste encore mystérieuse pour nous, se divisent, se séparent en deux parties, dont l'une se fond insensiblement pour s'évanouir dans la masse incandescente de la surface apparente du Soleil. Tel est le phénomène que j'ai observé, suivi et dessiné pendant les journées du 10 au 22 mai 1868[1], et dont la figure 34 reproduit les phases principales. Cette tache était environ trois fois plus large que la Terre. Une première ombre se forma vers la gauche de l'ombre de cette grande tache. Le lendemain, ce foyer secondaire, emportant une partie de la pénombre, se séparait en partie de la tache, à laquelle il restait attaché par une sorte de charnière. Le soir du même jour, cette segmentation s'était refermée ; mais le lendemain elle reparut de nouveau pour s'accentuer désormais de plus en plus, s'opérer entièrement et montrer au télescope deux taches bien séparées au lieu d'une. Mais cette branche ne s'était séparée de sa mère que pour s'évanouir bientôt, absorbée dans la surface incandescente.

L'un des premiers résultats de l'observation des taches solaires, ce fut de reconnaître que cet astre tourne sur lui-même en 25 de nos jours environ.

En effet, si l'on suit pendant plusieurs jours consécutifs une tache quelconque de celles qui noircissent la surface solaire, ou un groupe de taches, ou encore l'ensemble, on ne tarde pas à remarquer qu'elles sont animées d'un même mouvement d'un bord à l'autre du disque solaire.

[1] Voy. *Comptes rendus de l'Académie des sciences* et mes *Études et Lectures sur l'astronomie*.

Si, par exemple, on commence à suivre une tache de son apparition au bord oriental, on observe qu'elle s'avance lentement vers le milieu de l'astre, qu'elle atteint sept jours environ après son apparition; puis elle le dépasse et continue sa marche vers l'occident, et sept jours après elle arrive à la limite et disparaît. Après une période de quatorze jours, employés à tourner dans l'hémisphère opposé, elle reparaît au même endroit et poursuit semblablement la marche précédemment remarquée. Cette observation a établi, et montre encore avec évidence que le Soleil tourne sur lui-même. Cette rotation du Soleil montre ses taches avec l'aspect représenté par la figure 35.

Si la période de réapparition des taches mesure 27 à 28 jours, cette apparence n'infirme pas le chiffre de 25 jours rapporté plus haut. La différence provient de ce que la Terre ne reste pas immobile dans l'espace, mais tourne autour du Soleil. Pour que nous puissions observer directement la durée de rotation, il faudrait évidemment, pour première condition, que nous restassions à la même place, car autrement, si nous marchons autour de l'astre dans le sens de son mouvement, nous verrons encore des taches après le moment où elles auront disparu pour le point où nous nous trouvions d'abord; et si nous allons en sens contraire, nous cesserons de les voir avant qu'elles cessent d'être visibles pour le point fixe. Or, dans son mouvement de translation autour du Soleil, la Terre, s'avançant dans le sens de sa rotation, voit encore les taches deux jours et demi après qu'elles ont disparu pour le point où elle se trouvait au commencement de l'observation.

Ce mouvement de rotation s'exécute de l'ouest à l'est comme celui de la Terre et celui de toutes les planètes du système. Ainsi, par l'examen télescopique, cet astre, déclaré fixe et incorruptible par l'antiquité, se vit à la fois dépouillé de ses deux qualités distinctives. La rotation diurne du Soleil est vingt-cinq fois plus longue que celle de la Terre, mais elle en diffère essentiellement dans ses conséquences immédiates, puisqu'elles ne produisent point à sa surface les alternatives de jour et de nuit qui dérivent chez nous de ce mouvement. On ne peut donc dire que ce soit là la durée du *jour* solaire, car elle n'est pas l'indice d'une succession de lumière et d'ombre : le jour du soleil ne s'éteint pas et le crépuscule du soir ne vient pas l'affaiblir. Ce monde demeure dans une lumière permanente.

Il ne connaît pas non plus nos saisons ni nos années, et les éléments de notre calendrier ne s'appliquent point à son rôle astronomique. Il semble que la succession rapide des choses qui constitue notre temps, et la série changeante des phénomènes comme des êtres, ne soient pas le partage de sa grandeur, que la permanence et la durée sans mesure soient son apanage, et qu'il soit affranchi de compter pour sa vie personnelle ces âges successifs qui mesurent la vie et l'étouffent sous leur nombre. Une grande diversité de nature l'isole du rang des mondes planétaires, et ce serait un profond sujet d'étonnement pour l'habitant de la Terre, s'il lui était donné de visiter un pays si essentiellement distinct du nôtre, et de pouvoir établir une comparaison, si toutefois elle est possible, entre ce monde étrange et sa patrie.

III

LE SOLEIL, SUITE

> Quand le Soleil entra dans sa route infinie,
> A son premier regard, de ce monde imparfait
> Sortit le peu de bien que le ciel avait fait.
>
> A. DE MUSSET.

Quelle qu'ait été l'idée préconçue dont les pensées étaient dominées en faveur de ce beau Soleil, de cet astre rayonnant, si vénéré que l'idée seule de l'accuser de taches était un blasphème, c'est cependant de l'observation et de l'étude de ses taches qu'est résultée la connaissance que nous avons de lui; tant il est vrai que la science, supérieure à tous les préjugés, est la véritable souveraine de l'esprit. L'examen de ces taches, de leur forme, et des aspects changeants qu'elles revêtent par suite de la rotation de l'astre, a servi de base à une théorie sur sa constitution physique que divers astronomes ont successivement adoptée et consacrée, depuis Wilson et Herschel, jusqu'à Humboldt et Arago. D'après cette théorie, le Soleil se composerait essentiellement d'un noyau solide et d'une atmosphère. Le noyau serait obscur et l'atmosphère serait enveloppée d'une couche lumineuse, à laquelle on donna le nom de *photosphère*. La lumière et la chaleur qu'il nous envoie ne viendraient pas du noyau, mais de cette enveloppe calorifique et éclatante. On explique les taches en supposant que ce sont des ouvertures formées dans cette enveloppe extérieure, soit par des éruptions de gaz issues de bouches volcaniques, soit par de puissants courants d'air s'élevant de l'atmosphère inférieure à l'atmosphère

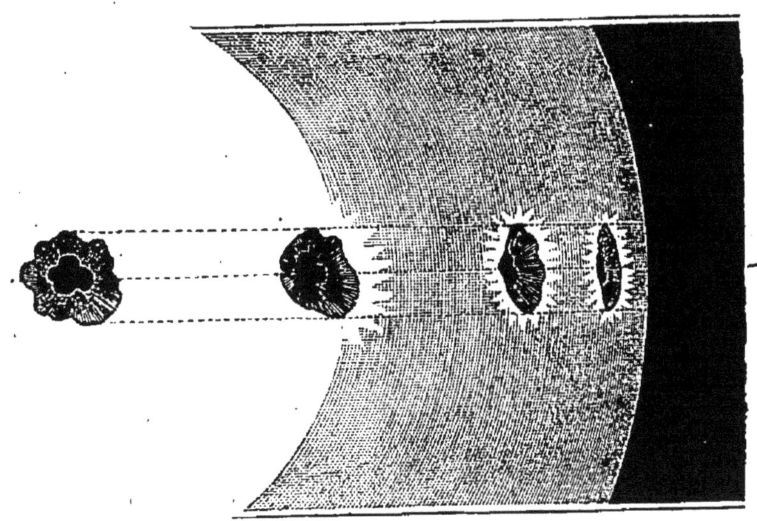

Fig. 55. — Rotation du Soleil.

supérieure, semblables à des ouragans verticaux, soit par toute autre cause dépendante de la nature de l'astre. La pénombre des taches serait formée par l'atmosphère inférieure douée de la propriété de réfléchir la lumière de la photosphère et d'en préserver le corps de l'astre. Le centre obscur des taches ne serait autre chose que le corps du Soleil lui-même rendu visible par une ouverture de l'atmosphère inférieure correspondant à l'ouverture de la photosphère. Les taches sont de la sorte suffisamment expliquées, et il en est de même des diverses apparences observées à la surface solaire, comme les pores dont elle paraît criblée, les facules ou taches blanches, les rides, etc., phénomènes causés par des mouvements chimiques opérés dans l'atmosphère où les gaz s'associent dans les combinaisons les plus variées.

Cette théorie a paru d'autant mieux fondée, que l'ouverture en forme d'entonnoir qui constituerait les taches, apparaît plus sensiblement encore dans les perspectives causées par le mouvement de rotation du Soleil. En vertu de ce mouvement, une tache ronde paraîtra se rétrécir à mesure qu'elle s'éloignera du centre, et, lorsque la portion de sphère où elle est située aura tourné jusqu'au point où elle va disparaître, tout en ayant gardé sa longueur intégrale, sa largeur aura diminué jusqu'à ne plus offrir que l'apparence d'une ligne. De plus, la portion de la pénombre, ou, si l'on veut, de l'entonnoir, qui se trouve du côté du spectateur, diminuera de largeur et disparaîtra avant l'autre. Enfin, lorsqu'une grande tache arrivera au bord de la sphère, si cette tache est assez grande, on devra la voir creusant un peu la partie du disque solaire qu'elle occupe. Or ces apparences, commandées par la perspective dans le cas où les taches seraient des ouvertures, sont précisément celles que l'on observe.

Les astronomes ont été ainsi longtemps généralement d'opinion que le noyau solaire pouvait être un corps opaque, obscur comme la Terre, enveloppé d'un fluide atmosphérique, au delà duquel s'étendait une couche de substance douée de la propriété d'émettre la lumière et la chaleur ; c'est cette couche externe que l'on nomme photosphère.

Mais, aujourd'hui, tous les avis ne sont plus unanimes sur la constitution physique de l'astre qui nous éclaire, surtout sur la solidité de son corps central.

Il faut dire, en effet, que la théorie du Soleil n'est pas tout à fait aussi simple que nous venons de la résumer. On ne voit pas si bien indiqué que dans la figure précédente l'aspect en creux des taches solaires. Personnellement, malgré mes très-nombreuses et très-attentives observations, je n'ai jamais vu une dépression du bord du Soleil à l'endroit de la disparition d'une tache, même

Fig. 56. — Décomposition de la lumière.

de la tache la plus colossale. D'ailleurs, les recherches d'*analyse spectrale* faites depuis dix ans paraissent démontrer plutôt que le Soleil est un *corps liquide* incandescent, émettant par lui-même la chaleur et la lumière, et environné d'une atmosphère vaporeuse dans laquelle flottent des gaz en combustion à la surface agitée de l'océan solaire.

Occupons-nous un instant de l'analyse spectrale de la lumière.

Lorsqu'on reçoit un rayon de lumière sur un prisme, en traversant le prisme, ce rayon se décompose entre les couleurs différemment réfrangibles qui le constituent, et au lieu de former un seul faisceau blanc, peut s'étaler sur un écran sous la forme d'une sorte de petit ruban (fig. 56).

Mais voici le fait curieux. Tout métal, tout corps, tout objet mis en suspension dans une flamme et amené à l'état de gaz incandescent incorpore, dans le rayon lumineux issu de cette flamme, un arrangement de lignes spécial à la nature du corps. Dans le ruban le long duquel s'étale en quelque sorte le rayon lumineux, le microscope distingue un grand nombre de lignes brillantes transversales, *dont l'ordre est spécial à la nature de l'objet* porté à l'état d'incandescence.

Ainsi, par exemple, si l'on chauffe un petit morceau de *fer* jusqu'à ce qu'il soit lumineux et émette une vapeur incandescente, et si l'on reçoit sur le prisme de l'appareil spécial appelé *spectroscope* le rayon émis par cette incandescence, en examinant le spectre de ce rayon, on remarque au microscope 460 raies brillantes très-distinctes, resserrées et disposées dans un ordre que nulle autre substance ne présente.

Il en est de même pour d'autres corps. Lorsqu'ils arrivent à l'état de vapeur incandescente, ils donnent une image prismatique dont les lignes brillantes révèlent par leur nombre, leur position et leur arrangement, la nature intime de ces corps.

Tant que les corps restent solides ou liquides, leur spectre est sans raies.

Un fait bien singulier et bien difficile à concevoir exactement, même pour les esprits accoutumés aux méditations scientifiques, c'est qu'un gaz qui, à l'état d'incandescence, donne un certain arrangement de lignes brillantes, *absorbe*, lorsqu'il n'est pas incandescent, les mêmes lignes brillantes existant dans un rayon lumineux qui le traverse, de sorte que ces lignes se présentent en noir.

L'examen de ces raies *obscures*, dans le spectre d'une lumière qui a traversé une matière gazeuse, fait connaître quelles raies brillantes le même gaz introduirait dans le spectre s'il était incandescent. Par conséquent, la nature de ce gaz se révèle par là aussi bien que par les raies brillantes qu'il émettrait s'il était lumineux lui-même.

Autre remarque non moins importante. Il n'est pas nécessaire qu'une substance soit en grande quantité pour annoncer sa présence dans la révélation merveilleuse de l'analyse spectrale : un cinquante millionième de gramme de thalium fait apparaître dans son image prismatique sa ligne verte caractéristique. Un millionième de milligramme de sodium révèle sa présence dans une flamme en dessinant immédiatement dans le spectre sa double raie jaune. Une expérience curieuse manifeste mieux encore cette extrême sensibilité. On a fait détoner 3 milligrammes de chlorate de soude au fond d'une salle de 60 mètres cubes. A l'opposé de cet endroit, on avait allumé un bec de gaz dont on observait le spectre. Après quelques minutes, la double raie du sodium apparut, provenant, par conséquent, d'une infiniment petite partie de la soude répandue dans l'atmosphère de la salle.

Ces principes étant exactement posés, on voit tout de suite leur application à la détermination de la nature des corps qui existent dans le Soleil.

L'image aux sept couleurs, donnée par le rayon solaire décomposé en traversant un prisme, présente dans sa texture intime un grand nombre de lignes transversales obscures. Huit lignes surtout sont remarquables. La première est au commencement du rouge, la seconde au milieu, et la troisième vers la fin de la même couleur.

La quatrième est au milieu du jaune. La cinquième au milieu du vert, la sixième dans le bleu, la septième au commencement du violet et la huitième à la fin. On a désigné ces lignes principales par les huit premières lettres de l'alphabet : A, B, C, D, E, F, G, H (fig. 37). Mais ce ne sont pas les seules : on en compte aujourd'hui plus de trois mille.

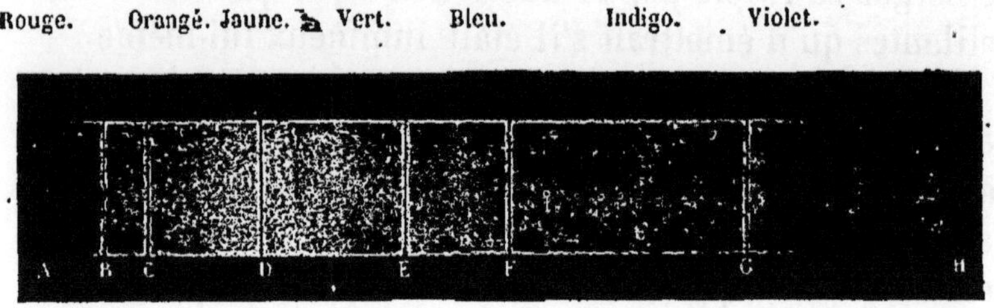

Fig. 37. — Raies principales du spectre solaire.

Pour connaître la nature des substances gazeuses qui, dans l'atmosphère du Soleil, donnent naissance à ces raies obscures, on a établi avec le plus grand soin une suite de comparaisons entre la position de ces raies obscures et celle des raies brillantes produites par diverses substances amenées à l'état de gaz incandescent.

La première remarque importante faite fut que la double raie du sodium coïncide exactement avec une double raie noire du spectre solaire. On put ensuite constater que les 460 lignes microscopiques du fer coïncident exactement dans leur position et leur arrangement avec des lignes identiques dans le spectre solaire.

Des comparaisons rigoureuses analogues amenèrent à conclure que l'atmosphère solaire renferme, en outre, de la soude et du fer, du magnésium, de la chaux, du chrome, du nickel et du cobalt (élément des aérolithes), du baryum, du cuivre, du zinc, de l'hydrogène et du manganèse ; mais l'or et l'argent n'y sont point. Ce qui aurait pu contrarier fort les alchimistes du temps passé, et Nicolas Flamel, en particulier, pour lesquels le Soleil était l'astre d'or par excellence. Tous ces matériaux révélés exister dans cette sphère par l'analyse spectrale, furent aussi ré-

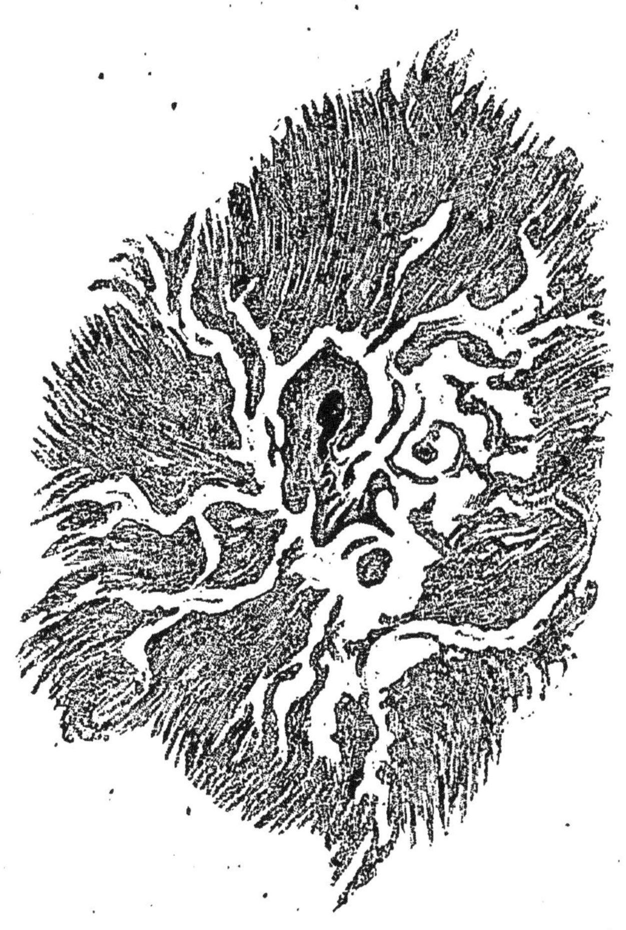

Fig. 38. — Tache avec facules. (Observation de Chacornac.)

vélés s'y trouver à l'état de fusion. Voilà donc, pour les expérimentateurs et théoriciens dont je parle, l'astre du jour revenu à ce qu'il était pour nos pères, un astre de feu. En effet, non-seulement on réédita la théorie que le flambeau du jour était un globe incandescent, loin d'être obscur; que la lumière que nous en recevons vient de son noyau enflammé, et non de son atmosphère; mais on chercha encore comment les taches sont explicables dans cette nouvelle hypothèse, et on proposa d'admettre que ces taches soient simplement des nuages se combinant dans l'atmosphère solaire sous l'influence d'un refroidissement de température partiel, et devenant assez opaques pour intercepter tout à fait le noyau du globe incandescent. D'autres savants, partageant les mêmes idées sur la constitution physique du Soleil, émirent sur les taches l'idée qu'elles étaient, non des nuages, mais des solidifications partielles de la surface, des scories comme on en voit se former à la surface des substances fondues sur le creuset des métaux en ébullition. On explique même comment l'ombre des taches est la partie centrale plus épaisse de ces solidifications partielles, laquelle intercepterait les rayons émis par le corps solaire, d'autant mieux qu'elle serait plus chargée, et que la pénombre correspondrait à la pellicule qui, dans toute formation de ce genre observée à la surface des métaux en fusion, se produit invariablement autour de la scorie.

Le Soleil est regardé maintenant, d'après ces investigations, comme un corps liquide lumineux par lui-même, environné d'une atmosphère non lumineuse, transparente, à travers laquelle passent d'abord les rayons émis par la surface incandescente du Soleil.

Les observations faites pendant l'éclipse totale de 1868 ont montré de plus que les hautes protubérances qui s'échappent du Soleil sous forme de longues flammes sont formées d'hydrogène incandescent. La surface de l'immense foyer n'est donc pas régulière, comme on serait porté à le croire, mais hérissée de flammes, de jets lumineux, de vagues aux crêtes gigantesques, de tourbillons inouïs, dont nos volcans terrestres et nos plus violentes tempêtes maritimes ne peuvent nous donner la moindre idée.

Tout récemment, les observations d'analyse spectrale, faites dans les Indes pendant l'éclipse totale du 12 décembre 1871, ont établi qu'il y a autour de cet astre colossal et jusqu'à une énorme distance de lui, une vaste atmosphère gazeuse invisible dans laquelle l'hydrogène domine.

Grâce à une méthode d'observation imaginée récemment

Fig. 39. — Explosion et protubérance solaire.

par M. Janssen, astronome français, on peut voir en tout temps les *protubérances* du Soleil, qui n'étaient visibles que pendant les éclipses totales (voy. plus loin, au chapitre des éclipses, la fig. de celle du 18 août 1870). Dans certaines observations, on les observe et on les dessine tous les jours, par exemple, à Rome, où je les ai suivies en novembre 1872 en compagnie du savant Père Secchi. On vient même de fonder en Italie une société astronomique spéciale pour cette étude : la société des spectroscopistes. Déjà elle a publié un grand nombre de dessins. J'en choisis un pour le reproduire ici, et montrer quelle grandeur, quelle beauté, offrent ces éruptions solaires : c'est l'éruption du 21 avril 1873. La fig: 39 représente un fragment du bord du Soleil ; on y remarque des vestiges de taches et de facules. Du bord s'échappent des flammes en forme de jets qui s'élancent dans l'atmosphère du soleil jusqu'à dix mille lieues de hauteur. Le globe solaire est entouré de flammes analogues. Parfois il y a un calme relatif. Parfois au contraire il y a des éruptions violentes et formidables. Le 7 septembre 1871, par exemple, une explosion épouvantable a lancé des flammes immenses jusqu'à 75,000 lieues de hauteur, avec une vitesse d'ascension de 267 kilomètres par seconde ! Le soir même il y eut sur la terre une aurore boréale. Quelle fournaise que ce soleil ! et quels problèmes il garde encore à résoudre !

On ne peut indiquer en chiffres la température du soleil.

Arrivons maintenant aux éléments cosmographiques du Soleil, et parlons d'abord de ses dimensions.

La grosseur du Soleil, 1 *million* 280 *mille* fois plus gros que la Terre, surpasse trop le degré de nos mesures habituelles pour que l'on puisse espérer d'en donner une idée suffisante. Dans l'ordre des volumes, comme dans celui des distances et des temps, les grandeurs qui surpassent de trop haut nos conceptions ordinaires ne disent plus rien à notre esprit, et toute la peine que nous prenons pour nous les représenter reste pour ainsi dire stérile. Cependant une comparaison pourra tout au moins inspirer une idée approchée de la grandeur dont nous parlons. Si l'on plaçait le globe terrestre au centre du globe solaire, comme un noyau au milieu d'un fruit, la distance de 96,000 lieues qui nous sépare de la Lune serait comprise dans l'intérieur du corps solaire : la Lune elle-même se trouverait absorbée en lui, et pour aller de la Lune à la surface du Soleil, en suivant le même rayon, on aurait

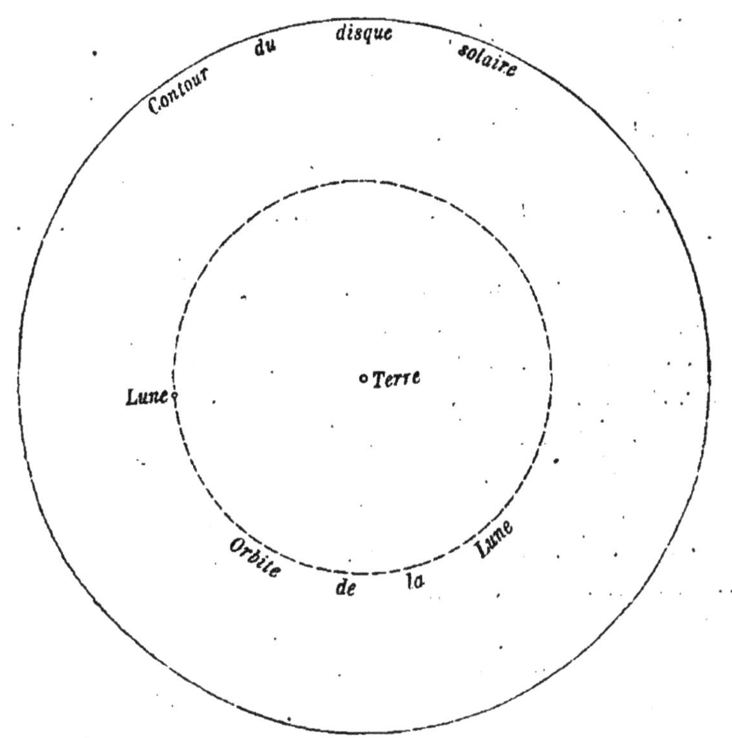

Fig. 40. — Dimensions comparées du globe du soleil

encore à parcourir une distance de 80,000 lieues! (Voy. la fig. 40.)

On compte d'ici au Soleil trente-sept millions de lieues de quatre kilomètres. C'est à cause de ce grand éloignement que cet astre si volumineux ne paraît pas mesurer un pied de diamètre, et c'est ce qui explique comment les anciens et Épicure en particulier ne l'estimaient pas plus grand que cette mesure. Cette distance est également la raison pour laquelle il ne nous paraît guère plus grand que la Lune, qui n'est qu'à 96,000 lieues d'ici. On peut à ce propos demander, avec une curiosité bien légitime, comment on a pu trouver cette distance du Soleil à la Terre. La méthode est trop compliquée pour que je la développe ici tout au long; mais on peut en donner une idée sans dépasser les bornes de cette causerie.

Entre le Soleil et la Terre il y a deux planètes, Mercure et Vénus, dont la dernière a rendu les plus grands services à la recherche de la distance qui nous sépare de l'astre radieux. Comme le plan de son orbite (circonférence qu'elle suit autour de l'astre central) oscille et coïncide parfois avec celui de l'orbite de la Terre, il arrive de temps en temps qu'elle passe entre le soleil et nous, comme un point noir traversant le disque lumineux. Ce passage arrive aux intervalles singuliers de : 8 ans, 113 ans 1/2 — 8 ans, 8 ans, 113 ans 1/2 + 8 ans. Ainsi l'avant dernier passage a eu lieu en août 1761, le dernier, 8 ans après, c'est-à-dire en août 1769. Ajoutons à cette année 113 ans 1/2 — 8 ou 105 ans 1/2, nous avons 1874, décembre. C'est celui qui vient d'être observé par des astronomes envoyés dans toutes les parties du monde. Le suivant aura lieu 8 ans après, en décembre 1882, etc. A ces époques précieuses, les astronomes de tous les pays font abstraction de leur nationalité, s'entendent comme des frères, et s'arrangent de manière à observer en différents pays le passage de Vénus. Deux observateurs situés en leurs stations les plus éloignées possible l'une de l'autre, marquent les deux points où la planète, vue de chacune de leurs stations, paraît se projeter au même moment sur le disque solaire. Cette mesure leur donne l'écartement de l'angle formé par deux lignes partant de leurs stations et venant se croiser sur Vénus pour aboutir dans un angle opposé sur le soleil. C'est la mesure de cet angle, faite par des observateurs placés sur tous les points du globe, qui donne ce que l'on nomme la parallaxe du Soleil. Nous avons déjà parlé de cette méthode, page 126.

Aux derniers passages de Vénus, un astronome français, Le Gentil, que son nom aurait dû sauver de pareils désappointements de la part de Vénus, fut singulièrement récompensé de son amour pour la science et de son désintéressement. Envoyé dans les Indes par l'Académie des sciences, il s'embarqua avec armes et bagages pour observer, en 1761, le passage de la planète sur le ciel de Pondichéry. Sa grande activité, son ardeur ne purent vaincre les hasards de la traversée : il débarqua justement quelques jours après que le phénomène s'était passé... Les obstacles aigrissent le courage et l'augmentent encore. Il prend la résolution héroïque de rester pendant huit ans au sein de ce pays inconnu, afin de compenser son observation manquée : il attend le passage de 1769 et prend alors toutes les dispositions recommandées pour faire une observation irréprochable. L'année et le jour arrivent enfin ! le ciel est pur, aucun obstacle n'empêchera sa longue résolution de recevoir enfin son couronnement. Mais, hélas! voilà que juste au moment où le point noir va entrer sur le disque solaire, un petit nuage se forme dans l'atmosphère, et reste sur le Soleil jusqu'au moment où Vénus sortie du disque aura mis fin à la possibilité de toute observation... Pour comble de malheur, ne pouvant de nouveau se résoudre à attendre le passage suivant (1874), l'astronome en reprenant la route de France trouve la mer orageuse, qui faillit mettre fin à ses jours. Le Gentil de la Galaisière mourut en 1792, après avoir écrit ses impressions de voyage.

Par des considérations fondées sur l'action magnétique du Soleil, on peut être autorisé à croire que sa lumière est de même nature que la lumière électrique, si ce n'est qu'elle est incomparablement plus puissante, attendu que les éléments dont nous disposons sont incomparablement inférieurs à ceux dont dispose la nature. Quelque éclatants que soient nos foyers électriques, quelque éblouissantes que soient leurs flammes, dont la blancheur nous étonne, projetée sur le disque solaire, la lumière électrique a l'apparence d'une tache noire.

L'intensité de la chaleur solaire n'est pas moins difficile à concevoir ; les plus intenses de nos foyers qui s'élèvent à la température de la chaleur blanche ne nous en donnent qu'une faible idée. Voici pourtant quelques comparaisons qui en indiqueront la valeur. Que l'on se représente le Soleil sous la forme d'un globe volumineux comme presque treize cent mille globes terrestres, et entièrement couvert d'une couche de houille de *sept lieues* de hauteur. La chaleur qu'il déverse annuellement dans l'espace est égale à celle qui serait fournie par cette couche de houille embrasée. — Cette chaleur solaire serait encore capable de fondre en *une* seconde une colonne de glace qui mesurerait 4,000 kilomètres carrés de base et 310,000 kilomètres de hauteur. Si l'on se proposait simplement d'empêcher la chaleur solaire de rayonner, il faudrait lancer à sa surface un jet d'eau glacée, ou pour mieux dire de glace, qui mesurerait 18 lieues de diamètre, et qu'on lancerait avec la vitesse de 70,000 lieues à la seconde. En recevant une pareille colonne de glace, l'astre du jour ne rayonnerait plus ; mais cela ne veut pas dire encore qu'il y aurait là une action suffisante pour l'éteindre.

Enfin, il est fort curieux de savoir combien pèse ce gigantesque corps. C'est un fort beau poids : 1,900 *octillions* de kilogrammes. On écrit ce nombre comme ceci :

1,900,000,000,000,000,000,000,000,000,000

Si ce globe était encore aujourd'hui, comme du temps d'Apollon, traîné par quatre chevaux, il faudrait des coursiers d'une force vraiment exceptionnelle, surtout si l'on songe à la vitesse avec laquelle ils devraient voler pour arriver à faire le tour du globe en vingt-quatre heures. Voici maintenant, en regard du poids du Soleil, celui de la Terre où nous sommes, exprimé comme le précédent en tonnes de mille kilogrammes :

5,875,000,000,000,000,000,000

Lorsque les astronomes placent le Soleil sur le plateau de la balance gigantesque dont ils se servent pour connaître le poids des astres, il leur faut mettre dans l'autre plateau 324.000 globes terrestres pour lui faire équilibre.

Nous n'avons pas à craindre que cet astre gigantesque vienne un jour à s'éteindre, laissant la Terre dans l'obscurité glacée. Il possède en son colossal foyer un nombre suffisant de degrés de chaleur, pour que nous ayons devant nous des millions de siècles pendant lesquels il nous serait impossible, lors même que cette chaleur décroîtrait, de nous en apercevoir.

Oui, l'étoile resplendissante du jour reste pour nous le plus beau et le meilleur des astres. Nous avons reconnu sa grandeur et sa puissance : nulle force n'est capable de rivaliser avec la sienne. En nous révélant les secrets de sa nature, la science n'a pas amoindri dans notre pensée son image vénérée, et comme dans nos études précédentes, la réalité fut ici supérieure à la fiction. Nos hommages lui restent donc, mieux compris et mieux justifiés que jamais. Nous pouvons encore lui dire avec Byron :

« Astre glorieux, adoré dans l'enfance du monde par cette race d'hommes robustes, ces géants nés des amours des anges avec un sexe qui, plus beau qu'eux-mêmes, fit tomber dans le péché ces esprits égarés, bannis à jamais du ciel ; astre glorieux ! tu fus adoré comme le dieu du monde, avant que le mystère de la création fût révélé. Premier ministre du Tout-Puissant, c'est toi qui réjouis le premier le cœur des bergers chaldéens sur la cime de leurs montagnes, jusqu'au jour où ils répandirent devant toi leur âme en prière ; roi des astres et centre d'une multitude de mondes, c'est à toi que la Terre doit sa durée ; père des saisons, roi des éléments et des hommes, les inspirations de nos cœurs comme les traits de nos visages sont sous l'influence de tes rayons, car de près ou de loin nos facultés intimes s'illuminent devant ton rayonnement aussi bien que nos aspects extérieurs. Nulle gloire n'égale la pompe de ton lever, de ton cours et de ton coucher[1]. »

[1] Lord Byron, *Manfred*.

IV

MERCURE

> Combien je chéris l'heure où s'éteint la clarté du jour, où les rayons du soleil semblent se fondre dans la mer silencieuse ! C'est alors que s'élèvent les doux rêves des jours passés ; alors le souvenir exhale vers toi son soupir du soir !
>
> THOMAS MOORE, *Mélodies.*

Au-dessus du Soleil, à l'occident, quand l'astre radieux est couché, ou bien à l'orient, avant son lever, on voit quelquefois une petite étoile blanche, un peu nuancée de rouge. Les Grecs la nommaient Apollon, le dieu du jour, et Mercure, le dieu des voleurs, qui profitent du soir pour commettre leurs méfaits ; car ils voyaient en elle deux planètes différentes, l'une du matin, l'autre du soir, comme ils firent pendant longtemps à l'égard de Vénus. Il en fut de même des Égyptiens et des Indiens. Les premiers lui donnaient les noms de Set et d'Horus ; les seconds ceux de Boudha et de Rauhineya, noms qui rappellent, comme les précédents, les divinités du jour et du soir. Les Latins eux-mêmes, qui, du reste, s'occupèrent fort peu d'astronomie, restèrent dans le doute à cet égard.

Ce n'est que dans les temps postérieurs qu'on reconnut définitivement l'identité de ces deux astres qui, comme Castor et Pollux, auxquels ils ont été assimilés, ne paraissent jamais ensemble. On lui garda son nom du soir : Mercure.

Dans l'océan de flamme incessamment plongé,
Roulant sa masse obscure en un orbe allongé,
Divers dans ses aspects, Mercure solitaire
Erra longtemps peut-être inconnu de la Terre:
Cependant quand, le soir, le soleil moins ardent
Laissait le crépuscule éclairer l'occident,
Au bord de l'horizon une faible lumière
Semblait suivre du dieu l'éclatante carrière.

DARU.

Première planète du système, Mercure reste toujours absorbée dans le rayonnement royal du prince radieux ; aussi, comme les courtisans, elle se prive de son individualité pour se confondre dans la personnalité de l'astre-roi. Elle n'y gagne rien, comme vous voyez; elle y perd même beaucoup, attendu qu'elle n'a pas eu l'honneur d'être connue des fondateurs de l'astronomie. Copernic désespéra de jamais la voir : « Je crains, disait ce grand homme, de descendre dans la tombe avant d'avoir jamais découvert la planète. » Et, en effet, celui qui avait transformé le système du monde, et pris en main chacune des planètes pour les placer autour du Soleil, mourut sans avoir vu la première d'entre elles[1]. Galilée put l'observer, grâce aux lunettes qui venaient d'être inventées ; mais on ne peut encore dire qu'il l'ait connue suffisamment, puisqu'il lui fut impossible de jamais distinguer ses phases. Les adversaires du nouveau système opposaient précisément aux premiers astronomes, Copernic, Galilée, Kepler, l'absence de phases chez les planètes Mercure et Vénus. Car, disaient-ils, si ces planètes tournaient autour

[1] Voy. notre *Vie de Copernic.*

du Soleil, elles changeraient d'aspect à nos yeux, comme le fait la Lune, selon que nous verrions de face, de profil ou par derrière le côté qu'elles tournent vers le Soleil. Copernic et ses collègues avaient répondu : Nous ne distinguons pas de phases, il est vrai ; mais, s'il ne manque

Fig. 41. — Phases de Mercure.

que cela pour que vous adoptiez notre système, Dieu fera la grâce qu'elles en aient. En effet, elles en ont, et voici celles de Mercure :

Par l'observation des irrégularités visibles dans l'intérieur du croissant ou du quartier, on a reconnu que Mercure est hérissé de hautes montagnes, plus hautes que celles de la Terre, quoique Mercure soit un globe beaucoup plus petit que le nôtre. On a de même remarqué l'existence d'une atmosphère plus dense et plus élevée que la nôtre. Au milieu du siècle dernier, l'un des nombreux romanciers qui simulèrent des voyages aux planètes prétendit savoir que les montagnes de Mercure étaient les unes et les autres couronnées de jardins superbes, où croissaient naturellement non-seulement les fruits les plus succulents qui servent à la nourriture des Mercuriens, mais encore la plus grande variété de mets. Il paraîtrait qu'en cet heureux monde, il n'est pas nécessaire de préparer, comme chez nous, les objets d'alimentation ; poulets, jambons, beefsteaks, côtelettes, entremets, hors-d'œuvre, etc., y pousseraient de la même façon que les pommes sur nos pommiers, et lorsqu'on veut servir un repas, on se contente de mettre le couvert ; alors viennent des oiseaux-serviteurs qui reçoivent vos ordres, s'envolent intelligemment, et en un clin d'œil, sur les montagnes où se trouvent les plats demandés et vous en font hommage avec le plus grand empressement. Il vaut peut-être mieux croire que les végétaux de Mercure jouissent de ces dons précieux, et que ses oiseaux sont d'une intelligence aussi agréable, plutôt de penser avec Fontenelle que les habitants de Mercure sont tous fous, et que leurs cerveaux sont brûlés par l'ardente chaleur que le Soleil déverse sur leur tête. Mais jusqu'à ce qu'un voyage authentique nous ait suffisamment renseignés à cet égard, nous nous en tiendrons aux éléments astronomiques de la planète, savoir : qu'elle roule à 14,783,000 lieues du Soleil ; que son diamètre est de 4,978 kilomètres, sa surface de 779,250,000 myriamètres carrés, son volume de 64,851,000 myriamètres cubes ; que son jour dure 24 heures, 3 minutes ; son année 87 jours, 23 heures, 14 minutes, et ses saisons 22 jours seulement ; que sa masse, comparée à celle de la Terre, est seulement de 17 centièmes ; que sa densité est trois fois plus forte que la nôtre ; que les corps qui tombent à sa surface parcourent $5^{m},63$ pendant la première seconde de chute ; enfin qu'elle reçoit 6 fois et demie plus de lumière et de chaleur que la Terre, et qu'elle est fort *excentrique*.

Excentrique veut dire que, dans son mouvement de révolution autour du Soleil, elle ne demeure pas toujours à la même distance, qu'elle suit une ellipse plutôt qu'une circonférence, et qu'à certaines époques de son année elle reçoit deux fois plus de chaleur qu'aux époques opposées. On voit que le mot excentrique n'est pas mal choisi, puisqu'il représente un manque de régularité dans le mouvement circulaire des planètes. On remarquera, du reste, facilement, cette excentricité dans la figure ci-dessous, qui représente les orbites des trois planètes les plus proches

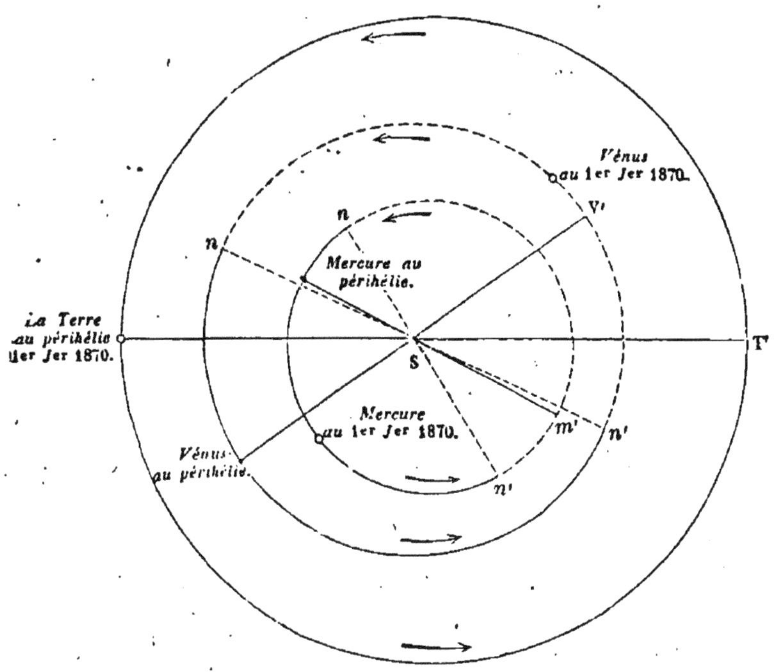

Fig. 42. — Orbites des trois planètes les plus proches du Soleil.

du Soleil : Mercure, Vénus et la Terre, avec les positions de ces planètes à une même date (1er janvier 1870). On voit que si le Soleil est presque au centre des orbites de la Terre et de Vénus, il est loin du centre de celle de Mercure.

Pendant que nous parlons de cette singularité, ajoutons encore que, de tous les astres, les comètes sont les plus excentriques : elles s'approchent à certaines époques si près du Soleil, qu'on croirait vraiment qu'elles vont fondre dans son brasier; dans la partie opposée de leur course, au contraire, elles s'en éloignent à de telles distances, qu'elles finissent par le perdre de vue, qu'elles errent dans les ténèbres et le froid des espaces solitaires.

VÉNUS

> O toi, petite étoile scintillante du soir, diamant qui étincelles sur un ciel d'azur! avec quel empressement je prendrai mon essor vers toi quand mon âme sera dégagée de sa prison terrestre [1] !

La jeune fille poëte qui chanta cette ravissante pensée, Maria Lucrezia Davidson, s'envola de sa prison terrestre vers son étoile bien-aimée, lorsqu'à peine elle avait vu fleurir son dix-septième printemps. Comme la blanche étoile du matin et du soir, elle s'éteignit à la première période de la vie et ne connut que son aurore. Peut-être maintenant réside-t-elle, en effet, dans cette île de lumière et contemple-t-elle de là le séjour terrestre qu'elle habitait naguère; peut-être entend-elle la prière de ceux qui, comme elle le faisait autrefois, permettent à leurs espérances de s'envoler parfois aux régions du ciel.

[1] Ces vers sont trop beaux pour n'être pas cités en original :

> Thou little sparkling star of even
> Thou gem upon an azure heaven!
> How swiftly will I soar to thee
> When this unprisoned soul is free!

Quelques esprits de mauvaise humeur ont prétendu que, si Vénus est belle de loin, c'est qu'elle est fort affreuse de près. Je vois d'ici mes jeunes lecteurs et mes aimables lectrices, et je suis sûr que pas un d'entre eux, et surtout que pas une d'entre elles, n'est de cet avis-là : on peut être beau de près comme de loin, n'est-ce pas? Ce n'est pas vous qui me contredirez. Ayons donc la gracieuseté de reporter à Vénus ce que nous disons entre nous, et soyons assurés que non-seulement elle est fort belle de loin, mais encore ravissante de près.

En effet, toutes les magnificences de la lumière et du jour dont nous jouissons sur la Terre, elle les possède à un plus haut degré. Elle est enveloppée, comme notre globe, d'une atmosphère transparente au sein de laquelle se combinent mille et mille jeux de lumière. Des nuées s'élèvent de l'océan tumultueux et portent dans le ciel la diversité de leurs nuances neigeuses, argentées, dorées, empourprées. A l'horizon du matin et du soir, quand l'astre éclatant du jour, deux fois plus grand qu'il ne paraît de la Terre, lève à l'orient son disque énorme et se penche le soir vers l'hémisphère occidental, le crépuscule développe ses splendeurs et ses magnificences. D'ici, nous assistons par le télescope à ce lointain spectacle, car nous distinguons clairement l'aube et le déclin du jour dans les campagnes de Vénus.

Le jour et la nuit y sont à peu près de même durée que sur la Terre : la période diurne de rotation de la planète est de 23 heures 21 minutes 7 secondes; c'est par conséquent 35 minutes de moins qu'ici. Mais entre l'hiver et l'été, il y a une différence plus grande encore que chez nous entre l'intervalle qui s'écoule du lever au coucher du soleil et celui qui sépare son coucher de son lever, car ce globe est plus incliné que le nôtre sur le plan de son orbite. C'est cette inclinaison qui constitue, sur cette planète comme sur la Terre également, la variation des saisons, leur durée réciproque, leur intensité. Vénus étant plus penchée encore que la Terre sur le plan dans lequel elle se meut, ses saisons sont plus caractérisées encore que les nôtres, et ses climats beaucoup plus marqués. Il y a entre le froid de l'hiver et la chaleur de l'été une différence beaucoup plus grande qu'ici; il y fait presque aussi froid qu'ici en hiver, et infiniment plus chaud en été. Pareillement, il y a de l'équateur aux pôles une variation de climats plus marquée encore que sur la sphère terrestre; ce que nous appelons ici zones tempérées est insensible sur Vénus, et même n'y existe pas. La zone torride et la zone glaciale empiètent constamment l'une sur l'autre, et comme l'année ne dure que 224 jours au lieu de 365, la rapidité de cette succession accroît encore son intensité. Aussi les neiges n'ont-elles pas le temps de s'accumuler aux pôles, comme sur la Terre, sur Mars et sur Saturne, et les variations atmosphériques font-elles régner une agitation perpétuelle à la surface de la planète.

Ses montagnes sont beaucoup plus hautes que les nôtres. On les a mesurées aux époques où Vénus se présente à nous sous la forme d'un croissant. Les inégalités que l'on remarque dans l'intérieur du croissant sont les parties plus élevées de la surface qui reçoivent encore les rayons du soleil à l'heure où celui-ci est déjà couché pour la plaine. D'après le temps que ces parties blanches mettent à disparaître, on peut donc en conclure la hauteur.

Nous venons de parler du croissant de Vénus. Comme Mercure, en effet, cette planète est située entre la Terre et le Soleil, et le cercle qu'elle décrit dans son année se trouve compris dans l'intérieur du cercle que décrit la Terre autour du même astre. Il suit de là qu'à certaines époques, la planète Vénus se trouve justement entre le Soleil et nous, et alors elle nous présente sa partie obscure, puisque sa partie éclairée est naturellement du côté du Soleil. En d'autres temps, lorsqu'elle se trouve à droite ou à gauche du Soleil, elle nous présente seulement un quartier. Enfin, lorsqu'elle se trouve de l'autre côté du Soleil, elle nous présente sa partie éclairée tout entière.

Vénus circulant dans une orbite intérieure à celle de la Terre, il y a des périodes où elle n'est qu'à 10 millions de lieues de nous (lorsqu'elle se trouve entre le Soleil et

Fig. 43. — Variation du disque apparent de Vénus.

nous) et des périodes opposées où elle s'éloigne à 65 millions de lieues (lorsqu'elle se trouve de l'autre côté du Soleil). Ses dimensions apparentes varient donc très-sensiblement avec sa distance. La figure 40 donne ces variations. Dans le dessin de droite, on voit Vénus entre le Soleil et la Terre, position dans laquelle nous ne voyons presque que l'hémisphère non éclairé de la planète. C'est le moment du croissant le plus mince (à moins que Vénus ne passe exactement sur le Soleil, auquel cas il n'y a plus de croissant du tout). Dans la seconde figure, la planète est en quadrature. Dans le dessin de gauche, se trouvant à l'opposite du soleil, elle est pleine pour nous, mais très-petite et bien moins éclatante que même dans son croissant le plus mince.

Les phases de Vénus furent vues pour la première fois au mois de septembre 1610 par Galilée, qui reçut de ce spectacle une joie impossible à décrire, attendu qu'il témoignait éloquemment en faveur du système de Copernic, montrant que, comme la Terre et la Lune, les planètes reçoivent leur lumière du Soleil. Quand je dis que ces phases furent vues pour la première fois au mois de septembre 1610, vous n'en conclurez pas pour cela qu'elles n'existaient pas avant cette époque; mais vous tirerez seulement la conséquence qu'avant cette année on n'avait pas tourné de lunette du côté de cette planète, et qu'à l'œil nu ses phases sont insensibles.

Suivant une coutume de l'époque, l'illustre astronome cacha sa découverte sous un anagramme, pour justifier de l'authenticité de cette découverte en cas de rivalité, et pour se donner le temps de continuer ses observations et de les rendre plus parfaites. Il termina une lettre par cette phrase :

Hæc immatura a me jam frustra leguntur, o. y.,

c'est-à-dire : « Ces choses, non mûries et cachées encore pour les autres, sont lues par moi. » Sous ce cryptogramme, il serait difficile, n'est-ce pas? de trouver l'idée des phases de Vénus. Nos pères étaient fort ingénieux, et, de nos jours, certaines découvertes n'auraient pas été si haut contestées, si MM. les astronomes avaient quelquefois employé la même ruse. Il y a dans cette phrase 34 lettres. En les plaçant dans un autre ordre, on en tire ces mots, dans lesquels toute la découverte est élégamment inscrite :

Cynthiæ figuras emulatur mater amorum.
La mère des amours suit les phases de Diane.

Galilée ne laissait pas d'être très-fin. Deux mois plus tard, le père Castelli lui demandant si Vénus a des phases, il répond : « Je suis en fort mauvais état de santé,

Fig. 44. — Échancrure du croisant de Vénus.

et je me trouve beaucoup mieux dans mon lit qu'à la rosée. » Ce n'est que l'avant-dernier jour de l'année qu'il annonça lesdites phases.

Vénus a-t-elle un satellite? — Elle en aurait plutôt deux qu'un, avaient répondu les amis de Cassini aux adversaires de cet astronome. Beaucoup ont la ferme croyance de l'avoir vu ; mais la question reste indécise. Au milieu du dernier siècle, on y croyait si fermement que le grand Frédéric de Prusse proposa de lui donner le nom de son ami *d'Alembert*, ce dont l'illustre géomètre se défendit par ce petit billet : « Votre Majesté me fait trop d'honneur de vouloir baptiser de mon nom cette nouvelle planète. Je ne suis ni assez grand pour devenir au ciel le satellite de Vénus, ni assez bien portant pour l'être sur la terre, et je me trouve trop bien du peu de place que je tiens en ce bas monde pour en ambitionner une au firmament. »

Ce monde offre la plus grande ressemblance avec le nôtre : mêmes éléments astronomiques, même grandeur, même volume, même poids, même densité; seulement, il est deux fois plus près du Soleil que nous. Depuis les origines de la poésie antique, sa position près du Soleil, qui le fait apparaître le matin avant le jour, ou le soir avant la nuit, attira vers lui les pensées contemplatives, et Vénus fut l'étoile de tous ceux qui aiment à rêver le soir, depuis le berger à son retour des champs jusqu'aux amis de cœur dont les âmes se rencontrent pendant la nuit. Au moyen âge, un bon père fait un voyage extatique dans le ciel, et ne voit dans Vénus que des jeunes gens d'une beauté ravissante, vivant au sein d'un parfait bonheur; c'étaient, à ses yeux, les esprits directeurs de la planète Vénus, car on croyait jadis qu'une légion d'anges ou de génies était préposée à la direction de chacune des sphères célestes. Plus tard, l'auteur de *Paul et Virginie* fait encore de Vénus la description la plus merveilleuse : c'est un paradis terrestre. De nos jours enfin, le poëte des *Contemplations*, visitant l'île antique de Cythère, qui n'est plus aujourd'hui qu'un roc désert et dénudé, reporte sa pensée dans le ciel, et c'est là qu'il cherche désormais le séjour de Vénus.

Puissent les rayons d'or de cette belle étoile briller longtemps encore sur nos soirs, ouvrant à nos pensées le cours des contemplations qui nous transportent transitoirement dans le céleste monde ! Qu'elle annonce encore le cortége étoilé des nuits profondes, et qu'elle soit l'avant-courrière des heures de paix et de silence qui bercent l'âme dans la rêverie de ses souvenirs!

Étoile radieuse
Qui te penches vers nous,
Beauté mystérieuse
Dont les yeux sont si doux!
Du haut du ciel splendide
Sur notre obscur séjour
Verse un rayon limpide,
Verse un regard d'amour.

Blanche perle attachée
Aux célestes lambris!
Sur la mère penchée
Au berceau de son fils,
Abaisse l'espérance
Dans un beau rayon d'or;
Promets-lui l'assistance,
Veille sur son trésor.

Sur la plaine brûlante,
Dans les champs du désert,
Étoile vigilante,
Vois si quelqu'un se perd.
Sur la mer orageuse
Aux perfides sentiers,
Étoile radieuse,
Guide les nautoniers.

Et quand la nuit suprême
S'étendra sur mes yeux,
Belle étoile que j'aime!
Dans ton palais des cieux,
A cette heure bénie,
Daigne me recevoir,
Et deviens ma patrie,
Blanche étoile du soir!

VI

MARS

Je reconnais ses traits, c'est le farouche Mars!
Sa pâleur que nuance une rougeur obscure
Sans peine à tous les yeux distingue sa figure :
Empreinte sur son front, cette sombre couleur
Du Dieu dont les guerriers admirent la valeur
Nous peint la cruauté, la fureur homicide.
Et du sang des humains sa soif toujours avide.
Rien ne peut adoucir sa barbare fierté.
Des mortels et des dieux son glaive détesté
Souille toujours de sang sa funeste victoire.
. . . .
A son cruel aspect, la paix, la douce paix,
S'éloigne, et des mortels retire ses bienfaits.
De nos champs ravagés on voit fuir l'abondance...

RICARD.

Le pauvre Mars n'a pas été épargné, comme vous voyez. Sur lui et sur Saturne sont tombées toutes les malédictions des mortels, et ces deux planètes infortunées ont dû subir jusqu'à l'affront de vers détestables et soporifiques, comme on vient de le voir par les rimes de Ricard. A commencer par la guerre, ce fléau de l'humanité dont elle aura tant de peine à se guérir, tous les malheurs publics causés par la force ont été attribués à Mars, et, s'il sait ce que la Terre a pensé de lui depuis les jours de la mythologie, il doit la regarder d'un bien mauvais œil. Il est pourtant bien innocent de toutes ces calomnies, et nous devrions d'autant moins parler mal de lui, qu'il offre plus de ressemblance avec nous. Le monde de Mars, en effet, ressemble tant au monde de la Terre, que, s'il nous arrivait un jour de faire un voyage de son côté et d'oublier notre chemin, il nous serait à peu près impossible de reconnaître laquelle des deux planètes est notre patrie. Sans la Lune, qui lèverait charitablement notre incertitude, nous aurions grand risque d'arriver chez les habitants de Mars, croyant descendre en Europe ou dans quelque autre quartier terrestre.

De Vénus nous passons à Mars sans nous arrêter à la Terre, quoique notre planète les sépare dans l'ordre des distances au Soleil. Honneur d'abord aux étrangers ! Notre patrie viendra après.

La planète Mars, en effet, présente dans nos télescopes le même aspect que la Terre doit offrir aux habitants de Vénus : un disque circulaire, un peu aplati vers les pôles, tournant sur lui-même en vingt-quatre heures environ, sillonné de temps à autre par des nuages passagers, diversifié de plaines tantôt claires, tantôt foncées ; roulant obliquement sur lui-même, enveloppé d'une atmosphère et recouvert à ses pôles de taches neigeuses. Sur cette planète, les saisons sont à peu près de la même intensité que les nôtres ; mais leur durée est deux fois plus longue, car Mars n'accomplit sa révolution annuelle autour du Soleil qu'en 1 an 321 jours 22 heures, ou 1 an 10 mois et 21 jours. Des amoncellements de glaces que l'on voit à ses pôles fondent en partie au printemps de chaque hémisphère, et se reforment en automne, comme il arrive sur notre globe : et, comme les saisons sont complémentaires sur les deux hémisphères, les mouvements de ce globe s'exécutent en sens inverse ; tandis que le pôle austral diminue, le pôle boréal augmente, et réciproquement. De cette fonte des neiges résultent les changements de température et les mouvements météoriques que l'on observe ici ; une partie de l'eau s'évapore en nuages, une autre partie va grossir les fleuves et descend à la mer. Ainsi, les caractères fondamentaux des saisons terrestres se retrouvent sur cette planète voisine.

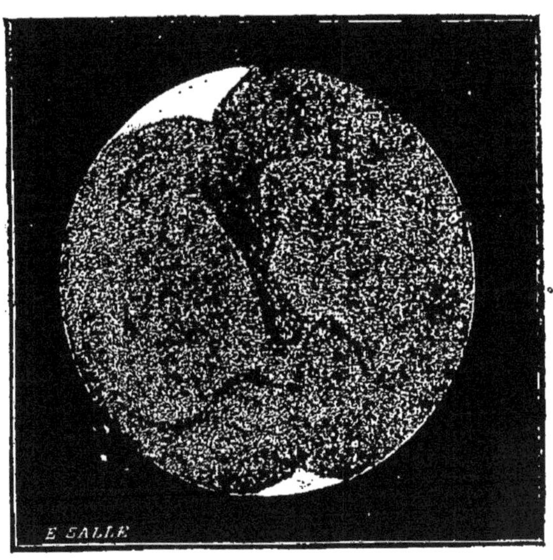

Fig. 45. — Aspect de Mars.

On peut cependant remarquer certaines différences entre l'aspect du monde de Mars et le nôtre. Tandis que, vue de loin, la Terre, en raison de la couleur de son atmosphère, de sa végétation et de ses eaux, doit paraître nuancée de vert, Mars est plus nuancé de rouge, et c'est cette teinte qui lui donne l'éclat rougeâtre dont on le voit briller à l'œil nu. Sans doute, cette couleur caractéristique est produite par la coloration dominante des éléments de sa surface, soit que son sol soit ainsi coloré comme celui de nos déserts, soit que ses mers, sa végétation ou des vapeurs s'élevant dans son atmosphère revêtent principalement cette nuance. Toutefois, les taches polaires gardent toujours leur éclatante blancheur. Un philosophe de l'antiquité, Anaxagore, affirmait que la neige était noire; son paradoxe eût été quelque peu allégé si les neiges de Mars, toutes les fois que l'on put les apercevoir distinctement, avaient été rouges; mais elles sont blanches aussi. « La couleur des taches polaires, disent Beer et Madler, deux astronomes dont la vie a été vouée à l'étude de Mars et de la Lune, est toujours d'un blanc brillant et pur, en aucune façon semblable à la couleur des autres parties de la planète. En 1837, il arriva une fois que Mars fut, pendant l'observation, complétement obscurci par un nuage, à l'exception de la tache polaire qui se montrait distinctement à la vue. »

De plus, l'eau de Mars est-elle la même que l'eau de la Terre? Le P. Kircher se demandait si celle de Vénus serait bonne pour baptiser, et n'en doutait pas. Nous nous demandons s'il y a là les mêmes éléments chimiques qu'ici, et nous en doutons. Que les taches polaires de Mars soient des amas de glace et de neige; c'est ce qui semble démontré par l'observation, puisque les changements qu'elles subissent annuellement sont occasionnés comme chez nous par le mouvement apparent du Soleil. Ce fait a été constaté dans ses phénomènes généraux et dans ses phénomènes partiels. Quand une tache offre une plus grande étendue, c'est après un long hiver du pôle auquel elle appartient; quand la même tache se montre très-petite, c'est après un été qui l'a fondue et successivement resserrée. Mais il ne faudrait pas en conclure de là que le nom de neige signifie autre chose qu'une apparence, et l'on ne saurait s'appuyer sur aucune raison plausible pour y voir identiquement la substance que nous connaissons sous le nom de neige, c'est-à-dire l'eau (chimiquement, un équivalent d'hydrogène et un d'oxygène : HO) congelée en petites aiguilles. Il est, au contraire, très-probable, pour ne pas dire certain, que les éléments constitutifs du globe de Mars étant tout différents de ceux dont la Terre est formée, et leurs combinaisons chimiques ayant été dès l'origine soumises à des influences tout autres que celles qui présidèrent sur notre globe, il ne peut exister qu'une analogie lointaine entre la nature de ce globe et le nôtre, et non une identité de matières.

Éloignée du Soleil à une distance moyenne de 57 millions de lieues, et enveloppant l'orbite de la Terre dans celle qu'elle décrit autour de l'astre central, il y a certaines époques où ces deux planètes sont très-rapprochées : c'est lorsqu'elles sont toutes deux d'un même côté de leur cours relativement au Soleil. Quelquefois elles ne sont plus qu'à 14 millions de lieues de distance l'une de l'autre. C'est ce qui fait que Mars est, après la Lune, le monde le mieux connu de nous, et que Képler a pu écrire ces paroles : « C'est de la connaissance de Mars que nous viendra l'astronomie, et c'est de l'étude de cette planète que sortiront les progrès futurs de notre science. »

On appelle *conjonction* de deux planètes le point de leurs orbites où elles se trouvent ainsi d'un même côté du Soleil, et sont le plus près possible l'une de l'autre ; on donne le nom d'*opposition* au point opposé de leurs courses, celui où elles se trouvent chacune de côté et d'autre du Soleil. Ces positions ont jadis beaucoup exercé la sagacité des tireurs d'horoscopes, et Dieu sait combien de destinées ont reçu de prétendues prédictions, selon que le dieu de la guerre se trouvait en conjonction dans tel ou tel signe du Zodiaque. La conjonction dans le Taureau n'était pas du tout la même que celle qui arrivait dans la Vierge, et lorsque par hasard elle avait le malheur d'arriver dans le Capricorne, les plus habiles se perdaient en inductions sur la mauvaise fortune présagée au nouveau-né. Les planètes inférieures, Vénus et Mercure, dont l'orbite est renfermée dans celle de la Terre, n'ont pas d'opposition, mais elles ont deux conjonctions : l'une supérieure, quand la planète se trouve au delà du Soleil et sur une même ligne droite ; l'autre inférieure, quand elle est placée entre le Soleil et la Terre. Les planètes extérieures, celles qui renferment l'orbite terrestre et dont Mars est la première, n'ont que la conjonction supérieure.

Au delà de la planète Mars, à 40 millions de lieues environ entre l'orbite de cette planète et celle de Jupiter, on rencontre le groupe de petites planètes dont nous avons déjà parlé. Ce sont de tout petits mondes, si même ils méritent ce nom, qui n'ont guère que l'étendue d'une province ou même d'un département. Ils gravitent dans cette zone en nombre considérable, car il peut en exister plusieurs milliers. Déjà 83 ont été découverts : le premier en 1801, le dernier cette année (1865)[1]. Peut-être sont-ils les débris d'un monde plus gros, brisé par quelque catastrophe ; peut-être ont-ils été formés dans cette région de l'espace à l'état fragmentaire dans lequel nous les voyons aujourd'hui. C'est ce qui n'est pas même décidé, attendu que, sur l'origine des choses, la science d'aujourd'hui, comme celle du temps de Virgile, ne peut encore se prononcer :

Felix qui potuit rerum cognoscere causas.

Ignorant le titre de noblesse originaire de ces astéroïdes et le sort qui les attend, traversons leur colonie et abordons au delà le plus magnifique des mondes de notre système.

[1] Les astéroïdes connus sont, en décembre 1866, au nombre de 91. (Note de la 2e édition.)

En mai 1869, ils sont au nombre de 108. Dans la seule année 1868, on en a découvert douze nouveaux. (Note de la 3e édition.)

En juin 1872, ils sont au nombre de 120. (Note de la 4e édition.)

En décembre 1874, ils sont au nombre de 138. (Note de la 5e édition.)

VII

JUPITER

> Oh! disait-elle, pourquoi mon destin ne m'a-t-il pas fait naître esprit de cette belle étoile, habitant sa sphère brillante, pure et isolée comme les anges, sans autre emploi que de prier et de briller, et d'allumer mon encensoir au soleil !
>
> THOMAS MOORE. *Amours des Anges.*

Le monde de Jupiter est le plus volumineux de tous les globes de notre système : il n'est qu'un millier de fois plus petit que le Soleil, et vaut à lui seul quatorze cents globes terrestres. Aussi, quoiqu'il roule dans une circonférence éloignée de presque 200 millions de lieues, et qu'il reçoive une lumière bien plus faible que celle reçue par la Terre, sa grosseur se manifeste par l'éclat dont il brille durant nos nuits étoilées, éclat égal et souvent même supérieur à celui dont Vénus étincelle. Jupiter compte donc parmi les premières beautés du ciel. Comme il est toujours sur le Zodiaque, et que le soir, Vénus, quand elle est visible, est toujours à l'occident, il est facile à reconnaître. Toutes les fois qu'à une époque quelconque de l'année, vous voyez une étoile très-brillante cheminer soit à l'est, soit au-dessus de vos têtes, à travers les constellations zodiacales, vous pouvez être assurés que c'est Jupiter.

Ce monde est ravissant, autant du moins qu'on en peut juger de loin et sans y être allé. D'abord un printemps perpétuel rayonne à sa surface. S'il est orné de fleurs, ce

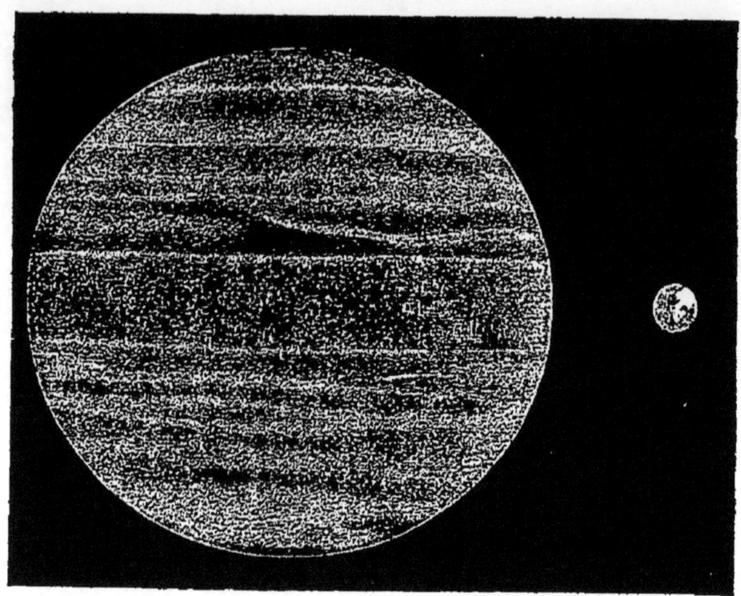

Fig. 46. — Jupiter et la Terre.

dont nous ne doutons pas, sauf à savoir en quoi consistent ces fleurs, elles ne vivent pas seulement « l'espace d'un matin, » comme nos roses, mais vivent infiniment plus longtemps. A peine les plus âgées commencent-elles à avoir quelques rides et à pâlir, qu'elles sont remplacées par de charmants boutons, s'épanouissant avant que les premières soient fanées. Non-seulement chaque année de la planète jovienne en vaut *douze* des nôtres, mais encore on ne sait presque pas quand commence et quand finit la période annuelle. Pas d'hivers, pas d'étés, toujours le printemps.

Ensuite, le monde de Jupiter offre une surface 126 fois plus étendue que la surface terrestre. Je parle de la *surface* et non du volume. Or cent vingt-six terres placées les unes à côté des autres, et sur lesquelles le genre humain pourrait se répandre à plaisir, constituent un fort beau pays, n'est-ce pas? On ne doit donc pas douter qu'un pareil empire n'ait été fait pour servir de demeure à une famille humaine, vénérable et digne de tous nos respects. C'est ainsi que nous raisonnons à propos de Jupiter, parce que nous avons eu les moyens nécessaires pour le mesurer et l'apprécier à sa juste valeur[1]. Mais il est utile d'ajouter quelque chose pour compléter la comparaison entre ce monde et le nôtre.

De ce que nous trouvons, par l'observation de la planète jovienne, d'excellentes raisons de croire que ses habitants sont très-favorisés, il ne s'ensuit pas que lesdits habitants fassent des réflexions analogues à notre égard. Une bonne raison s'oppose à ce qu'ils s'occupent de nous : c'est qu'ils ne se doutent pas même de notre existence. Et, en effet, si jamais, dans un avenir plus ou moins éloigné, il vous arrivait d'habiter Jupiter, vous auriez grand'peine à trouver votre ancienne patrie. Il faudrait pour cela vous lever un peu avant le soleil (et notez qu'il n'y a que cinq heures du coucher au lever de cet astre sur Jupiter) et chercher à l'orient, cinq ou six minutes avant, une toute petite étoile blanche. Avec des yeux assez fins, vous arriveriez peut-être à l'apercevoir. Dans ce cas, vous sauriez que notre terre est au monde. Aussi bien pourriez-vous faire la même recherche, six mois plus tard, à l'occident, quelques mo-

[1] Voy. notre ouvrage *les Mondes imaginaires et les Mondes réels*, 12e édition, p. 57.

ments après le coucher de l'astre-roi. Telle est la condition dans laquelle se trouvent les habitants de Jupiter à notre égard. Pendant la nuit, on ne voit jamais la Terre de là, tandis que c'est précisément au milieu des nuits sereines que nous pouvons d'ici observer le mieux cette magnifique planète. Aussi, ces êtres inconnus, qui se doutent probablement si peu de l'existence de notre monde, se doutent-ils encore moins de la nôtre. Quant à ceux des planètes qui vont suivre : Saturne, Uranus, Neptune,... ils ne s'en doutent plus du tout.

Un écrivain d'outre-Manche, James Wils, a chanté le monde de Jupiter en termes qui méritent d'être offerts à nos lecteurs. Il parle, dans ce chant, de la beauté de cet astre, de la découverte de ses quatre lunes ou satellites par Galilée, et de l'espérance fondée que nous avons de croire ce monde peuplé d'êtres pensants, aussi bien que les autres planètes.

« Voyez dans les hauteurs du ciel cette planète argentée : c'est l'orbe de Jupiter. Mille terres réunies n'égaleraient pas ce grand monde, qui roule autour de notre commun Soleil, dans le même système, lié dans le même réseau. Quoique l'espace qui nous en sépare paraisse immense, quoique ce globe soit trop éloigné pour que le regard curieux des mortels puisse en distinguer les forêts ou les campagnes éclairées, et pour que l'oreille humaine puisse saisir le bruit de sa vie prodigieuse ; quoiqu'il soit, dans sa clarté silencieuse, au-dessus des atteintes de la haine ou de l'amour de notre monde ; que son astre radieux n'attire pas l'œil d'un conquérant, et que ses vastes et riches royaumes soient réduits par la distance à ce point qui brille sur nos têtes : pourtant la Terre, sa sœur, n'ose pas dire qu'il est mort.

« Oh ! quelle vision transporta le noble Toscan dans sa tour solitaire, à l'heure où il ouvrit à la pensée de la Terre une ère plus glorieuse que la fondation du plus puissant empire! lorsque le brillant mystère révéla à son verre, dans les profondeurs de la nuit, une lumière surnaturelle, rivage de l'espace, continent du ciel, plus beau que celui qui s'offrit au navire traversant les ondes dans son voyage téméraire aux rives de l'Atlantique! Quelle merveille solennelle fit tressaillir son cœur lorsque le magnifique système s'éleva devant lui, monde accompli, enveloppé d'orbes de moindre lumière, pour accompagner son cours et illuminer ses nuits!

« Expliquez pourquoi ces brillants compagnons attendent l'heure du sommeil où ils garderont leurs veilles silencieuses, pourquoi cette planète roule sur son axe tournant, pourquoi elle penche alternativement ses pôles vers le soleil. Dites dans quel but cette vaste étendue fut préparée pour la vie, avec ses saisons qui suivent le cours de l'année, et la lumière de ses lunes, mesurée pour une nuit plus spacieuse ou pour la compensation d'un soleil moins brillant... A quoi bon ces variétés de nuits et de jours si nul regard ne s'éveillait pour saluer le jour naissant; si les saisons inutilement constantes n'apportaient aucune jouissance, aucun fruit, aucune chose vivante, si Celui qui gouverne ce bas monde, connu, obéi et adoré des intelligences qui l'habitent, n'était ni connu, ni obéi, ni adoré par aucun être, et ne régnait que sur une immense et stérile solitude!

« Le Soleil, qui illumine les vallons et les gais pâturages de notre terre, verse là sur des champs plus vastes les mêmes rayons joyeux. Notre aurore les éclaire, et la main qui a formé ce monde est la même qui a versé sur la terre les rayonnements de la vie souveraine. Pourrait-il se faire que tout cela soit stérile et mort, que mille royaumes enveloppés d'un jour glorieux soient étendus pour briller de loin dans l'obscurité sur notre nuit et dorer notre ciel d'une lumière ineffective? Monde absorbant sans fruit les rayons solaires, campagne dénudée, orbe triste et stérile qui ne donnerait ni verts pâturages ni souffle vital, — vaste et silencieux domaine de la mort ! »

Non, Jupiter est une terre, une terre splendide, auprès de laquelle la nôtre n'est vraiment qu'une lune. Le dessin reproduit plus haut, d'après l'observation télescopique, permet en même temps de juger la différence des deux planètes.

S'il nous était donné d'observer ce monde de près et de nous accoutumer à sa nature, de vivre quelque temps au milieu de son cortége et d'apprécier toute son importance, nous trouverions notre globe bien modeste en sortant d'un tel séjour. Nous serions comme ces bons villageois qui viennent une fois dans leur vie voir Paris, et qui, s'ils ont le malheur d'y rester un mois seulement, ne savent plus que penser de leur village : il reste éclipsé par le seul souvenir des splendeurs entrevues.

Étoile qui descends sur la verte colline,
Triste larme d'argent du manteau de la nuit,
Toi que regarde au loin le pâtre qui chemine,
Tandis que pas à pas son long troupeau le suit,
Étoile ! où t'en vas-tu dans cette nuit immense?
Cherches-tu sur la rive un lit dans les roseaux?
Où t'en vas-tu, si belle à l'heure du silence,
Tomber comme une perle au sein profond des eaux ?
Ah ! si tu dois mourir, bel astre, et si ta tête
Va dans la vaste mer plonger tes blonds cheveux,
Avant de nous quitter, un seul instant arrête :
Étoile de l'amour, ne descends pas des cieux !

A. DE MUSSET.

VIII

SATURNE

> . . . . Seul dans notre système,
> Il marche le front ceint d'un double diadème.
> Quels tableaux variés doivent offrir aux yeux
> Ces deux écharpes d'or flottantes dans les cieux !
> Oui, Saturne, à bon droit, en contemplant sa masse,
> Ce soleil qui pour lui n'est qu'un point dans l'espace,
> Ses gardes, sa couronne et leurs orbes divers,
> Peut se croire le roi, centre de l'univers.
>
> DARU.

S'il vous arrivait un jour de faire un petit voyage à la planète Saturne, qui n'est guère qu'à 330 millions de lieues d'ici, vous éprouveriez à son approche un étonnement indicible, dont n'approche certainement aucun des sentiments de surprise que vous avez pu éprouver sur la Terre. Imaginez-vous un globe immense, non pas seulement de la grandeur de la Terre, mais aussi volumineux que 734 Terres entassées. Il tourbillonne sur lui-même avec une telle rapidité, que, malgré sa grosseur, il achève son mouvement de rotation diurne en dix heures environ. Autour de lui, au-dessus de son équateur et à 8,000 lieues de distance, un immense anneau, plat et relativement très-mince, l'environne de toutes parts. Cet anneau est suivi d'un second qui l'entoure, et celui-ci d'un troisième encore. Or ce système d'anneaux multiples n'a que quelques dizaines de lieues d'épaisseur, tandis qu'il mesure 12,000 lieues de largeur. Ils ne planent pas immobiles, mais sont emportés par un mouvement circulaire

Fig. 47. — Saturne et ses satellites.

autour de la planète, mouvement d'une rapidité supérieure encore à la précédente. Là ne se borne pas le domaine du monde saturnien. Au delà de l'anneau, on voit *huit lunes* circuler dans le ciel autour de l'étrange système ; le plus rapproché de ces satellites est séparé de l'anneau extérieur par une distance de 12,000 lieues, le dernier suit une orbite éloignée du centre de la planète de 922,000 lieues. Saturne donc commande un monde qui ne mesure pas moins de 1,844,000 lieues de diamètre, c'est-à-dire près de 6,000,000 lieues de circonférence.

Voilà un monde à côté duquel la Terre fait bien modeste figure, et Micromégas était bien pardonnable de prendre la Terre pour une taupinière du ciel, lorsqu'en sortant de Saturne il vint à passer près de notre petit globe. Ses années sont trente fois plus longues que les nôtres; ses saisons durent chacune sept ans et quatre mois; une diversité sensiblement égale à celle qui distingue les nôtres les diversifie : un printemps régénérateur succède à la rigueur des hivers; l'été et l'automne y versent leurs fruits réciproques,

Mais le phénomène qui attire le plus l'attention sur ce monde, c'est cet anneau gigantesque qui l'enveloppe de toutes parts. On fut longtemps sans pouvoir se rendre compte de la nature de cet appendice unique dans tout le système planétaire.

Galilée, qui, le premier, vit de chaque côté de Saturne quelque chose de brillant dont il ne put distinguer la forme, fut grandement émerveillé d'un pareil aspect. Il l'annonça d'abord sous un anagramme, dans lequel Kepler lui-même n'a rien pu reconnaître, et, comme il l'avait fait pour Vénus, en cachant sa découverte il se donna le temps de la mener à bonne fin. Il la nomma *tri-corps*, en attendant mieux. « Lorsque j'observe Saturne, écrivait-il plus tard à l'ambassadeur du grand duc de Toscane, l'étoile centrale paraît la plus grande; deux autres, situées l'une à l'orient, l'autre à l'occident, et sur une ligne qui ne coïncide pas avec la direction du zodiaque, semblent la toucher. Ce sont comme *deux serviteurs qui aident le vieux Saturne à faire son chemin* et restent toujours à ses côtés. Avec une lunette de moindre grossissement, l'étoile paraît allongée et de la forme d'une olive. »

Le laborieux astronome eut beau chercher, il ne fut pas favorisé dans ses recherches comme il l'avait été dans les précédentes. A l'époque où les anneaux de Saturne se présentent à nous par leur tranche, ils disparaissent à cause de leur minceur. Galilée, se trouvant une certaine nuit dans l'impossibilité absolue de rien distinguer de chaque côté de la planète, là où, quelques semaines aupara-

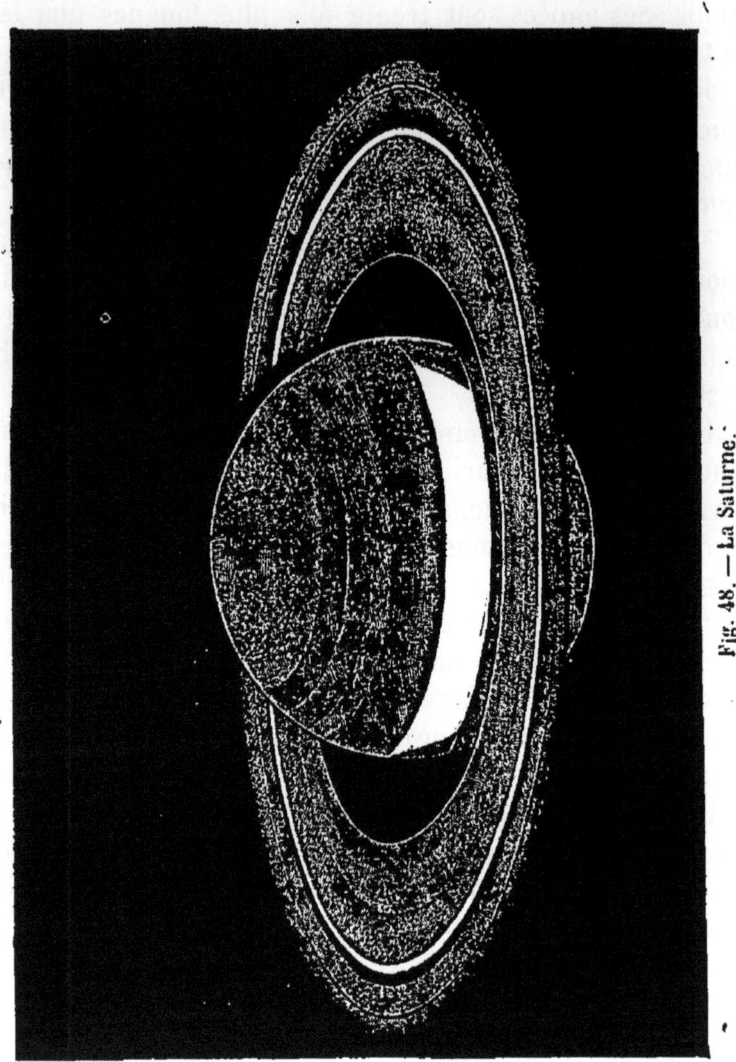

Fig. 48. — La Saturne.

vant, il avait encore observé les deux objets lumineux, fut complétement désespéré; il en vint jusqu'à croire que ses verres de lunettes l'avaient trompé. Tombé dans un profond découragement, il ne s'occupa plus de Saturne, et mourut sans savoir que l'anneau existait. Plus tard, Hévélius déclara de même qu'on y perdait son latin, et ce n'est qu'en 1659 que Huygens, le véritable auteur de la découverte de l'anneau, en fit la première description et la première explication.

Pour les contemporains de Galilée, Saturne était *une boule avec deux anses*, ou encore, *un chapeau de cardinal*; plus tard, on l'assimila à *une savonnette au milieu d'un plat à barbe*. Au milieu du dix-huitième siècle, Maupertuis conjectura que l'anneau n'était qu'une queue de comète enroulée comme un turban autour du globe saturnien. Vers la fin du même siècle, Du Séjour écrivit son *Essai sur les phénomènes relatifs aux disparitions périodiques de l'anneau de Saturne*, dans lequel il trouva théoriquement la durée de la rotation de l'anneau; il offrit son ouvrage à Voltaire avec la dédicace gracieuse que voici :

« Monsieur, recevez, je vous prie, l'histoire d'un vieillard respectable, dont on s'occupera sur la terre tant que le savoir sera en honneur parmi les hommes; son front est orné d'une couronne immortelle; il nous éclaire et nous offre un des phénomènes les plus singuliers de la nature. Ce vieillard est Saturne, je m'empresse de le nommer de peur qu'on n'en désigne un autre dont votre modestie vous empêcherait de reconnaître le portrait. Puisse cette *analogie* mériter à mon ouvrage un accueil favorable de votre part! »

Sans la dernière remarque, Voltaire lui-même, et plutôt que personne, eût pu croire, en effet, que Saturne était fort étranger à la dédicace. A cette époque, le monde de Saturne comptait déjà, outre ses anneaux, cinq satellites circulant autour lui. Depuis, on en a ajouté trois autres, et le cortége se compose de huit membres. Voici l'ordre de leurs distances à la planète, les noms qui les distinguent, les auteurs et la date des découvertes :

1. Mimas	Herschel	1789
2. Encelade	Herschel	1789
3. Thétis	Cassini.	1684
4. Dioné.	Cassini.	1684
5. Rhéa	Cassini.	1672
6. Titan	Huygens..	1655
7. Hypérion	Bond et Lassell. . . .	1848
8. Japhet.	Cassini.	1671

Vus de la Terre, les anneaux de Saturne présentent des aspects très-variés : tantôt ils apparaissent comme un large ovale lumineux qui enveloppe presque toute la planète; tantôt se rétrécissant peu à peu, ils ne laissent voir qu'un sillon lumineux débordant le disque, ou même disparaissant tout à fait. Il est aisé de se rendre compte de cette variété d'apparences.

Dans son mouvement autour du Soleil, l'axe de Saturne reste parallèle à lui-même. Il en est donc de même de ses anneaux, et, comme leur inclinaison sur le plan de l'orbite est loin d'être nulle, il en résulte que le Soleil éclaire tantôt l'une des faces du système, tantôt l'autre. En même temps l'obliquité des anneaux, par rapport à nous, varie d'une époque à une autre.

Que résulte-t-il pour la Terre de ces positions diverses? Évidemment que les anneaux, par des effets de perspective, dont la figure suivante peut rendre aisément compte, apparaissent tantôt plus, tantôt moins ouverts; pendant une moitié de l'année de la planète, la partie intérieure de l'appendice se projette sur l'hémisphère nord; pendant l'autre moitié, la courbure est en sens inverse et nous voyons le bord recouvrir une partie de l'hémisphère sud. Enfin, à deux époques (équinoxes de Saturne), l'anneau n'étant plus éclairé que par la tranche, disparaît à peu près entièrement. Les instruments les plus puissants montrent alors une légère ligne lumineuse dans le prolongement de l'équateur de Saturne, et sur le disque une ligne obscure.

Au moment où je corrigeais les épreuves de la troisième édition des *Merveilles célestes* (été de 1869), j'observai Saturne au télescope, et je remarquai que ses an-

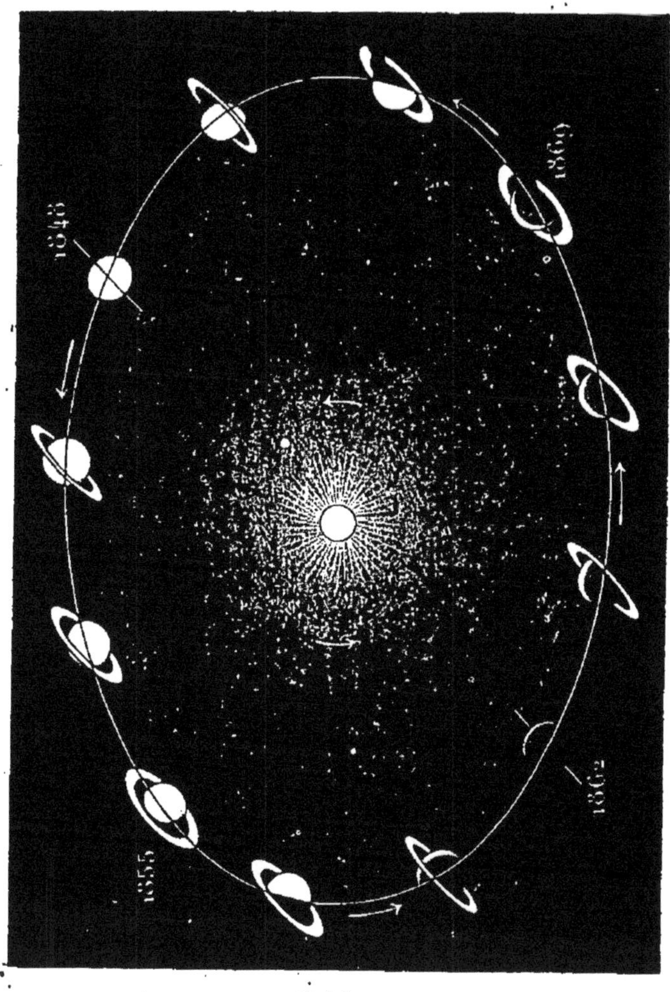

Fig. 49. — Variations des anneaux de Saturne.

neaux se présentaient précisément dans leur position la plus ouverte, comme on le voit dans cette figure. A partir de 1869, ils se sont présentés plus obliquement, et vont en se refermant jusqu'en 1877, où ils offriront à peu près le même aspect qu'en 1848.

Saturne n'a pas été favorisé des anciens poëtes, qui ne se doutaient en aucune façon de sa grandeur et de sa richesse. Situé à la dernière limite du système planétaire, et en marquant la frontière jusqu'à l'époque de la découverte d'Uranus, il passait pour le plus froid et pour le plus lent de tous les astres. C'était le dieu du temps, détrôné et relégué dans une sorte d'exil. Malheur à ceux qui naissaient sous son influence! Si au moment de la naissance il se trouvait dans le signe zodiacal du mois, les nouveau-nés n'avaient plus qu'à demander à rentrer dans le néant. Pendant mille ans un nombre considérable d'hommes sérieux ajoutèrent foi pleine et entière aux tireurs d'horoscopes, abusés eux-mêmes dans l'ignorance et souvent de bonne foi. Ces idées, heureusement évanouies à la lumière des sciences, sont trop curieuses pour que je ne vous en donne pas un petit spécimen.

Écoutez, par exemple, un astrologue[1] qui écrivait en 1575 les facéties suivantes : « Saturne est au septième ciel. Il fait les gens rustiques; signifie les païsans, manœuvriers et mercenaires; fait les gens maigres, solitaires et resveurs, qui en se promenant regardent la terre; il signifie aussi les vieillards courbez, les juifs et les mendiants, les servans, faitnéantz, gens méchaniques et de basse condition, et fait la cherté, la glace et l'épidémie : bref, il n'a aucune clarté, sinon celle que les autres lui départent. » Voilà pour les conditions; mais ceci n'est rien à côté de l'influence de cette malheureuse planète sur les maladies.

« Saturne, dit la Martinière, est une planète pesante, diurne, sèche, nocturnale et malveillante, à qui l'on attribue les fièvres longues, quartes et quotidiennes, les incommodités de la langue, des bras et de la vessie, la paralysie universelle, les gouttes, les tubes, les abcès,

[1] La Taille de Boudaroy, *Géomancie abrégée.*

apostumes, obstructions de foye et de la rate, la jaunisse noire, les cancers, polipes, les maladies des intestins, comme sont les coliques venteuses, pituiteuses, les hémoroïdes douloureuses, les hernies, les varices, cors aux pieds, crachement de sang pulmonin, appétit canin, difficulté de respirer, sourdites, pierres tant aux reins qu'à la vessie, l'épilepsie, alopécie, opiasie, cachexie, hydropysie, mélancolie, lèpres, et autres maladies provenant des humeurs sales et pourries... (je ne veux pas tout citer). Ceux qui sont nés sous sa saison sont mélancholiques et pituiteux. »

Le bon Saturne ne se doute guère d'avoir causé de pareilles infortunes aux habitants de la Terre. Espérons, pour notre réputation là-bas, que les astrologues de Saturne n'auront pas usé de représailles, car alors de quels maléfices ne nous accuserait-on pas ? Mais nous avons une bonne raison de croire que nous ne sommes pas mal vus des Saturniens ; cette raison (qui ne nous fait pas grand honneur du reste), c'est que de Saturne on ne voit pas la Terre, parce que notre globe est trop petit et qu'il est caché dans le Soleil.

D'après un auteur plus singulier encore, on peut faire venir le... diable chez soi, en l'appelant un samedi, le jour du sabbat, consacré à Saturne, par une formule cabalistique extrêmement longue et extrêmement difficile à prononcer, et en offrant à Saturne un parfum composé par la préparation suivante : « Mélangez de la graine de pavot, de la graine de jusquiane, de racine de mandragore, de poudre d'aimant et de bonne myrrhe ; pulvérisez toutes ces drogues, et les incorporez avec du sang de chauve-souris et de la cervelle de chat noir, etc. » Je ne veux pas tout dire, je craindrais que vous n'essayassiez la recette.

Chaque planète influait sur la destinée des hommes

selon la date de leur naissance. Ainsi dans le premier signe du Zodiaque, « Jupiter faisait les évêques, les prélats, les nobles, les puissants, les juges, les philosophes, les sages, les marchands, les banquiers. Mars signifiait les guerriers, les boute-feu, les meurtriers, les médecins, les barbiers, les bouchers, les orfèvres, les cuisiniers, les boulangers et tous les métiers qui se font par le feu. Vénus faisait les reines et les belles dames, les apothicaires (comme cela se suit bien !), les tailleurs d'habits, les faiseurs de joyaux et d'ornements, les marchands de draps, les joueurs, ceux qui hantent les cabarets, ceux qui jouent aux dés, les libertins et les brigands. Mercure les clercs, les philosophes, les astrologues, les géomètres, les arithméticiens, les auteurs latins, les peintres, les ouvriers ingénieux et subtils, tant hommes que femmes, et leurs arts. »

Mars peut être comparé à Saturne pour la mauvaise réputation que lui ont faite les astrologues; la phrase suivante suffit pour édifier à son égard : « Les gens auxquels Mars préside sont aspres et rudes, invincibles, et qui par nulles raisons ne se peuvent gaigner, entiers, noiseux, téméraires, hasardeux, violents, et qui ont accoustumé de tromper le public; gourmans, digérants aisément beaucoup de viandes, forts, robustes, impérieux, avec yeux sanglants, cheveux rouges, n'ayant guères bonne affection envers leurs amis, exerçants les arts de feu et de fer ardent : bref, il fait ordinairement les hommes furieux, ricteux, paillards, suffisques et colériques. »

Quant à Vénus, nul astre n'eut jamais une influence plus favorable que la sienne ; il est inutile de dire en quoi consistait principalement son action; mais il paraît que ceux auxquels elle présidait étaient de fort heureux mortels.

Ces idées bizarres et erronées sur une prétendue influence des planètes, et toutes celles qui constituent le vaste domaine astrologique, avaient pour cause la superstition de l'homme, qui est toujours entraîné vers le merveilleux, et son orgueil qui lui représentait l'univers comme formé tout exprès pour lui[1]. Tant que régna l'ancien système du monde, fondé sur les apparences, l'homme fut en proie à cette erreur malsaine. Le flambeau de la vraie science, de la science fondée sur l'observation raisonnée et sur le calcul, était seul capable d'apporter quelque lumière au sein de ces ténèbres, et de les dissiper à mesure que l'homme s'élèverait davantage dans la connaissance véritable. Ce sera le plus grand titre de gloire pour les siècles qui viennent de briller, d'avoir délivré l'esprit humain de ces illusions et d'en avoir à jamais triomphé. Souvent, à ces époques où la vie de l'homme était si facilement sacrifiée, astrologues, alchimistes, sorciers, furent brûlés vifs, pendus, roués, décapités, écartelés ou suppliciés par de longues tortures, pour avoir fait une prédiction mal reçue. Je pourrais aligner ici quelques centaines de sorcières brûlées pour de prétendus maléfices ou pour des profanations qui avaient bien plutôt pour cause leur crédulité que leur méchanceté, d'astrologues pendus ou noyés selon le bon plaisir des princes, de chercheurs de pierre philosophale exécutés pour avoir fait pacte avec le diable; mais ce n'est pas ici le lieu, et en parlant d'astrologie au chapitre de Saturne, j'ai seulement voulu profiter de la circonstance pour montrer une fois de plus quelles actions de grâce on doit à la science, et dans quelle profondeur on pourrait craindre que l'homme ne tombât un jour, si jamais le flambeau des sciences venait à s'éteindre.

Le monde de Saturne mérite mieux de notre part. Non-seulement nous faisons main basse sur les influences sinistres dont il se trouvait l'innocent auteur, mais encore nous admirons en lui un magnifique séjour de vie, au sein

[1] Voy. notre ouvrage *les Mondes imaginaires et les Mondes réels.*

duquel les forces de la nature agissent sous des aspects qui nous restent inconnus. Au milieu de ses anneaux splendides et de son riche système de huit mondes secondaires, il trône pacifiquement dans les cieux, et nous aimons à contempler sa vénérable figure, dans ces lointaines régions, comme le type d'une création avancée déjà dans cette ère de perfection à laquelle tous les êtres aspirent.

Cet inquiétant Saturne n'a pas toujours été cependant traité par les modernes avec plus d'égards que par les anciens; aurait-il donc à son tour une mauvaise étoile lui-même ? Quelques-uns le regardent encore d'un bien mauvais œil, — par exemple l'auteur des *Contemplations*, qui en fait le lieu de châtiment des âmes méchantes, tandis que les âmes heureuses s'élèvent de sphère en sphère :

. . . . . . Chacun ferait ce voyage des âmes
Pourvu qu'il ait souffert, pourvu qu'il ait pleuré.
Tous, hormis les méchants, dont les esprits infames
Sont comme un livre déchiré.

Ceux-là, Saturne, un globe horrible et solitaire,
Les prendra pour un temps où Dieu voudra punir,
Châtiés à la fois par le ciel et la terre,
Par l'aspiration et par le souvenir !

Saturne! sphère énorme! astre aux aspects funèbres!
Bagne du ciel, prison dont le soupirail luit!
Monde en proie à la brume, aux souffles, aux ténèbres,
Enfer fait d'hiver et de nuit !

Ce serait bien laid! Espérons qu'il y a dans ce tableau quelques réminiscences des opinions antiques sur Saturne, et que ce globe est moins affreux qu'il n'en a l'air aux yeux mal prévenus. Il ne manque pas de richesses, ce monde étrange! et s'il nous était donné de lui faire visite un jour, sans doute que nous le trouverions beaucoup plus beau que la Terre, et que nous formerions le vœu de recevoir désormais pour résidence ce royal et majestueux domaine.

Saturne gardait, aux yeux des anciens, la frontière de l'empire solaire dont les Sept composants ne pouvaient voir augmenter leur nombre. La science, téméraire et indépendante, qui se joue des opinions et des préjugés, a franchi cette barrière sans aucun scrupule, et voilà qu'elle découvrit de nouveaux mondes qui reculèrent plus de trois fois au delà de leur position antique les remparts de la cité solaire.

IX

URANUS

> Mais la philosophie, en sa veille assidue,
> De la création explore l'étendue :
> Œil sublime, elle prend son vol audacieux,
> Du système elle atteint la borne qui s'efface...
> Quel est au loin, là-bas, ce globe merveilleux,
> Ce nouveau monde errant qui sillonne l'espace?
> C'est Uranus; il suit son cours majestueux,
> Réfléchit du soleil la lumière émanée
> Et roule lentement sa languissante année.
>
> HÉLÉNA-MARIA WILLIAMS.

Le 13 mars 1781, entre dix et onze heures du soir, un ancien organiste d'Halifax, qui s'était fabriqué lui-même le meilleur télescope qu'il y eût alors au monde, observait les petites étoiles de la constellation des Gémeaux, avec un télescope de 2 mètres de long et un grossissement de 227 fois. Pendant son observation, il s'aperçoit que l'une des étoiles offre un diamètre inusité. Étonné et désireux de vérifier le fait, il prend un oculaire grossissant le double, et trouve que le diamètre de l'étoile augmente tandis que celui des autres étoiles reste le même. De plus en plus surpris, il va chercher son grossissement de 932 fois, dont la puissance était plus du quadruple de la première, et se remet à observer. L'étoile mystérieuse est encore plus grosse. Dès lors, il n'en doute plus : c'est là un astre nouveau, ce n'est pas une étoile. Il continue les jours suivants et remarque qu'elle se déplace lentement parmi les autres. Évidemment, il s'agit ici d'une découverte. C'est donc une *comète*. William Herschel, car c'était lui, la présente le 26 avril à la Société royale de Londres, par son mémoire intitulé *Account of a comet*; et le monde savant de tous les pays enregistre le nouvel astre cométaire et s'occupe de l'observer afin de déterminer sa courbe[1].

Le nom de l'astronome était alors si peu connu, qu'on le trouve écrit de toutes les façons : Mersthel, Herthel, Hermstel, Horochelle, etc. Cependant la découverte d'une comète nouvelle était un événement assez important pour qu'on se donnât la peine de la vérifier et d'étudier l'astre nouveau. Laplace, Méchain, Boscowich, Lexell, cherchèrent à déterminer la courbe le long de laquelle le déplacement s'opérait. On fut plusieurs mois sans se douter qu'il s'agissait là d'une véritable planète, et ce n'est qu'après avoir reconnu que toutes les orbites imaginées pour la prétendue comète se trouvaient bientôt contrariées par les observations, et qu'il y avait probablement une orbite circulaire, beaucoup plus éloignée du Soleil que Saturne, jusqu'alors frontière du système, que l'on arriva à consentir à la regarder comme planète. Encore ne fut-ce d'abord qu'un consentement provisoire.

Il était, en effet, plus difficile qu'on ne pense d'agrandir ainsi sans scrupule la famille du Soleil. Bien des raisons de convenance s'y opposaient. Les idées anciennes sont tyranniques. On était habitué depuis si longtemps à con-

[1] Si Herschel avait dirigé son télescope vers la constellation des Gémeaux onze jours plus tôt, dit Arago, le mouvement propre d'Uranus lui aurait échappé, car cette planète était le 2 dans un de ses points de station. On voit par cette remarque à quoi peuvent tenir les plus grandes découvertes astronomiques.

sidérer le vieux Saturne comme le gardien des frontières, qu'il fallait un grand effort pour se décider à reculer ces frontières et à les faire garder par un nouveau monde. Il en fut pour cela comme pour la découverte des petites planètes situées entre Mars et Jupiter. Lorsque, deux siècles avant cette découverte, Kepler avait imaginé, pour l'harmonie du monde, une grosse planète en cet intervalle, on lui avait opposé les considérations les plus frivoles, les plus dénuées de sens. On avait, par exemple, tenu des raisonnements comme celui-ci : « Il n'y a que sept ouvertures dans la tête, les deux yeux, les deux oreilles, les deux narines et la bouche ; il n'y a que sept métaux ; il n'y a que sept jours dans la semaine : donc il n'y a que sept planètes, » etc. Des considérations de ce genre et d'autres non moins imaginaires arrêtèrent souvent les progrès de l'astronomie.

Lorsque William Herschel, ayant assisté comme spectateur aux débats suscités par sa découverte, vint à croire que sa comète était une planète située aux confins de notre système, il réclama le droit qui lui appartenait incontestablement de baptiser le nouvel astre. Animé par un légitime motif de reconnaissance envers George III, qui avait apprécié sa valeur d'astronome et lui faisait une pension annuelle, il proposa d'abord le nom de *Georgium sidus*, l'astre de George ; comme Galilée avait nommé astres de Médicis les satellites de Jupiter, découverts par lui ; comme Horace avait dit : *Julium sidus*. D'autres proposèrent le nom de *Neptune*, afin de garder le caractère mythologique : Saturne se serait ainsi trouvé entre ses deux fils, Jupiter et Neptune. D'autres ajoutaient à Neptune le nom de George III ; d'autres encore proposèrent *Astrée*, considérant que la déesse de la justice s'était éloignée le plus possible de la Terre ; — *Cybèle*, mère des dieux ; — *Uranus*, le plus ancien de tous, auquel on devait réparation pour tant de siècles d'oubli.

Lalande proposa le nom d'*Herschel* pour immortaliser le nom de son auteur. Ces deux dernières dénominations prévalurent. Longtemps la planète porta le nom d'Herschel, mais l'usage s'est déclaré depuis pour l'appellation mythologique.

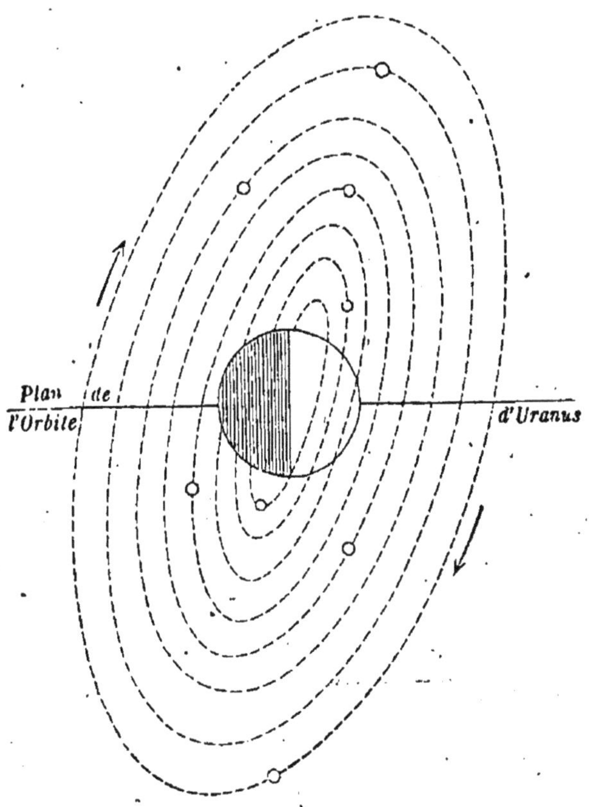

Fig. 50. — Orbites inclinées des satellites d'Uranus.

La découverte d'Uranus a porté le rayon du système solaire de 364 millions à 732 millions de lieues. Pour un pas, il en valait la peine. A côté des précédentes, cette planète n'est pas bien grosse, car elle n'est guère que 82 fois plus *volumineuse* que la Terre, 18 fois plus étendue en *surface*, et 4 fois 3 dixièmes plus large en *diamètre* (voy. la fig. 51). Ses saisons durent vingt et un ans, et ses années quatre-vingt-quatre ans et un quart. Elle voit circuler autour d'elle huit satellites, dont six ont été découverts par Herschel lui-même. Ce qu'il y a de curieux dans ces huit lunes, c'est qu'au lieu de tourner d'occident en orient comme toutes les lunes et toutes les planètes du système, elles marchent d'orient en occident, et de plus circulent sur une inclinaison singulièrement prononcée. Pourquoi? C'est ce que nul ne peut dire.

C'est ainsi qu'à l'époque où la société européenne ressentait les premiers malaises de la Révolution qui s'approchait, la science, aux pacifiques conquêtes, voyait s'augmenter sa gloire et visitait de nouveaux cieux.

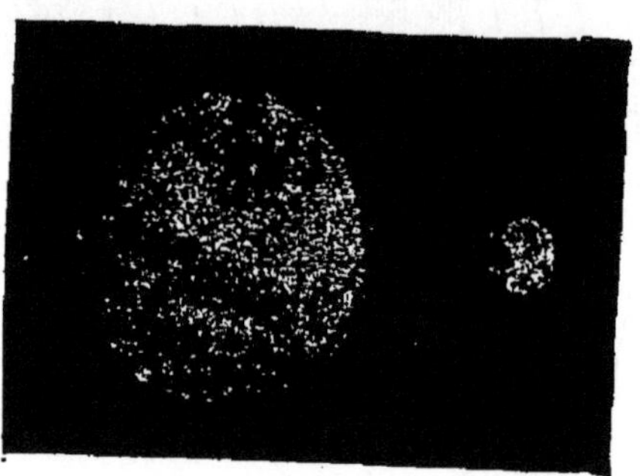

Fig. 51. — Uranus et la Terre

X

NEPTUNE

> D'ici la vue est profonde ;
> Elle flotte entre le monde
> Et les profondeurs du ciel.
>
> GŒTHE, *Faust*.

Le monde qui marque présentement les frontières du système est situé à une telle distance du Soleil, que la lumière et la chaleur qu'il en reçoit sont treize cents fois moindres que celles dont la Terre est enrichie, de telle sorte qu'entre le jour et la nuit de cette planète lointaine nous ne remarquerions pas grande différence, et que pour elle le disque solaire est presque réduit à l'exiguïté des étoiles. Il suit de là qu'à sa surface les étoiles du ciel restent visibles le jour comme la nuit, et que le Soleil n'est qu'une étoile plus brillante que les autres. De Neptune donc, l'œil situé entre le monde planétaire et le ciel étoilé, se trouve dans une région où il doit être beaucoup plus sensible et doué de propriétés particulières qui lui permettent de mieux apprécier le monde sidéral et son opulence.

C'est une distance de 1 milliard 147 millions de lieues qui sépare ce monde du Soleil. Jusqu'à l'époque de sa découverte, le système planétaire, déjà agrandi par l'adjonction d'Uranus, voyait ses frontières se fermer sur une orbite de 4 milliards de lieues de circonférence. Depuis sa découverte, ces frontières ont été reculées de près du double et ont été portées à 7 milliards. Est-ce à dire que ce soient là des limites infranchissables, et que l'ana-

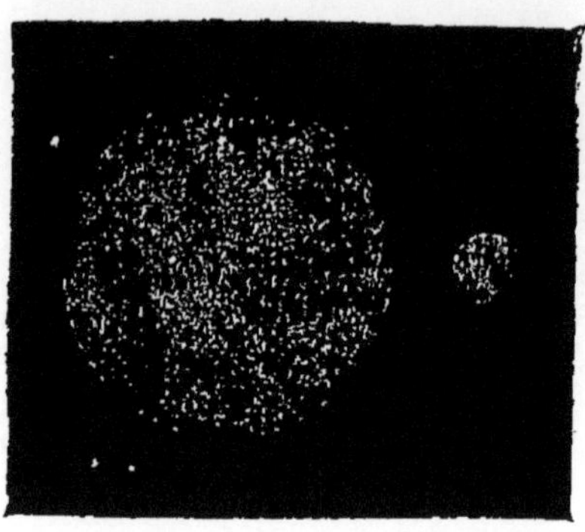

Fig. 52. — Neptune et la Terre.

lyse ne puisse un jour percer plus loin et ajouter de nouveaux membres à la famille toujours grandissante du Soleil? Non. Lorsque des observations, échelonnées sur une assez longue suite d'années et comparables entre elles, auront été faites, la loi universelle de la gravitation, par laquelle l'existence de cette planète fut connue avant d'avoir jamais été aperçue dans les champs du télescope, cette admirable loi démontrera l'existence de nouvelles planètes, s'il en existe d'autres, comme il est probable ; et les progrès de l'optique, suivant pour leur part les progrès de l'astronomie, permettront à la puissance visuelle encore amplifiée de découvrir cette lointaine planète qui sera sans doute de 16e ou 17e grandeur.

Représentez-vous un astre cent fois plus gros que la

Terre [4 fois 7 dixièmes plus large en *diamètre* (voy. la fig. 49), 22 fois plus étendu en *surface*], représentez-vous ce monde planétaire porté dans les déserts ténébreux du vide à cette distance de l'orbite neptunienne. Il vogue, isolé, dans l'obscurité de l'espace, suivant une courbe immense, purement idéale, et qui n'existe qu'en théorie dans le décret des lois éternelles. Il suit cette courbe, il marche en roulant sur lui-même, sans jamais dévier de son chemin... Pour terminer sa route démesurée et revenir à son point de départ, il lui faudra cent soixante-quatre ans... Il y reviendra et repassera par ce point mystérieux de l'espace planétaire où il passa près de deux siècles auparavant. Quelle est la puissance qui le meut? Quelle est la main qui conduit cet aveugle dans la nuit des régions lointaines et qui lui fait décrire cette courbe harmonieuse?

C'est l'attraction universelle.

Au lieu de suivre une ellipse régulière autour du Soleil, la planète Uranus subissait, de la part d'une cause inconnue, une perturbation qui retardait sa marche théorique et enflait vers un certain point sa courbe circulaire, comme si une cause attractive eût séduit le voyageur dans sa marche, et l'eût fait dévier de son chemin tracé. On calcula que, pour produire en cet endroit une attraction de telle intensité, il fallait qu'il y eût de ce côté du système, plus loin qu'Uranus, une planète de telle masse pour telle distance. Plusieurs mathématiciens, mais deux surtout, l'un français, l'autre anglais, s'occupaient en même temps de cette recherche. On trouva théoriquement la cause perturbatrice, et des observateurs dirigèrent leurs lunettes vers le ciel, à l'endroit indiqué par la théorie. On ne tarda pas à découvrir affectivement l'astre vers le point indiqué, et l'on put annoncer au monde la plus brillante confirmation de la gravitation universelle.

La distance de cette planète avait été théoriquement

basée sur une loi empirique bien connue, nommée la *loi de Bode*, mais qui fut émise pour la première fois par Titius. Cette loi, c'est celle-ci. A partir de 0 écrivez le nombre 3, et doublez successivement :

0 3 6 12 24 48 96 192 384.

Augmentez de quatre chacun de ces nombres :

4 7 10 16 28 52 100 196 388.

Or il arrive que ces chiffres représentent les distances successives des planètes au Soleil, même des petites planètes, qui n'étaient pas connues à l'époque où cette loi fut promulguée pour la première fois. L'orbite de Mercure est marquée par le nombre 4, celle de Vénus par 7, la Terre par 10, Mars par 16. Le chiffre 28 désigne l'orbite moyenne des astéroïdes. Jupiter est marqué par 52, Saturne par 100 et Uranus par 196. On paraissait donc avoir, par cet accord, un droit légitime de placer la nouvelle planète à la distance de 388. Or, la distance réelle de Neptune n'est que de 300; et c'est à cette régularité de la série à partir d'Uranus que l'on doit le désaccord qui existe en réalité entre les éléments de la prédiction théorique de Neptune et ceux donnés par son observation ultérieure.

C'est que cette formule n'est pas, comme celle de l'attraction, l'expression de la force intime qui gouverne les sphères. Après que Kepler eut reconnu les trois lois fondamentales que nous avons énoncées plus haut, Newton trouva le mode d'action de cette force universelle, à laquelle on doit la stabilité du monde : « Les corps s'attirent en raison directe des masses et en raison inverse du carré des distances. » Dans l'immensité des vastes cieux, les soleils gigantesques de l'espace obéissent à cette formule, et dans l'humilité des actions qui s'opèrent à la surface de la Terre, la fonction mécanique des petits êtres n'est pas soustraite à son empire. Elle est la loi de la création, soutenant la vie de l'édifice dans l'invisible comme dans l'immense. « L'attraction, disait l'auteur de *Paul et Virginie*, est une lyre harmonieuse qui résonne sous des doigts divins. »

Lorsqu'on a contemplé ces mouvements harmonieux des sphères sur leurs orbites, dans le système confié à la garde de notre Soleil, lorsqu'on a vu que ces lois formidables régissent les mouvements des systèmes stellaires avec la même souveraineté qu'elles dirigent ceux qui s'exécutent autour de nous, et lorsqu'à cette grandeur merveilleuse des lois de la nature on compare la faiblesse humaine et notre insignifiance au sein de cette création sublime, on admire avec sincérité le génie des hommes qui s'élevèrent à la notion de ces causes : il semble que leur puissance se répande sur les autres hommes, et l'on se sent plus fier d'appartenir à l'humanité.

Ils sont dignes de Newton ces beaux vers de Delille :

Pénétrez de Newton l'auguste sanctuaire ;
Loin d'un monde frivole et de son vain fracas,
De tous les vils mortels qui rampent ici-bas,
Dans cette vaste mer de feux étincelante
Devant qui notre esprit recule d'épouvante,
Newton plonge ; il poursuit, il atteint ces grands corps,
Qui, jusqu'à lui, sans lois, sans règle et sans accords,
Roulaient désordonnés sous les voûtes profondes.
De ce brillant chaos, Newton a fait des mondes.
Atlas de tous ces yeux qui reposent sur lui,
Il se fait l'un de l'autre et la règle et l'appui ;
Il fixe leurs grandeurs, leurs masses, leurs distances.
C'est en vain qu'égarée en ces déserts immenses,
La comète espérait échapper à ses yeux ;
Fixes ou vagabonds, il poursuit tous ses feux,
Qui suivent de leur cours l'incroyable vitesse.
Sans cesse s'attirant, se repoussant sans cesse,

Et par deux mouvements, mais par la même loi,
Roulent tous l'un sur l'autre, et chacun d'eux sur soi.
O pouvoir du génie et d'une âme divine !
Ce que Dieu seul a fait, Newton seul l'imagine;
Et chaque astre répète en proclamant leur nom :
Gloire au Dieu qui créa les mondes et Newton !

XI

LES COMÈTES

I

> Je viens vous annoncer une grande nouvelle :
> Nous l'avons, en dormant, madame, échappé belle,
> Un monde près de nous a passé tout du long,
> Est chu tout au travers de notre tourbillon ;
> Et s'il eût en chemin rencontré notre terre,
> Elle eût été brisée en morceaux comme verre.
>
> MOLIÈRE.

Ce propos de Trissotin à Philaminte, qui commence la parodie des craintes causées par l'apparition des comètes, n'eût pas été une parodie il y a quatre ou cinq siècles. Ces astres chevelus, qui venaient subitement flamboyer dans les cieux, furent longtemps regardés avec terreur comme autant de signes avant-coureurs de la colère divine. Les hommes se sont toujours cru beaucoup plus importants qu'ils ne le sont au point de vue de l'ordre universel ; ils ont eu la vanité de prétendre que la création tout entière était faite pour eux, tandis qu'en réalité la création tout entière ne se doute pas de leur existence. La Terre que nous habitons n'est qu'un des mondes les plus petits ; aussi n'est-ce point à son intention que furent créées toutes les merveilles du ciel ; l'immense majorité lui reste cachée. Dans cette disposition de l'homme à voir en soi le centre et le but de toutes choses, il lui était facile, en effet, de considérer la marche de la nature comme déployée en sa faveur, et si quelque phénomène insolite se présentait, nul doute que ce ne fût un avertissement du ciel! Si ces illusions n'avaient eu d'autres résultats que de rendre meilleure la société craintive, on pourrait regretter ces âges d'ignorance; mais, non-seulement ces prétendus avertissements étaient stériles, attendu qu'une fois le danger passé, l'homme revient tel qu'il était auparavant, mais encore elles entretenaient dans les familles humaines des terreurs chimériques et renouvelaient les résolutions funestes causées par la crainte de la fin du monde.

Lorsqu'on croit le monde près de finir, — et c'est ce que l'on a cru pendant plus de mille ans, — on n'est en aucune façon sollicité au travail de l'amélioration de ce monde, et, par l'indifférence ou le dédain où l'on tombe, on prépare les périodes de famine et de malaise général qui, à certaines époques, ont fondu sur notre société. A quoi serviraient les biens d'un monde qui va périr? A quoi bon travailler, s'instruire, s'élever dans le progrès des sciences ou des arts? Mieux vaut oublier le monde et s'absorber dans la contemplation stérile d'une vie inconnue. C'est ainsi que les périodes d'ignorance pèsent sur l'homme et l'enfoncent de plus en plus dans les ténèbres, et c'est ainsi que la science fait reconnaître par son influence sur la société entière sa puissante valeur et la grandeur de sa destinée.

L'*histoire d'une comète* serait un épisode instructif de la grande histoire du ciel[1]: on peut concentrer en elle la description du mouvement progressif de la pensée humaine, aussi bien que la théorie astronomique de ces astres extraordinaires. Prenons pour exemple l'une des

[1] Voy. cette histoire dans nos *Récits de l'Infini.*

comètes les plus mémorables et les mieux connues, et donnons en quelques traits l'esquisse de ses passages successifs près de la Terre.

Comme les mondes planétaires, les comètes appartiennent au système solaire et sont soumises à la domination de l'astre-roi. C'est la loi universelle de la gravitation qui régit leur marche, c'est l'attraction solaire qui les gouverne, aussi bien qu'elle gouverne le mouvement des planètes et des modestes satellites. La remarque essentielle à faire pour les distinguer des planètes, c'est que leurs orbites sont *très-allongées*, et qu'au lieu d'être à peu près circulaires comme celles des sphères célestes, elles revêtent la forme *elliptique;* par suite de la nature de ces orbites, la même comète peut s'approcher très-près du Soleil et s'en éloigner ensuite à d'effrayantes distances. Ainsi, la comète de 1680 (fig. 50), dont la période a été évaluée à 3000 ans, se rapproche du Soleil à 57,500 lieues seulement (environ 38,000 lieues de moins que la distance de la Lune à la Terre), tandis qu'elle s'en éloigne à une distance de 32 milliards 500 millions, c'est-à-dire à 853 fois la distance de la Terre au Soleil. Le 17 décembre 1680, elle se trouvait à son périhélie, à son plus grand rapprochement; elle continue maintenant sa marche dans les déserts extra-neptuniens. Sa vitesse varie suivant sa distance à l'astre solaire : à son périhélie, elle parcourt des milliers de lieues par minute ; à son aphélie, elle ne parcourt plus que quelques mètres. La proximité où elle se trouve du Soleil en son passage près de cet astre avait fait penser à Newton qu'elle recevait une chaleur 28,000 fois plus grande que celle que nous éprouvons au solstice d'été, et que cette chaleur étant 2000 fois plus grande que celle d'un fer rouge, un globe de fer de même dimension serait 50,000 ans à perdre entièrement sa chaleur. Newton ajoutait qu'en fin de compte les comètes finiraient par se rapprocher tellement du Soleil, qu'elles ne pourraient plus se soustraire à la prépondérance de son attraction, et qu'elles tomberaient les unes après les autres dans cet astre flamboyant, servant ainsi à l'alimentation de la chaleur qu'il verse perpétuellement dans l'espace. C'est cette fin déplorable assignée aux comètes par l'auteur du livre des *Principes*, qui a fait dire en riant à Rétif de la Bretonne : « Une puissante comète, déjà plus grosse que Jupiter, s'est encore augmentée dans sa route en s'amalgamant six autres comètes languissantes. Ainsi dérangée de sa route ordinaire par ces petits chocs, elle n'enfila pas juste son orbite elliptique, de sorte que cette infortunée vint se précipiter dans le centre dévorant du Soleil... On prétend, ajoutait-il que la pauvre comète, brûlée vive, poussait des cris épouvantables. »

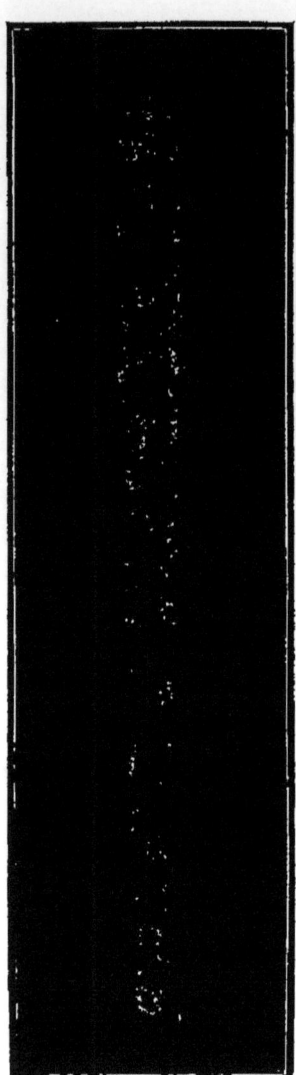

Fig. 55. — Comète de 1680.

Il sera donc intéressant, à double titre, de suivre une comète à ses différents passages en vue de la Terre. Prenons la plus importante dans l'histoire de l'astronomie, celle dont l'orbite fut calculée par l'astronome Edmond Halley et qui fut baptisée de son nom. C'est en 1682 qu'elle parut dans son grand éclat, accompagnée d'une queue qui ne mesurait pas moins de 13 à 14 millions de lieues. Par l'observation de la ligne qu'elle décrivait dans le ciel et du temps qu'elle employait à la décrire, cet astronome calcula son orbite, et reconnut que cette comète était la même que celle que l'on avait admirée en 1531 et en 1607, et qu'elle devait reparaître en 1759. Jamais prédiction scientifique n'excita un plus vif intérêt. La comète revint à l'époque assignée, et le 12 mars 1759 elle passa à son périhélie.

Depuis l'an 12 avant l'ère chrétienne, elle s'était déjà présentée vingt-quatre fois en vue de la Terre; c'est surtout par les annales astronomiques de la Chine que l'on a pu la suivre jusqu'à cette époque et constater en même temps qu'elle devait être chargée d'une bonne part des terreurs superstitieuses de l'humanité. Sa première apparition mémorable dans l'histoire de France est celle de 837, sous le règne de Louis Ier le Débonnaire. Un chroniqueur anonyme du temps, surnommé l'Astronome, a donné de cette apparition les détails suivants, relatifs à l'influence de la comète sur l'imagination impériale : « Au milieu des saints jours de la solennité de Pâques, un phénomène toujours funeste et d'un triste présage parut au ciel. Dès que l'empereur, très-attentif à de tels phénomènes, eut le premier aperçu celui-ci, il ne se donna plus aucun repos qu'il n'eût fait appeler devant lui un certain savant et moi-même. Dès que je fus en sa présence, il s'empressa de me demander ce que je pensai d'un tel signe. Et, comme je lui demandai du temps pour considérer l'aspect des étoiles, et rechercher par leur moyen la vérité, promettant de la lui faire connaître le lendemain, l'empereur, persuadé que je voulais gagner du temps (ce qui était vrai) pour n'être point forcé à lui annoncer quelque chose de funeste : « Va, me dit-il, sur la « terrasse du palais, et reviens aussitôt me dire ce que tu « auras remarqué, car je n'ai point vu cette étoile hier, « et tu ne me l'as point montrée; mais je sais que ce

« signe est une comète ; dis-moi ce que tu crois qu'il « m'annonce. » Puis, me laissant à peine répondre quelques mots, il reprit : « Il est une chose encore que tu « tiens en silence, c'est qu'un changement de règne et la « mort d'un prince sont annoncés par ce signe. » Et comme j'attestais le témoignage du prophète qui a dit : « Ne craignez point les signes du ciel comme les nations « les craignent, » ce prince, avec sa grandeur d'âme et sa sagesse ordinaires, me dit : « Nous ne devons craindre « que celui qui a créé nous-mêmes et cet astre ; mais « comme ce phénomène peut se rapporter à nous, recon- « naissons-le comme un avertissement du ciel. » Louis le Débonnaire se livra, lui et sa cour, au jeûne et à la prière, et bâtit églises et monastères. Il mourut trois ans plus tard, en 840, et des historiens ont profité de cette légère coïncidence pour trouver dans l'apparition de la comète un présage de cette mort. Le chroniqueur Raoul Glaber ajoutait plus tard : « Ces phénomènes ne se manifestent jamais aux hommes dans l'univers sans annoncer sûrement quelque événement merveilleux et terrible. »

La comète de Halley apparut de nouveau en avril 1066, au moment où Guillaume le Conquérant envahissait l'Angleterre. On a prétendu qu'elle avait eu la plus grande influence sur le sort de la bataille de Hastings, qui livra ce pays aux Normands. Un versificateur du temps, faisant probablement allusion au diadème d'Angleterre dont Guillaume s'était couronné, avait proclamé dans un distique « que la comète avait été plus favorable à Guillaume que la nature à César : celui-ci n'avait pas de chevelure, Guillaume en reçut une de la comète. » Un moine de Malmesbury avait apostrophé la comète en ces termes : « Te voilà donc, te voilà, source des larmes de plusieurs mères ! Il y a longtemps que je ne t'ai vue, mais je te vois maintenant plus terrible, tu menaces ma patrie d'une ruine entière ! »

En 1455, la même comète fit une apparition plus mémorable encore. Les Turcs et les chrétiens étaient en guerre, l'Occident et l'Orient semblaient armés de pied en cap, sur le point de s'anéantir l'un l'autre. La croisade entreprise par le pape Calixte III contre les Sarrasins envahisseurs sentit son ardeur tourmentée par l'apparition subite de l'astre à la flamboyante chevelure. Mahomet II prit d'assaut Constantinople et mit le siége sous Belgrade. Mais le pape ayant conjuré à la fois les maléfices de la comète et les desseins abominables des musulmans, les chrétiens gagnèrent la bataille et anéantirent leurs ennemis dans une sanglante boucherie. — La prière de l'*Angelus* de midi au son des cloches date de ces ordonnances de Calixte III à propos de la comète.

Dans son poëme sur *l'Astronomie*, Daru, de l'Académie française, retrace cet épisode en termes éloquents :

Un autre Mahomet a-t-il d'un bras puissant
Aux murs de Constantin arboré le croissant ?
Le Danube étonné se trouble au bruit des armes,
La Grèce est dans les fers, l'Europe est en alarmes :
Et pour comble d'horreur, l'astre au visage ardent
De ses ailes de feu va couvrir l'Occident.
Au pied de ses autels, qu'il ne saurait défendre,
Calixte, l'œil en pleurs, le front couvert de cendre,
Conjure la comète, objet de tant d'effroi :
Regarde vers les cieux, pontife, et lève-toi !
L'astre poursuit sa course, et le fer d'Huniade
Arrête le vainqueur, qui tombe sous Belgrade.
Dans les cieux cependant le globe suspendu,
Par la loi générale à jamais retenu,
Ignore les terreurs, l'existence de Rome,
Et la Terre peut-être, et jusqu'au nom de l'homme,
De l'homme, être crédule, atome ambitieux,
Qui tremble sous un prêtre et qui lit dans les cieux.

Cette comète à longue période fut témoin de bien des révolutions dans l'histoire humaine, à chacune de ses apparitions, même en ses dernières : 1682, 1759, 1835 ; elle s'offrit aussi à la Terre sous les aspects les plus divers, passant par une grande variété de formes, depuis l'apparence d'un sabre recourbé, commme en 1455, jusqu'à celle d'une tête confuse, comme dans sa dernière visite.

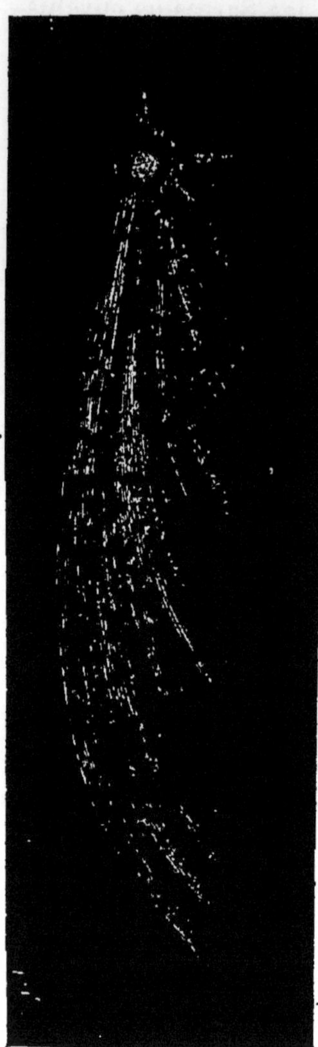

Fig. 54. — Comète de 1577.

Du reste, elle ne fait pas exception à la règle générale, car ces astres à l'aspect mystérieux ont eu le don d'exercer sur l'imagination une puissance qui la plongeait dans l'extase ou dans l'effroi. *Épée de feu*, *croix sanglantes*, *poignards enflammés*, *lances*, *dragons*, *gueules*, et autres dénominations du même genre, leur sont données au moyen âge et à la Renaissance. Des comètes comme celle de 1577 paraissent du reste justifier, par leur forme étrange, les titres dont on les salue généralement. Les écrivains les plus sérieux ne s'affranchissent pas de cette terreur. C'est ainsi que dans un chapitre sur les *Monstres célestes*, le célèbre chirurgien Ambroise Paré décrit sous les couleurs les plus vives et les plus affreuses la comète de 1528 : « Cette comète étoit si horrible et si espouvantable et elle engendroit si grand terreur au vulgaire; qu'il en mourut aucuns de peur ; les autres tombèrent malades. Elle apparoissoit estre de longueur excessive, et si estoit de couleur de sang ; à la sommité d'icelle, on voyoit la figure d'*un bras courbé*, tenant une grande espée en la main, *comme s'il eust voulu frapper*. Au bout

Fig. 55. — Comète de 1528, d'après Ambroise Paré.

de la pointe, il y avait trois estoiles. Aux deux costés des rayons de cette comète, il se voyoit grand nombre de haches, cousteaux, espées colorées de sang, parmi lesquels il y avoit grand nombre de faces humaines hideuses, avec les barbes et les cheveux hérissez. »

On peut, du reste, admirer cette fameuse comète dans la reproduction fidèle que j'en donne ci-contre.

On voit que l'imagination a de bons yeux, quand elle s'y met. La grande et étrange variété des aspects cométaires est retracée avec exactitude par le P. Souciet dans son poëme latin sur les comètes ; les plus remarquables sont passées en revue : « La plupart, dit-il, brillent de feux entrelacés comme une épaisse *chevelure*, et c'est là qu'elles ont pris le nom de *comètes*. L'une traine après soi les replis tortueux d'une longue queue ; l'autre paraît avoir une barbe blanche et touffue; celle-ci jette une lueur semblable à celle d'une lampe qui brûle pendant la nuit ; celle-là, ô Titan! représente ton visage resplendissant ; et cette autre, ô Phébé ! la forme de tes cornes naissantes. Il en est qui sont hérissées de serpents entortillés. Parlerai-je de ces armées qui ont quelquefois paru dans les airs, de ces nuages qui traçaient un long cercle ou qui ressemblaient à des têtes de Méduse ? N'y a-t-on pas vu souvent des figures d'hommes ou d'animaux sauvages? Souvent, dans les ténèbres de la nuit, éclairée par ces tristes feux, on entendit le son horrible des armes, le cliquetis des épées qui se choquaient dans les nues, l'éther en fureur retentir de mugissements extraordinaires qui abattaient les peuples sous le poids de la terreur. Toutes les comètes ont une lumière triste, mais elles n'ont pas toutes la même couleur. Les unes ont la couleur du plomb; les autres, celle de la flamme ou de l'airain. Il y en a dont les feux ont la rougeur du sang ; d'autres imitent l'éclat de l'argent ; celles-ci ressemblent à l'azur; celles-là ont la couleur sombre et pâle du fer. Cette différence vient de la diversité des vapeurs qui les environnent ou de la différente manière dont elles reçoivent les rayons du Soleil. Ne voyez-vous pas comme dans nos foyers les diverses espèces de bois donnent des couleurs différentes ? Les pins et les sapins rendent une flamme mêlée d'une fumée épaisse, et qui jette peu d'éclat. Celle qui sort du soufre et de l'épais bitume est azurée. La

Fig. 56. — Comète de 1744.

paille enflammée donne des étincelles d'une couleur rougeâtre ; le gros olivier, le laurier, l'ornement du Parnasse, et tous les arbres qui conservent toujours leur sève, jettent une lumière blanchâtre assez semblable à celle d'une lampe. Ainsi, les comètes, dont les feux sont formés de matières différentes, prennent et conservent chacune une couleur qui leur est propre. »

Au lieu d'être une cause de crainte et de terreur, la variété et la variabilité de l'aspect des comètes doivent plutôt nous éclairer sur l'innocuité de leur nature, comme nous allons en être convaincus par l'observation de ces astres, plus terribles de loin que de près.

XII

LES COMÈTES, SUITE

> Ces astres, après avoir été si longtemps la terreur du monde, sont tombés tout à coup dans un tel discrédit, qu'on ne les croit plus capables de causer que des rhumes.
>
> MAUPERTUIS.

Ainsi s'exprime le géomètre à qui l'on doit une partie des premières mesures relatives à la figure de la Terre. Et voici, en effet, quelques-unes des idées émises dans ses *Lettres sur la comète de* 1742.

On n'est pas d'humeur aujourd'hui à croire que des corps aussi éloignés que les comètes puissent avoir des influences sur les choses d'ici-bas, dit-il, ni qu'ils soient des signes de ce qui doit arriver. Quel rapport ces astres auraient-ils avec ce qui se passe dans les conseils et dans les armées des rois ? Pour savoir à quoi s'en tenir, il faudrait que leur influence fût connue ou par la révélation, ou par la raison, ou par l'expérience ; et l'on peut dire que nous ne la trouvons dans aucune de ces sources de nos connaissances. Il est bien vrai qu'il y a une connexion universelle entre tout ce qui est dans la nature, tant dans le physique que dans le moral : chaque événement, lié à ce qui le précède et à celui qu'il suit, n'est qu'un des anneaux de la chaîne qui forme l'ordre et la succession des choses ; s'il n'était pas placé comme il est, la chaîne serait différente et appartiendrait à un autre univers.

En raisonnant ainsi, l'astronome doute de la non-influence des comètes aussi bien qu'il doute de leur influence; pour asseoir ses idées, il rapporte celle des autres, et bientôt il en vient à croire que les comètes causent de bien autres événements que de simples rhumes.

Kepler, à qui d'ailleurs l'astronomie a de si grandes obligations, trouvait raisonnable que, comme la mer a ses baleines et ses monstres, l'air eût aussi les siens. Ces monstres étaient les comètes, et il explique comment elles sont engendrées de l'excrément de l'air par une faculté animale.

Quelques-uns ont cru que les comètes étaient créées exprès, toutes les fois qu'il était nécessaire, pour annoncer aux hommes les desseins de Dieu, et que les anges en avaient la conduite. Ils ajoutent que cette explication résout toutes les difficultés qu'on peut faire sur cette matière.

Enfin, pour que toutes les absurdités fussent dites à leur égard, il y en a qui ont nié que les comètes existassent, et qui ne les ont prises que pour de fausses apparences causées par la réflexion ou réfraction de la lumière. Eux seuls comprennent comment se fait cette réflexion ou réfraction, sans qu'il y ait de corps qui les causent.

Sous Aristote, les comètes étaient des météores formés des exhalaisons de la terre et de la mer, et ce fut là, comme on peut le croire, le sentiment de la foule des philosophes qui n'ont cru ni pensé que d'après lui. Plus anciennement, on avait eu des idées plus justes des comètes. Les Chaldéens savaient qu'elles étaient des astres durables et des espèces de planètes dont on a dit qu'ils étaient parvenus à calculer le cours. Sénèque avait embrassé cette opinion ; il nous parle des comètes d'une manière si conforme à tout ce qu'on en sait aujourd'hui, qu'on peut dire

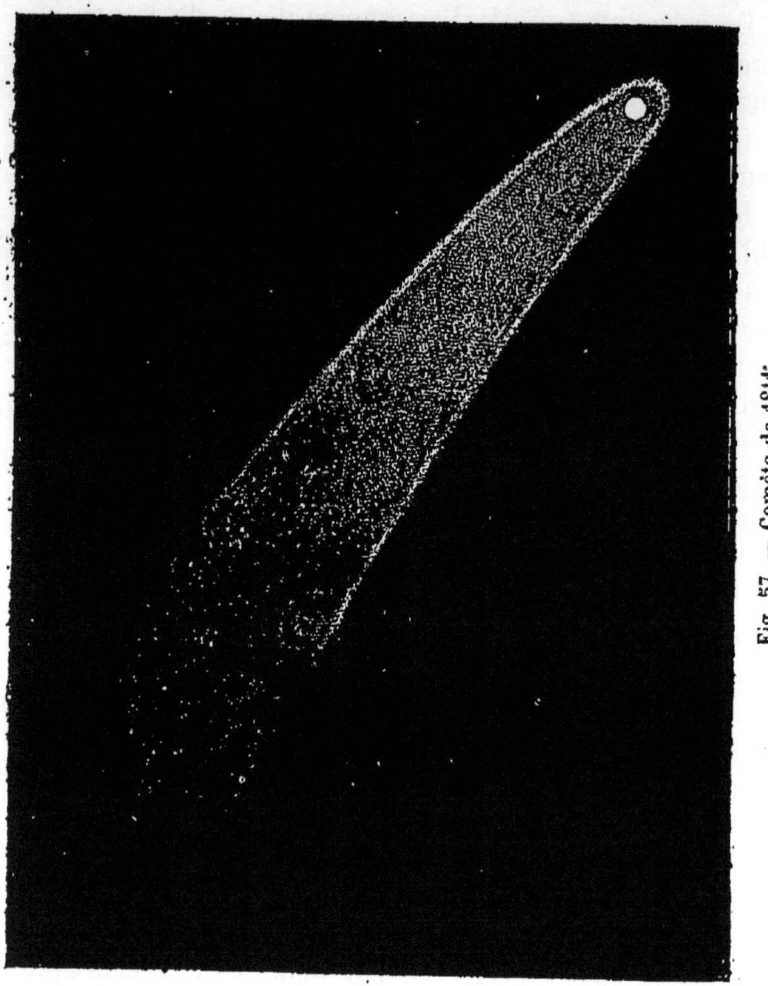

Fig. 57. — Comète de 1811.

qu'il avait deviné ce que l'expérience et les observations des modernes ont découvert.

C'est après avoir parlé des opinions des anciens que Maupertuis exprime la sienne. « Le cours réglé des comètes ne permet plus de les considérer comme des présages, ni comme des flambeaux allumés pour menacer la Terre. Mais quoiqu'une connaissance plus parfaite que celle qu'en avaient les anciens nous empêche de les regarder comme des présages surnaturels, elle nous apprend qu'elles pourraient être les causes physiques de grands événements. »

Et en effet, il redoute pour la Terre l'approche des astres chevelus. Dans la variété de leurs mouvements, il voit la possibilité d'une rencontre avec quelques planètes, et par conséquent avec la Terre. « On ne peut douter, dit-il, qu'il n'arrivât alors de terribles accidents. A la simple approche de ces deux corps, il se ferait de grands changements dans leurs mouvements, soit que ces changements fussent causés par l'attraction qu'ils exerceraient l'un sur l'autre, soit qu'ils fussent causés par quelque fluide resserré entre eux. Le moindre de ces mouvements n'irait à rien moins qu'à changer la situation de l'axe et des pôles de la Terre. Telle partie du globe qui auparavant était vers l'équateur se trouverait après un tel événement vers les pôles, et telle qui était vers les pôles se trouverait vers l'équateur. L'approche d'une comète, ajoute-t-on, pourrait avoir d'autres suites encore plus funestes. Je ne vous ai point encore parlé des queues des comètes. Il y a sur ces queues, aussi bien que sur les comètes, d'étranges opinions ; mais la plus probable est que ce sont des torrents immenses d'exhalaisons et de vapeurs que l'ardeur du Soleil fait sortir de leur corps. Une comète accompagnée d'une queue peut passer si près de la Terre que nous nous trouverions noyés dans ce torrent qu'elle traîne avec elle... »

Telle est la perspective où nous conduit petit à petit notre physicien ; mais il nous donne une singulière consolation. Comme le genre humain périrait tout entier dans cette catastrophe, englouti sous l'eau bouillante ou empoisonné par les gaz méphitiques, et qu'il ne resterait plus personne pour pleurer sur l'agonie de la Terre, il nous dit qu'il nous est facile de nous en consoler. « Un

Fig. 58. — Tête de la comète de 1861.

malheur commun n'est presque pas un malheur... Ce serait celui qu'un tempérament mal à propos trop robuste ferait survivre seul à un accident qui aurait détruit tout le genre humain, qui serait à plaindre! Roi de la Terre entière, possesseur de tous ses trésors, il périrait de tristesse et d'ennui : toute sa vie ne vaudrait pas le dernier moment de celui qui meurt avec ce qu'il aime. »

C'est ainsi qu'au siècle dernier on croyait encore au terrible pouvoir de ces astres de malheur. Aujourd'hui, et, surtout depuis la fameuse comète de 1811, les habitants de nos campagnes s'imaginent plutôt qu'elles annoncent d'excellentes vendanges. Ces idées sont aussi gratuites que les premières. Quoique les astres chevelus aient beaucoup perdu de leur prestige, ils n'en sont pas entièrement dépouillés pour cela, surtout dans l'imagination des esprits. Qui pourrait, du reste, effacer l'impression produite par certains de leurs aspects étranges? Souvent ils furent considérés comme des signes de malédiction, planant sur les hommes et sur les empires. Telle est la plainte de lord Byron dans *Manfred*, auquel le septième esprit adresse les paroles suivantes : « L'astre qui préside à ta destinée était dirigé par moi avant que la Terre fût créée. Jamais planète plus belle n'avait erré autour du Soleil. Son cours était libre et régulier, et nul astre plus beau n'avait été bercé dans le sein de l'espace. L'heure fatale arriva. Cet astre devint une masse errante de flamme informe, une *comète vagabonde*, malédiction et menace de l'univers, roulant toujours par sa force innée, mais ayant perdu son titre de monde et son cours harmonieux. Horreur brillante des régions du ciel! monstre difforme parmi les constellations! »

Cependant rien ne prouve que les comètes soient douées d'une influence quelconque, je ne dis pas sur le moral des hommes, cela va de soi, mais sur la physique du monde. Leur légèreté, l'extrême diffusion de leur substance nous invitent plutôt à croire qu'elles ne possèdent aucune espèce d'action sur les planètes. Croyons qu'elles sont très-inoffensives. Comme ces nuées atmosphériques dont la grandeur, la forme et la nuance varient au caprice des vents et selon le jeu fortuit des rayons solaires, les agglomérations vaporeuses qui constituent les comètes

Fig. 59. — Comète de 1858.

prennent toutes les formes possibles sous l'impulsion des forces cosmiques plus ou moins intenses. A leur approche de l'astre brûlant, leur substance se distend, prend une extension merveilleuse et se développe sur une étendue de plusieurs millions de lieues. Elles sont d'une telle légèreté, d'une telle souplesse, qu'un rayon de chaleur peut, à sa fantaisie, leur faire prendre toutes les figures : vous avez l'image de cette légèreté dans la comète récemment observée en 1862; la forme et la position des aigrettes lumineuses changeaient d'un jour à l'autre, et l'on aurait pu croire qu'une partie de la substance même du noyau coulait dans l'espace comme une goutte d'huile.

Réciproquement, leur ténuité est telle, que dans la queue de certaines comètes on pourrait couper un morceau de la grosseur de Notre-Dame et le respirer en forme d'aspiration homœopathique. On a vu des comètes de plusieurs millions de lieues de taille, et dont le poids était néanmoins si léger, qu'on aurait pu, sans fatigue, le porter sur l'épaule. Ainsi l'extrême variabilité des formes cométaires doit, au contraire, proclamer inoffensifs les astres de terreur, et l'on peut dire avec l'ami de la marquise du Châtelet ces paroles qui représentent en même temps la nature du mouvement de ces astres :

Comètes, que l'on craint à l'égal du tonnerre,
Cessez d'épouvanter les peuples de la Terre :
Dans une ellipse immense achevez votre cours ;
Remontez, descendez près de l'astre des jours ;
Lancez vos feux, volez, et revenant sans cesse,
Des mondes épuisés ranimez la vieillesse.

Et, en effet, ces corps célestes ne sont pas des phénomènes exceptionnels; ils sont soumis comme les autres aux lois inexorables de la nature. Il y a deux mille ans, Sénèque avait écrit : « Un jour viendra où le cours de ces astres sera connu et assujetti à des règles comme celui des planètes. » La prophétie du philosophe est réalisée. On sait aujourd'hui que, comme les planètes, les comètes gravitent autour du Soleil et dépendent également de son attraction centrale. Seulement, au lieu de suivre des courbes circulaires ou voisines de cette forme, elles suivent des courbes ovales, des ellipses très-allongées. C'est là la grande distinction à établir entre leurs mouvements réciproques. Ensuite, au lieu d'être des corps opaques, lourds et importants comme nos planètes, elles sont d'une

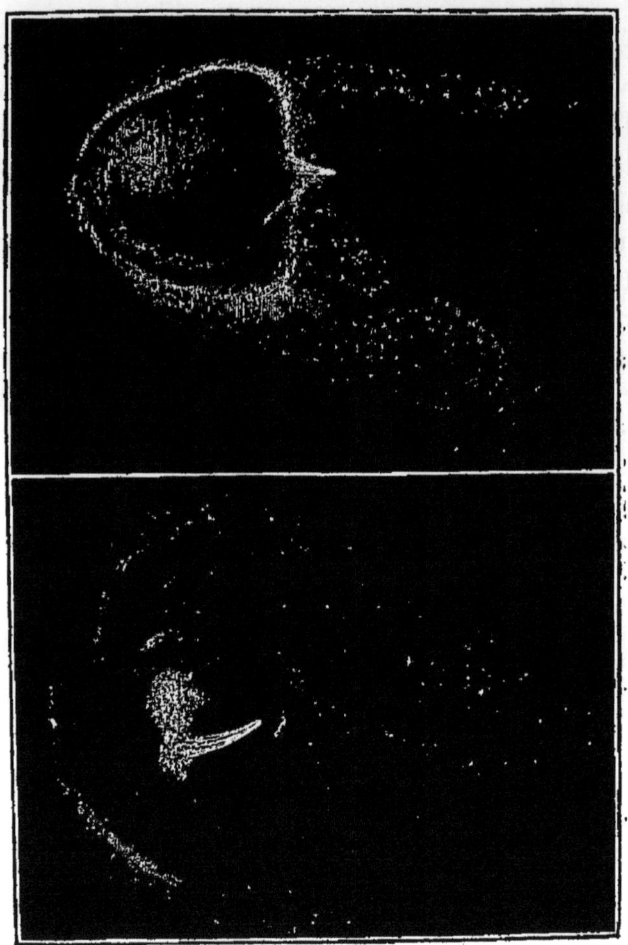

Fig. 60. — Comète de 1862. Aspect de la tête.

grande légèreté et d'une extrême ténuité. Un jour, une comète emportée par sa marche rapide traversa le système de Jupiter; les satellites et la planète se trouvèrent pendant quelques heures enveloppés par la comète, et lorsque l'astre chevelu les eut quittés, ils n'avaient pas subi la plus légère déviation dans leur cours. Lorsque Maupertuis, voulant expliquer l'origine de l'anneau de Saturne, crut trouver une idée ingénieuse en attribuant cet appendice à la queue d'une comète qui serait enroulée autour de la planète, il ne songeait pas à l'extrême ténuité de ces vapeurs impuissantes.

Le caractère original des comètes réside surtout dans l'étendue de leur cours, dans l'immense durée de leurs voyages à travers les régions célestes, dans cette destinée d'astres cosmopolites qui en fait une exception au milieu du système planétaire. C'est là surtout ce qui distingue ces mondes étranges et c'est par là qu'ils sont remarquables : « Mystérieux visiteur, s'écriait le poëte anglais Coulder, mystérieux visiteur! dont la lumière splendide brille si étrangement parmi les étoiles étonnées, comme un fier étendard dans la marche de la nuit, pavillon flottant de la divinité! l'infini est écrit dans tes rayons. En vain la pensée essayerait de suivre ton cours secret parmi les cieux sans routes; ton cercle paraît trop vaste pour que le temps puisse l'embrasser. Est-il possible que l'œil qui dénombre des armées d'astres semblables puisse remarquer l'atôme terrestre ! »

LA TERRE

I

LE GLOBE TERRESTRE

> La terre, jour et nuit, à sa marche fidèle,
> Emporte Galilée et son juge avec elle.
>
> RACINE FILS.

En passant la revue des mondes appartenant à la domination solaire, nous avons franchi d'un bond la distance qui sépare Vénus de Mars, sans nous préoccuper d'un astre qui réside entre ces deux planètes. Cet astre, pourtant, doit nous intéresser un peu, car il nous touche de plus près que tous les autres.

La Terre, en effet, isolée dans l'espace comme toutes les autres planètes que nous avons vues, est située à 37 millions de lieues du Soleil, et suit autour de lui une orbite qu'elle parcourt en 365 jours 1/4. Comme quelques-unes de ses compagnes, elle est assistée d'un compagnon fidèle, d'un satellite circulant autour d'elle. C'est son petit système, et la lune l'accompagne humblement dans tous ses voyages à travers l'espace.

Comme les autres planètes aussi, elle tourne sur elle-même, avec une grande rapidité, car à sa surface les corps parcourent jusqu'à 6 lieues par minute. Ce mouvement de rotation, comme son mouvement de translation autour du Soleil, s'effectue d'occident en orient (fig. 61). Il en est de même de ces deux mouvements dans toutes les planètes du système solaire. Elle est sphérique et un peu aplatie à ses pôles, ce qui témoigne de son état de fluidité primitive. De cet état, un témoignage plus facile à reconnaître reste encore dans ses volcans, bouches toujours ouvertes, d'où jaillissent les substances intérieures

Fig. 61. — Rotation et translation de la terre.

de la Terre à l'état de fusion et de haute température où elles se trouvent encore aujourd'hui. A vrai dire, le globe tout entier est encore un globe de substances liquides, fondues par la chaleur intense qui brûle sous nos pieds, car la couche solide de ce globe, la croûte qui l'enveloppe et sur laquelle nous habitons, n'a pas 10 lieues d'épaisseur. La Terre ressemble à un mince globe de verre d'un mètre de diamètre rempli de métaux en fusion. S'il n'y avait pas quelques ouvertures, c'est-à-dire quelques volcans pour laisser échapper les vapeurs, il serait possible que ce globe éclatât.

En nous éloignant dans l'espace, nous pourrions mieux juger de la valeur de la Terre comme astre. Dès la distance de la Lune, moins de 100,000 lieues, la Terre nous apparaîtrait comme celle-ci nous apparaît, non moins lumineuse, et beaucoup plus grande. A dix fois cette distance,

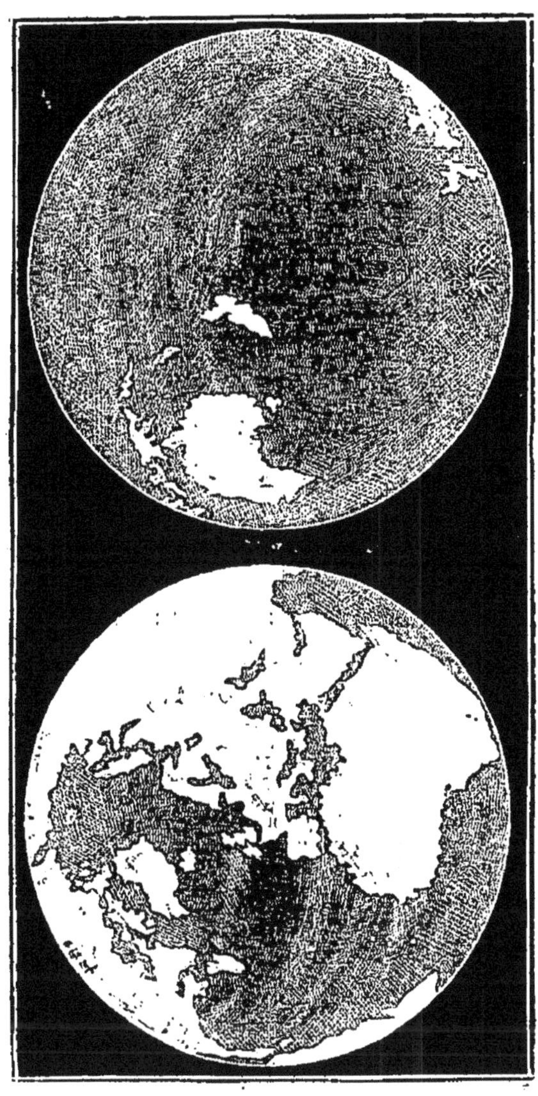

Fig 62. — La terre dans l'espace. — Hémisphère continental et hémisphère maritime.

ou 1 million de lieues, la Terre aurait encore à l'œil nu un disque appréciable, sa lumière serait intermédiaire entre celle de la lune et celle des étoiles. Dix fois plus loin encore, c'est-à-dire à la distance de l'orbite de Vénus, on verrait la Terre sous la forme d'une belle étoile de première grandeur, sans disque appréciable, comme un point brillant, à peu près dans l'éclat dont brille à nos yeux Jupiter. Mais si l'on s'éloignait davantage, la Terre, élevée du rang de globe obscur à celui d'étoile de première grandeur, descendrait ensuite de grandeur en grandeur jusqu'au dernier ordre de la visibilité, et se perdrait enfin pour toujours dans les profondeurs de l'invisible. — Il n'est pas nécessaire d'ajouter que l'éclat dont elle aurait brillé et dont elle resplendit dans l'espace n'est autre que la lumière que nous recevons du Soleil, et qu'on la verrait sous toutes les phases possibles, selon qu'on regarderait en plein sa face éclairée, ou par côté, ou obliquement en tournant jusqu'à son hémisphère opposé au Soleil.

Quelle est la grosseur réelle de ce globe? Représentez-vous un gigantesque dé à jouer, dont chaque arête mesurerait un kilomètre de long : vous aurez là un volume de 1000 mètres cubes. Pour former un volume égal à celui de la Terre, il faudrait entasser 1000 milliards de ces kilomètres cubes.

Quel est son poids? Nous l'avons déjà entrevu en parlant du poids du Soleil. Pour l'exprimer en kilogrammes, il faut une rangée de vingt-cinq chiffres :

5,875,000,000,000,000,000,000,000 kilogrammes.

Autour de ce globe repose une enveloppe aérienne, comme ce duvet léger dont les pêches non flétries par la main des hommes sont délicatement enveloppées. Cette enveloppe pèse

6,263,000,000,000,000,000 kilogrammes :

ce n'est que la millionnième partie du poids de la Terre

entière. Chacun de nous porte sur ses épaules une pression de 16,000 kilogrammes. — Disons en passant que si cette pression, toute respectable qu'elle est, n'est pas sen-

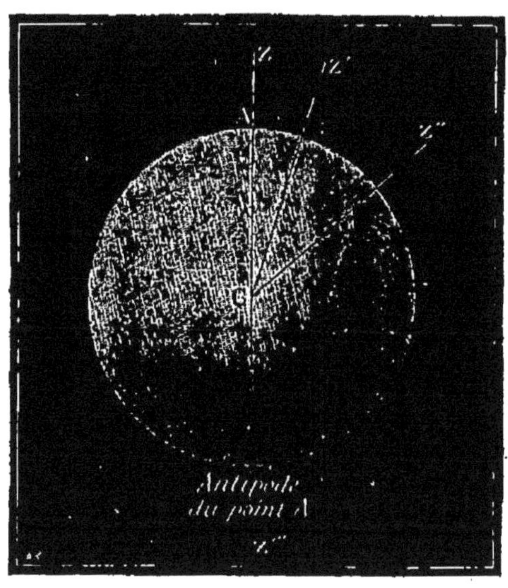

Fig. 63. — La verticale. — La sphère. — Les antipodes.

sible pour nous, c'est qu'elle est contre-balancée par une pression égale exercée dans tous les sens par le fluide aérien dont notre corps est comme imbibé.

La surface de la Terre est d'environ 510,000,000 de kilomètres carrés. Il faudrait à peu près mille France pour couvrir la superficie entière du globe, et pourtant (soit dit sans vanité) notre pays représente un peu plus que la millième partie de l'importance du globe : intellectuellement, il en forme bien le quart à lui tout seul. De cette étendue, l'Océan domine sur 38,320,000 kilomètres carrés ; 12,660,000 seulement restent à la terre ferme. Il n'y a donc que le quart de la Terre qui soit habitable pour nous ; le reste demeure caché dans le sein des ondes.

La surface des eaux tranquilles définit en chaque lieu ce que l'on appelle la surface géométrique de la Terre : c'est celle de l'Océan, supposée prolongée de manière à couvrir la totalité du globe terrestre. On sait que cette surface est sensiblement sphérique. Il suit de là que les diverses verticales vont aboutir au centre de la terre. La figure 65 montre la position relative de quelques verticales CZ, CZ′, CZ″; on voit évidemment qu'elles forment entre elles des angles égaux à la distance angulaire qui sépare les lieux correspondants, distance qu'il est toujours facile de calculer.

Dans un même lieu, les verticales, à raison de la distance considérable du centre de la Terre, doivent être considérées comme véritablement parallèles. Cherchons, par exemple, l'angle formé par deux verticales situées à 1 mètre de distance. On sait que 10 millions de mètres correspondent au quart de la circonférence terrestre, c'est-à-dire à 90 degrés; une longueur de 1 mètre représente donc une distance angulaire égale à $\frac{90}{10,000,000}$ c'est-à-dire à 3/100 de seconde environ, quantité complétement inappréciable, même avec nos instruments les plus parfaits. Il convient de remarquer, d'ailleurs, que le parallélisme des verticales dans un même lieu est un fait physique complétement indépendant de toute connaissance préalable de la figure de la Terre; on peut s'en assurer directement par les moyens ordinaires.

La Terre tourne autour du Soleil, dans un mouvement de translation analogue à celui que nous avons remarqué chez toutes les planètes. C'est ce mouvement qui constitue son *année*. Son autre mouvement de rotation sur elle-même, que l'on peut comparer à celui de la toupie qui pirouette tout en décrivant des cercles dans sa marche générale, constitue sa période diurne, son *jour*. C'est à ce second mouvement que l'on doit l'illusion du mouvement apparent de tous les astres autour d'elle.

Tout ce que nous avons dit sur le mouvement diurne des étoiles autour de l'étoile polaire, sera facilement compris si l'on réfléchit que cette étoile se trouve dans le prolongement de l'axe de la Terre. La Terre tournant, je suppose, de gauche à droite de la ligne des pôles, tous les objets situés en dehors d'elle, c'est-à-dire les astres,

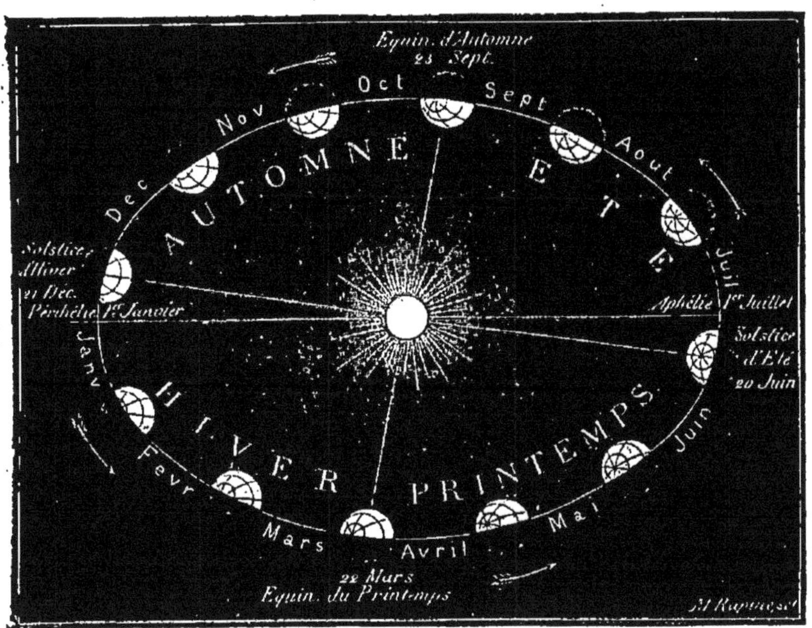

Fig. 64. — Orbite de la Terre.

paraîtront tourner de droite à gauche, en sens opposé du mouvement qui nous emporte. Quand vous vous trouvez en wagon, si vous oubliez la marche du train, les objets de la campagne fuiront en arrière sous vos yeux, et si vous ne saviez pas de façon très-certaine que c'est vous qui marchez, vous croyant immobile, vous auriez la conviction que ce sont les arbres et les collines qui s'en vont. Une illusion analogue se présente lorsqu'on se trouve au sommet d'une tour élevée, et que les nuages courent rapidement sur votre tête. Il semble que la tour s'avance et marche sous vos pieds. Un matin du printemps de 1865, je me trouvais au sommet du frêle clocher de la cathédrale de Strasbourg ; le Soleil était à peine levé, et des nuages venus du Rhin me cachaient entièrement la ville et tout l'espace inférieur. Ces bandes de nuages étaient poussées par un vent d'est et passaient au-dessous de moi. Malgré la certitude complète que j'avais naturellement de la solidité de la haute cathédrale, il me fut impossible de garder dans mon esprit le sentiment de la réalité, et l'illusion l'emportant, je me crus encore en chemin de fer : la cathédrale marchait certainement vers l'Allemagne. Je fermai les yeux, mais le mouvement continua son action dans mon esprit, et ce ne fut que dix minutes après que, le Soleil ayant éclairé la scène et dissipé les vapeurs, les toits multicolores de Strasbourg me rendirent le sentiment de la réalité.

Le mouvement apparent de révolution du Soleil autour de la Terre, lequel s'effectue d'orient en occident, — à l'inverse du mouvement réel de la Terre, dirigé d'occident en orient, — constitue la durée du jour et celle de la nuit. Le moment où le Soleil atteint le milieu de son cours, le point culminant, est celui qui divise la journée en deux parties égales. Le moment opposé, où le Soleil est diamétralement sous nos pieds, marque le milieu de la nuit. Il est visible par là que notre midi est le minuit des peuples qui vivent aux contrées situées à l'opposé de la France, aux antipodes, et que, réciproquement, lorsqu'ils ont midi, nous avons minuit. Le Soleil règle donc l'heure en passant sur la tête de chacun des peuples qui entourent le globe.

Le jour civil commence à minuit et se compose de deux périodes : le matin, de minuit à midi ; le soir, de midi à minuit. Les astronomes ne suivent pas cet usage de la société; ils comptent leur jour à partir de midi, et le laissent composé d'une seule période, de 0 heure à 24 heures, qu'ils comptent d'un midi au midi suivant.

Voyons maintenant comment ils étudient la Terre, et par quels moyens ils reconnaissent ses diverses parties.

Une sphère quelconque étant donnée, on appelle *pôles*

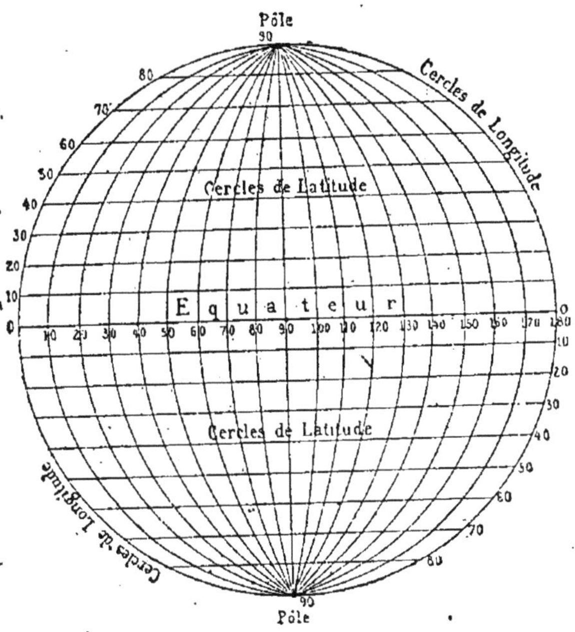

Fig. 65. — Division du globe.

les deux points des extrémités opposées où aboutit l'axe idéal autour duquel elle tourne. Si l'on trace, perpendiculairement à cet axe, un grand cercle à égale distance des deux pôles, qui couperait la sphère en deux parties égales, ce cercle est l'*équateur*. Maintenant, de l'équateur aux pôles, de chaque côté, à égales distances, on fait 90 divisions, ou 90 tranches transversales : ce sont les degrés de *latitude*. Enfin on a partagé le grand cercle de l'équateur lui-même, ou la circonférence entière du globe, en 360 parties égales, disposées en long sur la sphère, comme des tranches de melon : ce sont les lignes de *longitude*. Il y en a, par conséquent, 180 dans la moitié de la sphère et 90 dans le quart. — Ces noms de longitude et de latitude datent d'une époque où la contrée terrestre qu'on avait seule mesurée était une figure oblongue dont la longueur s'étendait dans le sens des premiers cercles, et la largeur dans le sens des seconds.

Les degrés de latitude sont donc comptés à partir de l'équateur, soit au nord, soit au sud, jusqu'au pôle boréal et jusqu'au pôle austral. Les degrés de longitude les coupent, et sont comptés à partir d'un point quelconque, soit à l'est, soit à l'ouest.

La ligne des pôles va du nord au sud ou du sud au nord, comme on voudra ; la ligne de l'équateur va de l'est à l'ouest, ou de l'ouest à l'est. Quand on avance du côté de l'orient ou de l'occident, on ne change pas de latitude, mais de longitude. Si, par exemple, on va de Paris à Vienne en Autriche, on aura fait 15 degrés de longitude vers l'orient. Comme le Soleil emploie vingt-quatre heures pour le tour qu'il paraît faire, il parcourt 15 degrés par heure, 180 en douze heures, ou 360 en vingt-quatre heures : chaque heure équivaut donc à 15 degrés. Ainsi, à Vienne on a midi une heure plus tôt qu'à Paris. En continuant de s'avancer à l'est, le voyageur gagnera une heure de 15 en 15 degrés, et s'il garde sa montre réglée sur le temps de Paris, elle retardera d'une heure par 15 degrés. S'il lui arrive de faire le tour entier du globe, il arrivera chez des peuples qui avancent de six heures, puis de douze, puis de dix-huit heures, sur son heure de Paris. Et s'il met sa montre à l'heure des pays qu'il traversera, elle avancera sur Paris, à mesure qu'il continuera son voyage, si bien qu'en arrivant à Paris, après avoir fait le tour du monde, il aura gagné vingt-quatre heures et comptera un jour de plus que nous : il serait au lundi tandis que nous serions encore au dimanche.

C'est en raison de cette différence d'heures que, si, visitant les bords du Rhin, vous prenez le train à Kehl pour Strasbourg, comme la gare de Kehl est réglée sur le temps de Bade et que celle de Strasbourg l'est sur celui de Paris, vous arriverez à Strasbourg dix minutes *avant* l'heure de votre départ de Kehl.

C'est pour la même raison que, quand le dernier empereur des Français prononçait un discours à l'ouverture des Chambres, ce discours volant à Londres sur le fil télégraphique, la conclusion en était entendue par les Anglais avant l'heure où elle était sortie des lèvres de Napoléon III.

Un autre observateur, qui s'avancerait du côté de l'occident, retarderait comme notre voyageur précédent, et revenant à Paris après avoir fait le tour du monde, il ne compterait que samedi lorsque nous serions au dimanche. On éprouverait cette singularité dans la manière de compter, toutes les fois qu'on voit arriver un vaisseau qui a fait le tour du monde, si l'équipage avait compté les jours dans le même ordre, sans se réformer sur les pays où il a passé ; par la même raison, dit Lalande (*Astronomie des dames*), les habitants des îles de la mer du Sud, qui sont éloignés de douze heures de notre méridien, doivent voir les voyageurs qui viennent des Indes, et ceux qui leur viennent de l'Amérique, compter différemment les jours de la semaine, les premiers ayant un jour de plus que les autres ; car supposant qu'il est dimanche à midi pour Paris, ceux qui sont dans les Indes disent qu'il y a six ou sept heures que dimanche est commencé, et ceux qui sont en Amérique sont encore au samedi soir. Ce fait parut très-singulier à nos anciens voyageurs, qu'on accusa d'abord de s'être trompés dans leur calcul et d'avoir perdu le fil de leur almanach. Dampier étant allé à Mendanao par l'ouest, trouva qu'on y comptait un jour de plus que lui. Varenius dit même qu'à Macao, ville maritime de la Chine, les Portugais comptent habituellement un jour de plus que les Espagnols ne comptent aux Philippines, quoique peu éloignées; les premiers sont au dimanche tandis que les seconds ne comptent que samedi. Cela vient de ce que les Portugais, établis à Macao, y sont allés par le cap de Bonne-Espérance, en avançant toujours du côté de l'occident, c'est-à-dire en partant de l'Amérique et en traversant la mer du Sud.

On voit par cette esquisse que la Terre, astre du ciel, est réglée par ses mouvements planétaires, qu'il n'y a rien d'absolu dans aucune de ces données de temps et d'espace, que tout est relatif à la condition de chaque planète, et que sur chacun des astres ces éléments diffèrent suivant leur grandeur et les mouvements qui leur donnent naissance. Mais, dirait-on, sur quels fondements ces règles théoriques sont-elles établies, et qui nous prouve qu'au contraire la Terre n'est pas le monde absolu, fixe, établi comme la base du ciel, et que tous ces mouvements ne sont pas réels comme ils le paraissent? Comment peut-on nous prouver qu'il y a là une illusion de nos sens; et puisqu'on ne raisonne que par l'observation, comment a-t-on su qu'il n'y avait là que de simples apparences?

Si vous voulez m'écouter quelques instants encore, vous serez à ce sujet aussi bien convaincus que moi.

II

PREUVES POSITIVES QUE LA TERRE EST RONDE

QU'ELLE TOURNE SUR ELLE-MÊME ET AUTOUR DU SOLEIL

J'ai connu des personnes de bonne foi, braves gens au fond, qui n'avaient jamais rien de plus empressé que de m'adresser mille questions d'astronomie, et qui n'avaient pas plutôt reçu mes réponses qu'elles me riaient au nez avec la plus grande ingénuité du monde. Sans compter leur impolitesse vraiment primitive, on pourrait s'étonner de voir des gens à la fois si curieux et si difficiles à contenter. A leurs yeux, les savants étaient des rêveurs, qui *croyaient* savoir, mais qui en réalité ne pouvaient se prévaloir sur le commun des mortels au point de trouver le mot de l'énigme de la nature; ils vivaient sous l'empire d'une obsession. — J'ai connu d'autres personnes, un peu plus instruites que les précédentes, et qui, considérant les différentes phases de l'histoire des sciences, ses succès et ses revers, pensaient que nous tournions dans un cercle vicieux; que nous n'avions point la connaissance vraie des choses, et que nos systèmes, quelque solidement fondés qu'ils parussent, ne devaient jamais être reçus qu'à titre d'hypothèses.

La question cosmographique qui nous touche de plus près, celle de l'isolement et du mouvement de la Terre dans l'espace, a particulièrement le privilége de soulever les doutes dont je parle. Pour ceux qui les ont entendu formuler et qui n'ont pas toujours eu en main des preuves irréfragables à fournir, je donnerai ici les points fondamentaux sur lesquels s'appuie cet élément du nouveau système du monde.

Nous disons d'abord que la Terre est *ronde*, qu'elle a la forme d'une sphère un peu aplatie aux pôles. Le premier fait qui en rend témoignage, c'est la convexité de l'immense étendue d'eau qui recouvre la plus grande partie du globe. L'observation d'un navire en mer suffit pour montrer cette courbure. Arrivé à la ligne bleue qui semble former la séparation du ciel et des eaux, le navire qui s'éloigne paraît à ce moment posé sur l'horizon. Un peu plus tard, il disparaît, non par le haut, mais par le bas. La mer s'élève d'abord entre le pont et l'observateur; ensuite elle cache les voiles basses; les sommets des mâts s'évanouissent les derniers. Un phénomène semblable se produit pour l'observateur placé sur le navire : ce sont les côtes basses qui disparaissent les premières pour lui; les édifices, les tours élevées et les phares sont les objets qui restent le plus longtemps sur la ligne de visibilité. Ce double fait démontre d'une manière évidente la convexité de la mer. Si c'était une surface plane, la distance seule ferait perdre de vue un navire, et dans ce cas tout disparaîtrait à la fois, les voiles supérieures comme les inférieures.

Il résulte, de plus, de ce même ordre d'observations, que la courbure de l'Océan est la même dans toutes les directions : or cette propriété n'appartient qu'à la sphère.

La convexité de la mer s'étend en terre ferme. Malgré les inégalités du terrain, la surface des continents ne diffère pas essentiellement de la surface des mers, car on sait que les plus hautes chaînes de montagnes sont loin de produire, sur la surface générale de la Terre, des protubérances comparables aux rugosités de la peau d'une orange. Or la surface des fleuves qui coupent en tous sens la terre ferme pour se réunir dans l'Océan est peu supé-

Fig. 66. — Courbure des mers.

rieure au niveau de celui-ci, et peut être considérée comme la surface prolongée de la mer dans toute l'étendue des continents... Les mesures barométriques sur la hauteur des montagnes ont, d'un autre côté, confirmé ce fait. Le sol des continents s'éloigne donc peu de ce niveau et présente dans son ensemble une courbure entièrement pareille à celle des eaux. Du reste, en terre ferme comme en mer, les objets les plus élevés sont toujours les premiers et les derniers que le voyageur aperçoive.

Les voyages de circumnavigation ont d'autre part donné une preuve palpable de la sphéricité de la Terre. Le premier des navigateurs qui ait fait cette entreprise hardie du tour du monde, le Portugais Magellan, partit de l'Espagne en 1519, se dirigeant toujours vers l'*occident*. Sans avoir changé sa direction, l'un de ses vaisseaux (lieutenant Cano) retrouva l'Europe trois ans après, comme s'il fût venu de l'*orient*. Les nombreux voyages de circumnavigation accomplis depuis cette époque ont surabondamment confirmé cette vérité : la Terre est arrondie dans tous les sens.

Une nouvelle preuve de la convexité de la Terre est fournie par le changement d'aspect que présente le ciel pendant les voyages. Que l'on se dirige vers le pôle ou que l'on s'approche de l'équateur, on découvre sans cesse de nouveaux astres, de même que l'on perd de vue ceux des latitudes dont on s'éloigne. Ce fait ne peut s'accorder qu'avec celui de la rondeur de la Terre; si la Terre était plane, tous les astres resteraient visibles à la fois. On a déjà vu ce raisonnement, page 85.

L'ombre projetée par la Terre sur la Lune pendant les éclipses est toujours circulaire, quel que soit le côté que le disque terrestre présente au disque lunaire dans les diverses éclipses. Cette ombre conique, universellement observée, est une nouvelle preuve en faveur de la sphéricité de la Terre.

Tels sont les faits vulgaires qui démontrent d'une manière positive la vérité que nous avons avancée. Si nous voulions entrer en géodésie ou en mécanique rationnelle, je présenterais des considérations plus rigoureuses encore; mais les preuves précédentes nous suffisent ici. Voyons maintenant sur quel fondement solide on s'appuie lorsqu'on avance que la Terre est *isolée* et en mouvement dans l'espace.

La difficulté que certains esprits ont manifestée à croire que la Terre peut être suspendue comme un ballon dans l'espace, et complètement isolée de toute espèce de point d'appui, provient d'une fausse notion de la pesanteur. L'histoire de l'astronomie ancienne nous montre une anxiété profonde chez les premiers observateurs qui commençaient à concevoir la réalité de cet isolement, mais qui ne savaient pas comment empêcher de *tomber* ce globe si lourd sur lequel nous marchons. Les premiers Chaldéens avaient fait la Terre creuse et semblable à un bateau ; elle pouvait alors flotter sur l'abîme des airs. Quelques anciens voulaient qu'elle reposât sur des tourillons placés aux deux pôles. D'autres supposaient qu'elle s'étendait indéfiniment au-dessous de nos pieds. Tous ces systèmes étaient conçus sous l'impression d'une fausse idée de la pesanteur. Pour s'affranchir de cette antique illusion, il faut savoir que la pesanteur n'est qu'un phénomène constitué par l'attraction d'un centre. Un corps ne tombe que lorsque l'attraction d'un autre corps plus important le sollicite. Les images de haut et de bas ne peuvent s'appliquer qu'à un système matériel déterminé, dans lequel le centre attractif sera considéré comme *le bas;* hors de là elles ne signifient plus rien. Lors donc que nous supposons notre globe isolé dans l'espace, nous ne faisons là rien qui puisse donner prise à l'objection signalée plus haut qui craint de voir tomber la Terre on ne sait où.

La Terre peut être isolée dans l'espace. Mais non-seulement elle le peut, elle l'est en réalité. Si elle était appuyée sur un corps voisin par quelque point de sa surface, ce support, qui aurait nécessairement de très-grandes dimensions, s'apercevrait certainement lorsqu'on approcherait de lui. On le verrait sortir de terre et se perdre dans l'espace. Nous n'avons pas besoin de dire que les voyageurs qui ont fait en tous sens le tour du globe n'ont jamais rien aperçu de pareil : la surface terrestre est entièrement détachée de tout ce qui peut exister autour d'elle.

Venons maintenant au troisième point de ce chapitre, aux preuves positives du *mouvement* de la Terre.

Remarquons d'abord que les apparences des objets extérieurs seront identiquement les mêmes pour nous, soit que, la Terre étant en repos, ces objets soient en mouvement; soit que, ces objets étant en repos, la Terre soit en mouvement elle-même. Si la Terre entraîne dans son mouvement toutes les choses qui lui appartiennent, les eaux, l'atmosphère, les nuages, etc., nous ne pourrons avoir conscience de ce mouvement auquel nous participons que par l'aspect changeant du ciel immobile. Or, puisque dans l'un et l'autre cas les apparences sont les mêmes, nous allons voir que l'hypothèse du mouvement de la Terre explique tout, tandis que sans elle on tombe dans une inacceptable complication de systèmes.

Si la Terre tourne en vingt-quatre heures sur elle-même, nous pouvons voir immédiatement que, son rayon moyen étant de 1,592 lieues et sa circonférence de 10,000, un point situé sur l'équateur parcourra *un dixième de lieue par seconde*. Cette vitesse, qui paraît considérable, a été considérée comme une objection contre le mouvement de la Terre. Mais nous allons savoir de quelle vitesse sans égale il faudrait animer les sphères célestes pour leur faire parcourir à chacune la circonférence du ciel dans le même laps de vingt-quatre heures.

Et d'abord, le Soleil étant éloigné de la Terre de 23,000 fois le rayon terrestre, dans l'hypothèse de l'immobilité de la Terre, le Soleil décrirait une circonférence 23,000 fois plus grande que les points de l'équateur; ce qui donne une vitesse de 2,300 lieues par seconde.

Jupiter est environ cinq fois plus loin : sa vitesse serait de 11,500 lieues par seconde.

Neptune trente fois plus loin : il devrait parcourir 69,000 lieues par seconde.

Telles seraient les vitesses diverses dont les planètes devraient être animées pour tourner autour de notre globe en vingt-quatre heures, comme elles le paraissent faire. On voit que l'objection contre le mouvement de la Terre d'un dixième de lieue par seconde n'est plus rien à côté de celle qui naît de pareils nombres.

Que serait-ce si nous considérions les étoiles fixes! Notre voisine, l'étoile α du Centaure, devrait parcourir 520 *millions de lieues par seconde*. Et de proche en proche, jusqu'aux étoiles lointaines, nous creuserions l'infini sans trouver un nombre qui pût exprimer la vitesse des astres, pour tourner autour de ce petit point invisible qui s'appelle la Terre.

Ajoutons à cela que ces astres sont, l'un 1,400 fois plus gros que la Terre, un autre 1,400,000 fois, d'autres plus volumineux encore; qu'ils ne sont réunis entre eux par aucun lien solide qui pût les attacher à un mouvement des voûtes célestes; qu'ils sont tous situés aux distances les plus diverses; et cette effrayante complication du système des cieux témoignera par elle-même de sa non-existence, — nous pourrions dire de son impossibilité mécanique.

Mais non-seulement le mouvement diurne de la sphère céleste ne peut se comprendre que par l'admission du mouvement de la Terre autour de son axe; les mouvements des planètes dans le Zodiaque, leurs stations et leurs rétrogradations réclament avec la même rigueur le mouvement de la Terre dans le ciel. Pour expliquer les apparences planétaires en supposant la Terre immobile, les anciens avaient dû imaginer jusqu'à soixante-dix cercles enchevêtrés les uns dans les autres, cercles solides ou cieux de cristal dont rien n'égalait la complication, et qui, s'ils avaient pu exister un instant, auraient été bientôt mis en pièces par les comètes vagabondes ou par les aérolithes qui tournoient dans l'espace.

D'autre part encore, l'analogie venait confirmer singulièrement l'hypothèse du mouvement de la Terre et changer en certitude sa haute vraisemblance. Le télescope montrait dans les planètes des terres analogues à la nôtre, mues elles-mêmes par un mouvement de rotation autour de leur axe, mouvement de rotation de vingt-quatre heures pour les planètes voisines, et d'une durée moindre encore pour les mondes lointains de notre système. Ainsi la simplicité et l'analogie sont en faveur du mouvement de la Terre. Ajoutons maintenant que ce mouvement est rigoureusement voulu et déterminé par toutes les lois de la mécanique céleste.

La grande difficulté que l'on avait avancée contre le mouvement de la Terre, et qui fut en faveur pendant quelque temps, était celle-ci : si la Terre tourne sous nos pieds, en nous élevant dans l'espace et en trouvant le moyen de nous y tenir quelques secondes ou davantage, nous devrions tomber après ce laps de temps en un point plus occidental que le point de départ. Celui, par exemple, qui, à l'équateur, trouverait le moyen de se soutenir immobile dans l'atmosphère pendant une demi-minute, devrait retomber trois lieues à l'occident du lieu d'où il serait parti. — Ce serait une excellente façon de voyager, et Cyrano de Bergerac prétendait l'avoir employée lorsque, s'étant élevé dans les airs par un ballon de sa façon, il était tombé quelques heures après son départ au Canada au lieu de redescendre en France. — Quelques sentimentalistes, Buchanan entre autres, ont donné à l'objection une forme plus tendre, en disant que si la Terre tournait, la tourterelle n'oserait plus s'élever de son nid, car bientôt elle perdrait inévitablement de vue ses jeunes tourtereaux.

Le lecteur a déjà répondu à cette objection en réfléchissant que tout ce qui apartient à la Terre participe, comme nous l'avons dit, à son mouvement de rotation, et que jusqu'aux dernières limites de l'atmosphère notre globe entraîne tout dans son cours.

La figure sphéroïdale de la Terre, aplatie aux pôles et renflée à l'équateur, est le témoignage permanent de son mouvement de rotation déterminant la force centrifuge.

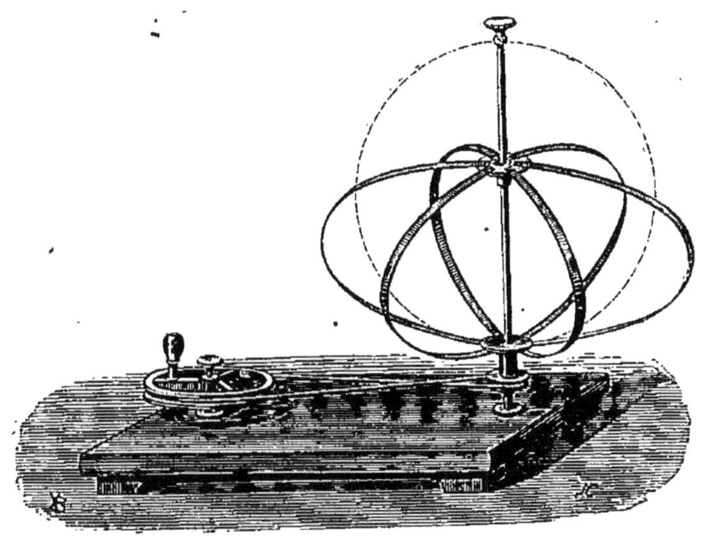

Fig. 67. — Effets de la force centrifuge.

La force centrifuge est rendue manifeste, dans les cours de physique, à l'aide de l'appareil que représente cette figure. Des cercles d'acier, tournant rapidement autour d'un axe, prennent la forme d'ellipses aplaties aux extrémités de l'axe, et l'aplatissement est d'autant plus considérable que la vitesse de rotation est plus grande. La Terre, mais surtout Jupiter et Saturne, présentent cet aplatissement dû au mouvement de rotation.

L'observation directe de divers phénomènes a encore confirmé la théorie du mouvement de la Terre par des preuves matérielles irrécusables.

Si le globe tourne, il développe, comme nous venons de le dire, une certaine force centrifuge; cette force sera nulle aux pôles, aura son maximum à l'équateur, et sera d'autant plus grande que l'objet auquel elle s'applique sera lui-même à une distance plus grande de l'axe de rotation. Ce sera en grand ce qui existe en petit dans une fronde ou dans une roue libre en mouvement rapide. Or supposons qu'on fixe un fil à plomb au sommet d'une tour, et que le poids qui le tend descende jusqu'à la surface du sol, la direction de ce fil à plomb vers le centre de la Terre, c'est-à-dire suivant la perpendiculaire au niveau d'eau, sera un peu modifiée par l'effet de la force centrifuge résultant de la rotation du globe, mesurée au pied de la tour. Si l'on fixe également au sommet de la tour, à une petite distance à l'est du premier, un second fil à plomb très-court, dont le poids serait situé un peu au-dessous du point d'attache, ce second fil n'aura pas tout à fait la direction du premier, car la force centrifuge due au mouvement de la Terre étant plus grande au sommet de la tour qu'au pied, fera dévier le fil un peu plus à l'est. — Si on laisse tomber une pierre de A en B (fig. 68), elle tomberait réellement en B si la terre était immobile; mais au sommet de la tour, la pierre est animée d'une vitesse de l'ouest à l'est plus grande qu'au pied de la tour : cette vitesse se combine avec celle de la chute, et au lieu de suivre les parois de la tour, partie de A' elle tombe en B''.

Un point *a*, situé à une certaine hauteur dans l'air (fig. 69), tomberait au pied de la verticale en A, si la terre était immobile. Mais pendant la durée de sa chute, le mouvement de rotation lui fait décrire un arc *aa'* plus grand que l'arc AA', décrit par le pied de la verticale. Abandonné à lui-même, il conserve sa vitesse d'impulsion primitive et tombe en A', à l'orient du point inférieur. Telle est la déviation qu'indique la théorie, et qui, nulle au pôle, va en croissant jusqu'à l'équateur. L'expérience confirme le raisonnement; dans l'atmosphère, il est difficile de faire cette vérification, à cause des agitations de l'air ; mais on a pu constater qu'une boule métallique A, abandonnée à elle-même à l'orifice d'un puits très-profond, tombe en B′, un peu à l'orient du pied B d'un fil à plomb qui marque la verticale. La déviation dépend

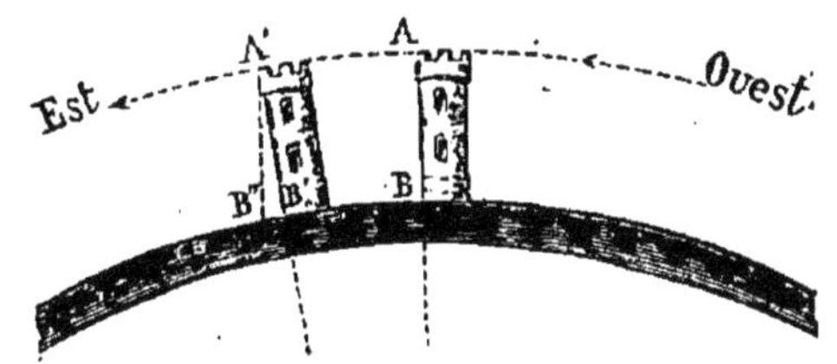

Fig. 68. — Déviation dans la chute des corps.

de la profondeur du puits; elle est à l'équateur de 0m,033 pour un puits de 100 mètres de profondeur. Dans les puits de mine de Freiberg (Saxe), on a constaté une

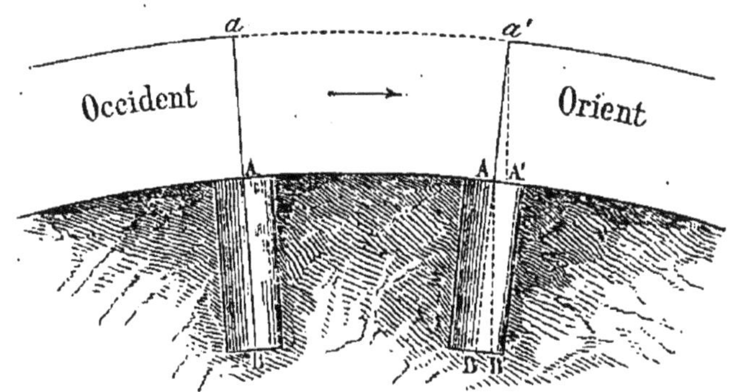

Fig. 69. — Déviation dans la chute des corps.

déviation orientale de 28 millimètres pour une profondeur de 158m,5. Il est évident que c'est là une preuve expérimentale du mouvement de rotation de la Terre. Nous avons à l'Observatoire de Paris un puits qui descend aux catacombes, à 28 mètres, et traverse l'édifice jusqu'à la terrasse, dont la hauteur est également de 28 mètres. C'est donc un puits de 56 mètres. Du temps de Cassini, on y a fait l'expérience précédente, pour donner une preuve expérimentale du mouvement de la Terre.

Les oscillations du pendule à secondes appuient encore le fait précédent. Non-seulement elles sont plus lentes à l'équateur qu'aux pôles, parce que le rayon équatorial est plus grand que le rayon polaire, mais la différence est trop grande pour être attribuée à cette seule cause. A l'équateur, la force centrifuge atténue en partie l'effet de la pesanteur.

Un pendule d'*un mètre* de longueur qui, à Paris, fait dans le vide 86,137 petites oscillations en 24 heures, transporté aux pôles, en ferait 86,242, et, à l'équateur, n'exécuterait plus, dans le même temps, que 86,017 oscillations.

La longueur du pendule à secondes, pour la station de Paris, est de 994 millimètres. Voici celle que le calcul et les observations ont fait trouver, pour le même pendule, aux pôles, à l'équateur et à une latitude moyenne de 45°. Nous y joignons les nombres qui mesurent l'intensité de la pesanteur en ces divers lieux, c'est-à-dire le nombre de mètres indiquant la vitesse acquise, après une seconde, par les corps graves tombant dans le vide.

	Longueur du pendule à seconde.	Intensité de la pesanteur.
	—	—
A l'équateur	691mm,03	9m,78,103
A la latitude de 45°.	993 ,52	9 ,80,606
Aux pôles	996 ,19	9 ,83,109

Les variations de la pesanteur sur le globe terrestre dépendent et de la forme même de ce globe, qui n'est pas sphérique, mais ellipsoïdale, et de la force centrifuge engendrée par la vitesse de rotation. La pesanteur diminue donc des pôles à l'équateur, plus qu'elle ne le ferait sans cette rotation.

Une remarque curieuse à faire ici, c'est qu'à l'équateur cette force est $\frac{1}{289}$ de la pesanteur. Or, comme la pesanteur croît proportionnellement au carré de la vitesse de rotation, et que 289 est le carré de 17, si la Terre tournait 17 fois plus vite, les corps placés à l'équateur *ne pèseraient plus :* une pierre lancée dans l'espace ne retomberait pas!

Voici un autre fait non moins positif que les précédents, et plus facile à apprécier dans ses conséquences en faveur du mouvement de la Terre. Si la Terre était immobile et que la sphère étoilée tournât autour d'elle en vingt-quatre heures, les astres ne passeraient jamais au méridien, ne se lèveraient ni ne se coucheraient jamais, à l'instant où l'indique la ligne de leur longitude dans le ciel. Les rayons lumineux qu'ils nous envoient, mettant des intervalles inégaux à nous venir, selon leurs distances réciproques, mettraient une confusion extrême dans les heures de leurs passages apparents. Tel astre qui, en réalité, passe au méridien maintenant, est situé à une telle distance, que sa lumière met six heures à nous venir; il ne paraîtra donc y passer que six heures plus tard, c'est-à-dire au moment de son coucher. Tel autre astre mettra douze heures à se laisser voir, tel autre des mois, des années: il y a là une nouvelle preuve matérielle que ce ne sont pas les sphères célestes qui se meuvent, mais bien la Terre elle-même.

Les mouvements propres annuels des étoiles dans le ciel, dont nous avons parlé dans l'exposé de la méthode employée pour déterminer la distance des étoiles, fournissent également une preuve positive du mouvement de la Terre autour du Soleil. Il en est de même du phénomène de l'aberration de la lumière.

La physique du globe a, elle aussi, fourni son contingent de preuves à la théorie du mouvement de la Terre, et l'on peut dire que toutes les branches de la science qui se rattachent, de près ou de loin, à la cosmographie, se sont unies pour la confirmation unanime de cette théorie. La forme même du sphéroïde terrestre montre que cette planète fut une masse fluide animée d'une certaine vitesse de rotation, conclusion à laquelle les géologues sont arrivés dans leurs recherches personnelles.

D'autres faits, comme les courants de l'atmosphère et de l'Océan, les courants polaires et les vents alizés, trouvent également leur cause dans la rotation du globe; mais ces faits ont une valeur moindre que les précédents, attendu qu'ils pourraient s'accorder avec l'hypothèse du mouvement du Soleil.

Nous terminerons en rappelant la brillante expérience de M. Foucault au Panthéon. A moins de nier l'évidence, cette expérience démontre invinciblement le mouvement de la Terre. Elle consiste, comme on sait, à encastrer un fil d'acier par son extrémité supérieure dans une plaque métallique fixée solidement à une voûte. Ce fil est tendu à son extrémité inférieure par une boule de cuivre d'un poids assez fort. Une pointe est attachée au-dessous de la boule, et du sable fin est répandu sur le sol pour recevoir la trace de cette pointe lorsque le pendule est en mouvement. Or il arrive que cette trace ne s'effectue pas dans la même ligne. Plusieurs lignes, croisées au centre, se succèdent et manifestent une déviation du plan des oscillations de l'orient vers l'occident. En réalité, le plan des oscillations reste fixe; la Terre tourne au-dessous, d'occident en orient. L'explication est basée sur ce fait que la torsion du fil n'empêche pas le plan des oscillations de rester invariable.

Si l'on suspend une boule pesante à l'extrémité d'un fil, et qu'après l'avoir écartée de la verticale, on l'abandonne à l'action de la pesanteur, cette force lui fera faire une série d'oscillations qui toutes auront lieu dans un même plan vertical, passant par le point de suspension.

On démontre en mécanique, et une expérience très-simple confirme ce fait, que si, pendant les oscillations du pendule, on fait tourner le plan auquel le point de sus-

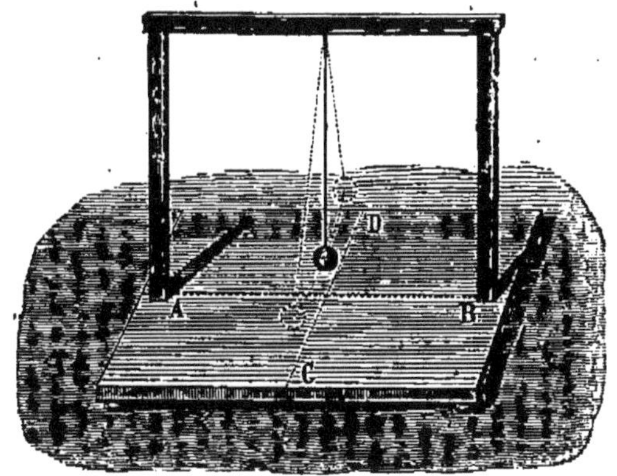

Fig. 70. — Déviation apparente du pendule.

pension est lié, le plan vertical dans lequel ont lieu les oscillations *reste invariable.*

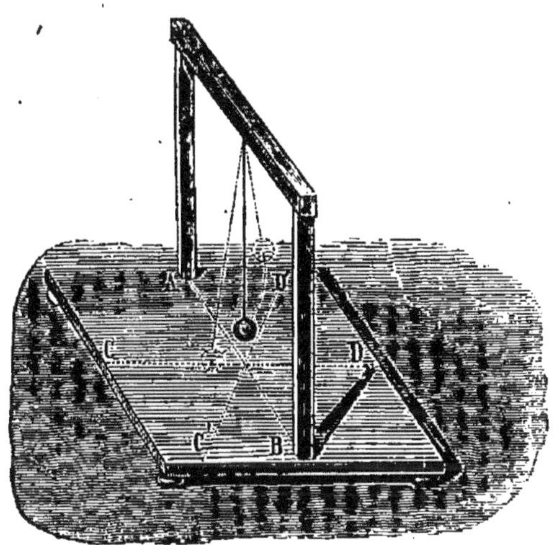

Fig. 71. — Déviation apparente du pendule.

Un appareil très-simple permet de constater ce fait. On fait d'abord osciller le pendule dans la direction CD (fig. 70), perpendiculaire à la ligne AB; puis, pendant qu'il oscille, on fait tourner lentement l'appareil sur lui-même, de façon à lui donner la position marquée dans la figure 71. La direction C'D' du plan d'oscillation restera la même que CD, comme on pourra s'en assurer à l'aide des repères fixes pris *hors* de l'appareil. Seulement, sur le plan AB, le plan d'oscillation *paraîtra* avoir dévié en sens contraire de la rotation imprimée au support, et si l'on n'avait pas conscience de ce mouvement, il est clair que la déviation semblerait réelle.

Tel est le principe de l'expérience imaginée par Foucault, et réalisée par ce savant regretté, sous la coupole du Panthéon en 1849.

Si nous imaginions qu'un pendule d'une grande hauteur fût suspendu à l'un des pôles de la Terre, une fois ce pendule en mouvement, le plan de ces oscillations restant invariable, malgré la torsion du fil, la Terre tournerait sous lui et le plan d'oscillation du pendule paraîtrait tourner en vingt-quatre heures autour de la verticale, en sens contraire, par conséquent, du véritable mouvement de rotation de la Terre.

Si le pendule était suspendu en un point de l'équateur, il n'y aurait plus de déviation. Mais pour l'horizon d'un lieu situé à une latitude quelconque, l'invariabilité du plan d'oscillation se manifeste par une déviation en sens contraire du mouvement de la Terre.

Ainsi, comme tous les astres du ciel, la Terre tourne. Le repos absolu n'existe pas dans l'univers. Tout est en mouvement, et c'est dans cette loi universelle du mouvement que réside la condition de la stabilité du monde.

Mais une question se présente ici : la Terre tourne; fort bien! mais pourrait-elle s'arrêter? Qu'arriverait-il, si, par une cause quelconque, elle cessait, subitement ou petit à petit, de rouler dans son mouvement rapide?

Voyons un peu : le sujet en vaut la peine, car il est fort curieux.

Ce n'est pas qu'en cherchant à répondre à cette curieuse petite question je veuille lui donner plus d'importance qu'elle n'en a en réalité. Que notre globe cesse un jour subitement de tourner, c'est ce que nous pouvons sans crainte déclarer impossible, et cela, avec toute l'autorité qui appartient aux principes de la mécanique céleste. De la part de notre monde, nous n'avons pas à attendre,... à craindre cette fantaisie-là. A craindre, car, en effet, voici les conséquences inévitables qui résulteraient du simple arrêt de la Terre dans son cours.

Rappelons d'abord que la vitesse d'un corps situé à la surface de la Terre se compose de deux parties : du mouvement de rotation diurne du globe autour de son axe, et de son mouvement de translation autour du Soleil. En vertu du premier, les corps placés à l'équateur terrestre parcourent 375 lieues par heure, 6 lieues par minute, un dixième de lieue par *seconde*. Cette vitesse diminue de l'équateur, où elle est maximum, aux pôles, où elle est nulle, puisque les corps ont naturellement d'autant moins de chemin à parcourir que leur cercle de latitude est plus petit. Par suite du second mouvement de la Terre, de sa révolution dans l'espace autour du Soleil, tous ses points indistinctement parcourent 456 lieues par minute, soit 7 lieues 6 dixièmes par *seconde*. On se fera une idée de cette vitesse si l'on réfléchit qu'un train express lancé à toute vapeur ne fait pas plus de 16 mètres par seconde, et qu'un boulet de 24 n'a, même à sa sortie du canon, qu'une vitesse de 390 mètres par seconde.

Tous les points qui appartiennent à un système matériel en mouvement étant animés du même mouvement que lui, si, par un arrêt brusque, ce système est mis subitement en repos, les points qui peuvent se déplacer à sa surface continueront, en vertu de la vitesse acquise, à se mouvoir dans la direction primitive. C'est en vertu de ce principe que lorsque votre cheval s'affaisse brusquement sous le timon de votre rapide calèche, vous vous trouvez malencontreusement lancé par-dessus la tête de votre pégase; c'est encore en vertu du même principe qu'il vous faut prendre certaines précautions en descendant d'un omnibus en marche, afin que vos pieds étant subitement attachés au sol immobile, tandis que votre corps est encore animé de la vitesse acquise, vous n'alliez pas baiser les traces du véhicule.

La Terre est, comme nous l'avons vu, une voiture plus rapide que les omnibus, les calèches et les wagons. Si elle s'arrêtait subitement, il va sans dire que toutes les précautions seraient superflues pour éviter une mort instantanée. Tous les objets qui ne sont pas implantés et fixés dans le sol, et qui n'adhèrent à la surface que par la loi de pesanteur, seraient immédiatement et d'un seul trait lancés dans l'espace avec une vitesse initiale de 8 lieues par seconde, rapidité dont nous sommes doués présentement. Les promeneurs paisibles, les travailleurs et les gens en repos, les animaux domestiques et ceux qui vivent dans les forêts, les oiseaux dans le ciel, nos voitures et nos machines, tout cela s'élancerait d'un seul bond dans la direction du mouvement de la Terre. Quant à l'Océan, qui recouvre les deux tiers du globe, sa masse liquide s'élançant elle-même par-dessus les rivages submergerait en un clin d'œil les îles et les continents dans sa course impétueuse, couronnant l'édifice de la mort; bientôt elle dépasserait les plus hautes montagnes et ferait subir à notre globe une transformation de surface dont n'approche aucune des révolutions antiques qui l'ont tourmenté.

Les théoriciens qui se sont amusés à chercher au déluge biblique une cause naturelle n'ont pas manqué de mettre en jeu cette supposition féconde, et d'avancer que le choc d'une comète pourrait facilement opérer cet arrêt et ses lourdes conséquences. Nous savons aujourd'hui qu'une comète pourrait passer sur la Terre sans que nous nous en apercevions.

Un autre fait bien curieux qui suivrait l'anéantissement de la vitesse de la Terre est celui-ci : la force centripète qui entraîne les planètes vers le Soleil n'étant plus contre-balancée par la force centrifuge, la Terre tomberait en ligne droite vers le Soleil. S'il y avait encore sur le globe d'autres êtres que les poissons pour le voir, cet astre s'agrandirait à vue d'œil dans un gigantesque épanouissement. La Terre arriverait sur lui 64 jours après le choc, et disparaîtrait dans sa surface comme un aérolithe sur la Terre.

Il va sans dire que notre globe n'est pas une exception à la règle générale, et que le même sort serait réservé aux autres planètes si elles se trouvaient dans le même cas. Ainsi, si la vitesse de Mercure, de Vénus, de Jupiter ou de Saturne était anéantie, ces planètes tomberaient dès lors dans le Soleil, la première en quinze jours, la seconde en quarante, la troisième en sept cent soixante-sept, la dernière en dix-neuf cents.

Mais voici une autre conséquence bien plus curieuse encore, qui résulterait immédiatement de l'arrêt subit de la Terre dans son cours.

Il est reconnu que le mouvement ne peut s'anéantir, pas plus que nul atome de matière; il peut se communiquer, se diviser, se perdre en une certaine somme de forces partielles, mais non s'anéantir. Il peut, et c'est là le point important ici, il peut se transformer en chaleur, et il s'y transforme effectivement toutes les fois qu'il paraît se perdre comme force motrice. Ainsi, vous frappez à plusieurs reprises sur un clou enfoncé et désormais immobile; le mouvement du marteau ne se *communiquant* plus au clou, se *transforme* en chaleur; vous pourrez facilement vous en apercevoir au toucher. Sans multiplier les exemples, chacun a constaté par expérience cette transformation mécanique du mouvement en chaleur.

Or, si par une cause quelconque on suspendait instantanément le mouvement multiple qui anime notre globe, ce mouvement subirait cette transformation dont nous venons de parler. La Terre s'échaufferait tout à coup, et veut-on savoir à quel degré? La quantité de chaleur engendrée par l'arrêt du globe terrestre, équivalant à un choc colossal, suffirait non-seulement pour *fondre la Terre entière*, mais encore pour en réduire la plus grande partie *en vapeur*.

Cette conséquence domine toutes les précédentes et les absorbe. La Terre ne serait plus une planète; sa masse, son volume et sa densité, changés du tout au tout, ne permettraient plus les applications que nous signalions tout à l'heure sur le mouvement désordonné des corps à sa surface, le déversement des mers et sa chute dans le Soleil; tous ces éléments donnés par la mécanique seraient modifiés suivant le mode plus ou moins rapide dont se serait opéré l'arrêt du mouvement de la Terre.

Si cet arrêt n'était qu'un ralentissement progressif, dont l'accomplissement demanderait une durée de quelques instants, au lieu d'être instantané, la Terre pourrait encore devenir assez chaude pour que tous les êtres vivants qui existent à sa surface périssent subitement.

Terminons ces réflexions comme nous les avons commencées, en disant que la question est plus curieuse qu'importante, et que très-certainement nous pouvons dormir tranquilles, sans laisser en nous les moindres traces des craintes imaginaires qu'elle aurait pu momentanément faire naître dans notre esprit.

D'ailleurs notre globe n'a pas grande importance dans l'univers, et sa disparition serait peu remarquée. Ce n'est qu'une insignifiante bulle de savon, comme le disait notre poëte national Béranger en célébrant la nuit de son ascension :

Dans mon vol, sous mes pieds, qu'entends-je?
C'est le triste son d'un pipeau,
Qui mène au gré d'un tout jeune ange
L'un des corps nains du grand troupeau.
Petit globe, objet de risée!
On dirait, à le voir courir,
Du savon la bulle irisée
Qu'un souffle fait naître et périr.

Je demande à l'enfant céleste
Si c'est son jouet dans les cieux.
— Énorme géant, sois modeste,
Dit-il, regarde et juge mieux.
Je me penche alors sur la boule,
Prêt à la prendre dans ma main!
Dieu! j'y vois s'agiter la foule
Que nous nommons le genre humain.

Ma confusion est profonde.
— Est-ce donc là notre séjour?
— Oui, dit l'ange, voilà ce monde
Dont peu d'entre vous font le tour.
Ton œil y distingue sans doute
Ces monts qui sont géants pour vous,
Et votre Océan, cette goutte
Qui suffit à vous noyer tous.

III

LA LUNE

Le soir ramène le silence.
Assis sur des rochers déserts,
Je suis dans le vague des airs
Le char de la nuit qui s'avance.

Tout à coup, détaché des cieux,
Un rayon de l'astre nocturne
Glissant sur mon front taciturne
Vient mollement toucher mes yeux.

Doux reflet d'un globe de flamme,
Charmant rayon, que me veux-tu?
Viens-tu dans mon sein abattu
Porter la lumière à mon âme?

Descends-tu pour me révéler
Des mondes le divin mystère?
Les secrets cachés dans la sphère
Où le jour va te rappeler?

Une secrète intelligence
T'adresse-t-elle aux malheureux?
Viens-tu la nuit briller sur eux
Comme un rayon de l'espérance?

Viens-tu dévoiler l'avenir
Au cœur fatigué qui t'implore?
Rayon divin, es-tu l'aurore
Du jour qui ne doit pas finir?

LAMARTINE.

Astre par excellence de la rêverie et du mystère, le flambeau destiné à l'illumination des nuits terrestres a toujours eu le privilége d'attirer les regards et les pensées. Il semble que, régnant sur l'empire du silence et de la paix, il soit plus mystérieux, plus solitaire que nul autre; sa lumière blanche et glacée vient encore affermir l'impression première; il reste dans la pensée comme représentant la nuit elle-même. Dès les âges antiques, les anciens avaient nommé souveraine des nuits silencieuses Diane au croissant d'argent, Phœbé à la blonde chevelure.

Attachée par les liens indissolubles de l'attraction à la Terre de laquelle elle est issue, la Lune gravite autour de nous comme un satellite fidèle. Au moment de sa plus grande clarté, lorsqu'elle est arrivée à la phase de sa plénitude, elle ouvre en se levant l'heure de l'apparition des étoiles, et, suivant sensiblement leur cours de l'orient à l'occident, elle semble leur guide céleste.

Cependant, comme elle fait le tour du globe d'occident en orient en vingt-sept jours environ, on remarque bientôt qu'elle retarde chaque jour sur les étoiles qu'elle paraissait conduire, et qu'elle possède un mouvement indépendant de celui de la sphère céleste. En effet, elle est l'astre le plus rapproché, et elle nous appartient à titre de satellite.

La distance de la Terre à la Lune a été mesurée par un procédé analogue à celui que nous avons exposé page 129 pour la mesure des distances des étoiles. Deux astronomes (comme l'ont fait entre autres Lalande et Lacaille, en 1756, à Berlin et au cap de Bonne-Espérance) se placent sur un même méridien, l'un en A, l'autre en B (fig. 72), et mesurent la distance de la Lune à leurs zéniths respectifs, c'est-à-dire les angles ZAL, Z'BL, au moment où l'astre passe à leur méridien. Les suppléments TAL et TBL de ces angles sont par là même déterminés, et l'angle ATB, qui est la somme des latitudes, est donné par la position même des observateurs. En menant la tangente LA', on a la parallaxe horizontale A'LT et la distance TL.

Les astronomes cités plus haut avaient trouvé 57′40″ pour la valeur de l'angle sous lequel on voit de la Lune le rayon de la Terre. Les dernières mesures la fixent à 57′2″7, ce qui porte la distance moyenne du centre de la Lune au centre de la Terre à un peu plus de 60 rayons terrestres. Un pont de 30 terres y conduirait.

La Lune tourne autour de la Terre en 27 jours 7 heures

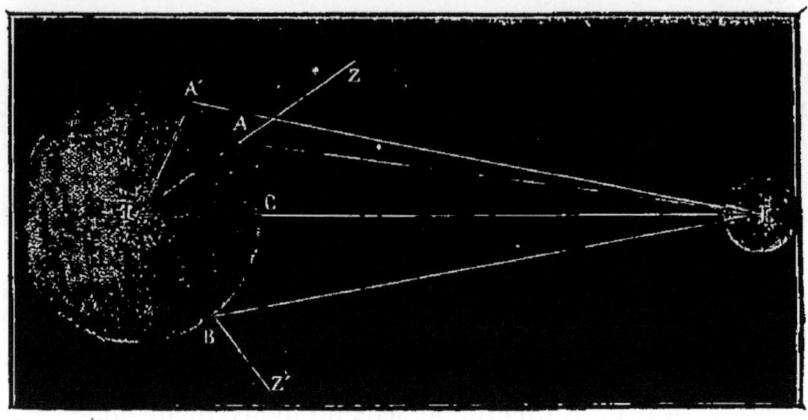

Fig. 72. — Mesure de la distance de la Terre à la Lune.

43 minutes 11 secondes et demie. C'est ce qu'on appelle sa révolution sidérale. Supposons-nous au moment de la nouvelle lune : la Lune se trouve juste entre le Soleil et la Terre. Elle commence sa révolution. Au bout du temps que je viens d'inscrire, elle reviendrait au même point si la Terre était immobile ; et, en fait, elle revient au même point relativement aux étoiles fixes. Mais, pendant ces 27 jours, la Terre a marché dans son mouvement annuel autour du Soleil, et le Soleil a changé de place, en sens contraire du mouvement de la Terre. La Terre allant vers la droite, il a rétrogradé vers la gauche. Pour que la Lune revienne devant lui, il faut qu'elle marche encore pendant environ 2 jours. Cette révolution est la principale pour nous, puisque c'est elle qui produit les phases ; on l'ap-

pelle synodique, et sa durée est de 29 jours 12 heures 44 minutes 3 secondes.

De tous les astres, c'est celui dont la connaissance nous fut la première et le mieux acquise. Dès l'invention des premières lunettes d'approche, il n'y a guère que 250 ans, ces instruments primitifs, dont la puissance était loin d'atteindre les régions stellaires et ne pouvait être efficacement appliquée qu'à cet astre voisin, astronomes, astrologues, alchimistes, tous ceux qui s'occupaient de science se sentirent tourmentés par le plus vif désir de pénétrer par la vue dans les régions de cette terre céleste. Les premières observations de Galilée ne firent pas moins de bruit que la découverte de l'Amérique ; un grand nombre voyaient là une découverte nouvelle d'un nouveau monde bien plus intéressant que l'Amérique, puisqu'il était en dehors de la terre. C'est un des spectacles les plus curieux de l'histoire d'assister au mouvement prodigieux qui s'opéra à propos du monde de la Lune. Il n'y a que le premier pas qui coûte, dit un vieux proverbe : à l'époque dont je parle, on n'avait attendu que le premier pas de l'optique ; à peine fut-il fait, qu'on réclama le second avec avidité, puis le troisième, et comme les progrès de la science n'arrivaient pas aussi vite que les désirs, comme bien des années se passaient sans qu'on pût arriver à distinguer les royaumes de la Lune et les cités de ses habitants, l'imagination exaltée prit les devants et partit sans tarder davantage pour le nouveau monde céleste. On vit paraître alors de fort curieux voyages à la Lune, d'étonnantes excursions, d'impardonnables fantaisies, et les études sérieuses se trouvèrent bientôt largement dépassées par les visions des esprits impatients[1].

Cependant elles marchaient rapidement, les découvertes

[1] Les lecteurs curieux de connaître ces voyages pseudo-scientifiques en trouveront la description critique dans notre ouvrage : *Les Mondes imaginaires et les Mondes réels.*

astronomiques. Encouragé par les premières révélations du télescope, on avait entrepris l'étude complète de la surface lunaire. L'aspect de la Lune vue à l'œil nu, ce visage grossier que l'on remarque avec un peu de bonne volonté sur son disque pâle, s'était transformé dans le champ des lunettes, et l'on avait observé tout d'abord des parties très-brillantes et des parties plus sombres. En examinant plus attentivement, et en amplifiant les grossissements, on reconnut que l'aspect des détails changeait suivant que le Soleil se trouvait d'un côté ou de l'autre de la Lune; qu'aux jours où le Soleil était à gauche des signes brillants, on voyait des lignes sombres à leur droite, tandis que, dans le cas contraire, les lignes sombres paraissaient à gauche. Il fut alors facile de constater que les parties brillantes étaient des montagnes, que les parties sombres qui les avoisinaient étaient des vallons ou des plaines basses, et qu'enfin les larges taches grises qui se voyaient en plaine étaient des pays dont le sol réfléchissait moins parfaitement la lumière solaire.

On savait déjà que les phases de la Lune sont produites par l'illumination du Soleil, puisque, lorsque nous voyons entièrement la partie éclairée de la Lune, à l'époque de la pleine lune, c'est quand nous nous trouvons entre le Soleil et la Lune et que nous voyons entièrement le côté que le Soleil éclaire; qu'à l'époque de la nouvelle lune, le Soleil se trouve derrière cet astre et éclaire le côté que nous ne voyons pas, et qu'aux deux quartiers nous faisons un angle droit avec la Lune et le Soleil et ne pouvons voir alors que la moitié de la partie que le Soleil éclaire. Les observations faites au télescope confirmèrent cette explication en montrant que la marche des ombres à la surface lunaire est l'inverse de la marche du Soleil. Plus tard, il y a quelques années seulement, elle fut encore confirmée par l'analyse de la lumière dont j'ai parlé plus haut, car en analysant les rayons renvoyés par la Lune, on trouva identiquement les mêmes éléments que dans la lumière directement émise par le Soleil.

On avait donc sous les yeux un globe opaque comme la

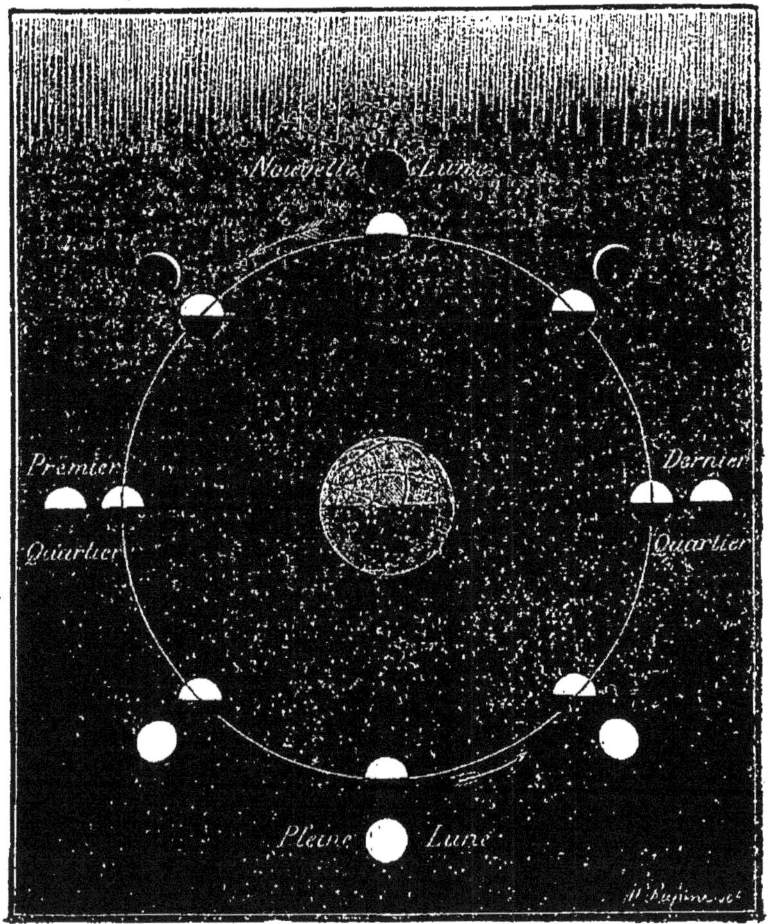

Fig. 75. — Explication des phases de la Lune

Terre, éclairé comme elle par le Soleil, et accidenté comme sa surface de montagnes et de vallées. C'était plus qu'il n'en fallait pour aiguillonner la curiosité. On s'occupa donc spécialement de notre voisine, et on en dressa la carte géographique, ou, pour mieux dire, sélénographique, puisque, comme vous le savez, lecteur, Γῆ veut dire Terre, tandis que Σελήνη veut dire Lune.

Comme les idées astrologiques sur les influences physiques et métaphysiques, morales ou immorales de la Lune, étaient en pleine vigueur, et que l'homme ne peut, qu'avec la plus pénible difficulté, s'affranchir de l'erreur, lors même qu'il le veut, ce qui est malheureusement bien rare, comme vous savez,

> L'homme est de glace aux vérités,
> Il est de feu pour le mensonge.

les astrologues continuèrent à interpréter le langage de la Lune suivant les règles de l'horoscopie, et les astronomes firent une description qui sentait les opinions régnantes. Aux grandes taches sombres on donna le nom de mers, aux petites le nom de lacs ou de marais; puis on baptisa mers, lacs, marais, monts, vallées, golfes, presqu'îles, etc., de dénominations liées au souvenir des vertus plus ou moins légitimement attribuées à l'astre des nuits. C'est ainsi qu'il y eut, et qu'il y a encore présentement sur la Lune : la Mer de la Fécondité, le Lac des Songes, la Mer de la Sérénité, le Marais des Brouillards, l'Océan des Tempêtes, le Lac de la Mort, la Mer des Humeurs, le Marais de la Putréfaction, la Presqu'île des Rêveries, la Mer de la Tranquillité, etc., etc., et autres noms qui ne sont pas tous, comme vous le voyez par ceux qui précèdent, d'un goût exquis ni d'un sentiment toujours gracieux.

Lorsqu'il s'agit de nommer les montagnes, on eut d'abord l'idée de leur donner le nom des astronomes dont les travaux avaient été les plus utiles à l'avancement de la connaissance de la Lune et avaient le plus brillamment illustré cette beauté de l'espace. Mais une considération de prudence retint Hévélius, l'auteur de *la Séléno-*

graphie. Laquelle? Oh! elle ne doit pas être bien longue à deviner : on craignit d'exciter des sentiments de ja-

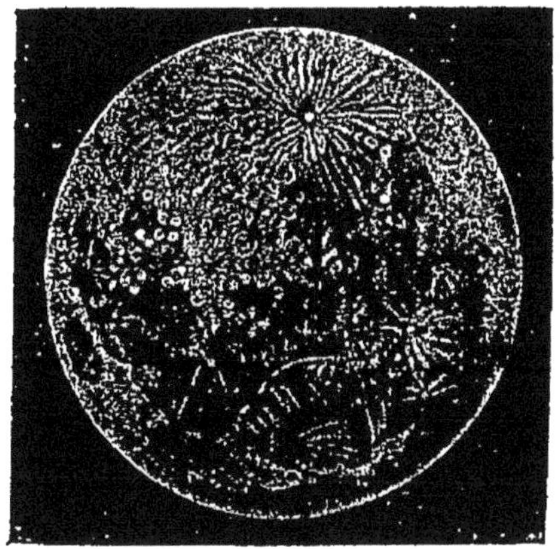

Fig. 74. — Aspect de la pleine lune. (Photographie directe.)

lousie. Tel astronome qui n'avait pas en sa possession un coin de terre ici-bas eût été fort honoré de recevoir un petit héritage des terres lunaires ; tel autre, riche proprié-

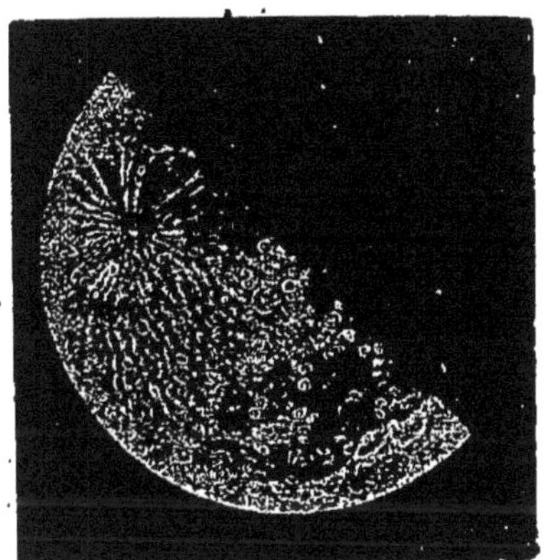

Fig. 75. — Premier quartier. (Photographie.)

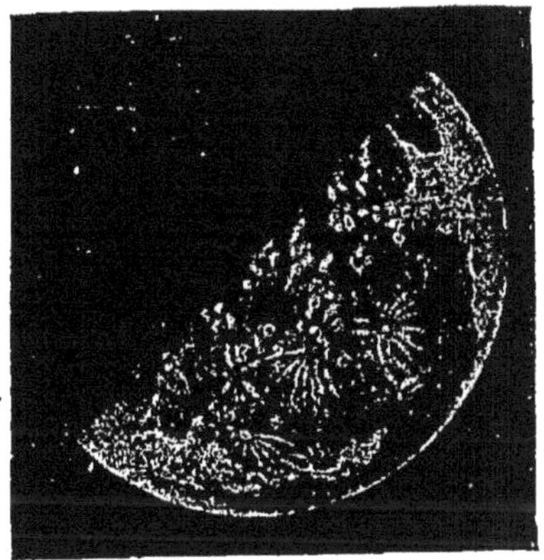

Fig. 76. — Dernier quartier. (Photographie.)

taire, eût été (comme il arrive toujours chez les gens de cette profession) très-fâché de ne pas voir augmenter son bien par quelque coin de lune. Alors, pour ne froisser personne, on donna tout simplement aux montagnes de la Lune le nom des montagnes de la Terre. Il y eut les Alpes, les Apennins, les Karpathes, etc.; mais le vocabulaire des montagnes ne fut pas suffisant; alors on en revint aux savants, mais aux savants morts : Aristote, Platon, Hipparque, Ptolémée, Copernic eurent chacun leur propriété dans la Lune. Certains voyageurs, comme l'auteur du *Voyage au monde de Descartes*, ont constaté, en visitant ces différents pays lunaires, que les grands hommes dont ils ont reçu arbitrairement le nom en prirent possession dans le courant du seizième siècle et y établirent leur résidence. Ces âmes immortelles, paraît-il, y continuèrent leurs œuvres et leurs systèmes inaugurés sur la Terre. C'est ainsi que sur le mont Aristote est élevée une véritable cité grecque, peuplée de philosophes péripatéticiens, gardée par des sentinelles armées de Propositions, d'Antithèses, de Sophismes, et que le maître habite au centre de la ville, dans un magnifique palais ! C'est ainsi que dans le cirque de Platon habitent des âmes sans cesse occupées à la recherche du prototype des idées ! Il y a deux ans on a fait un nouveau partage des propriétés lunaires, et l'on en a généreusement enrichi quelques astronomes de nos amis.

Sans nous occuper à présent si les habitants de la Lune sont les âmes de ceux dont les noms illustres ont servi à qualifier les royaumes d'ici-bas, nous pouvons continuer notre relation en disant que les connaissances si satisfaisantes que l'on eut rapidement de notre satellite sont dues à sa grande proximité de la Terre et à la facilité avec laquelle nous voyons tout ce qui se passe à sa surface. Elle est, en effet, si rapprochée de nous, qu'après les distances célestes auxquelles nous avons dû nous familiariser dans les chapitres précédents, l'éloignement qui nous en sépare n'est qu'une bagatelle. Même pour

LEBRETON

ceux dont la pensée n'a pas visité les régions ultra-terrestres, le chemin d'ici à la Lune n'est pas bien long. Les navigateurs au long cours qui ont fait quatre ou cinq fois le tour du globe ont parcouru une pareille distance, car, pour faire le tour du globe, les irrégularités de la route donnent bien le double de la circonférence géométrique. De l'orbite lunaire un corps qui se laisserait tomber arriverait ici en 4 jours 19 heures 55 minutes. Pour aller d'ici à la Lune on mettrait un peu plus de temps ; mais si on avait en main la vitesse de la vapeur, on y arriverait en moins d'un an. A sa distance mininum, elle n'est qu'à 28 fois et demie la largeur de la Terre, ou 90,650 lieues environ. On voit que c'est une distance vraiment insignifiante.

C'est cette proximité, sans doute, qui a causé la grande réputation de l'astre lunaire parmi nous. Aucun astre sans excepter le Soleil, n'eut jamais pareille influence. Le monde entier fut accessible aux influences lunaires, les hommes comme les animaux, les plantes comme les minéraux. J'ai dit plus haut que les opinions astrologiques fournies à l'égard de cet astre étaient des plus singulières. Il faut que je me donne le plaisir de vous en citer quelques-unes ; elles sont vraiment trop curieuses pour être passées sous silence. Choisissons donc deux ou trois bons astrologues savants sur la Lune, et interrogeons-les. Voici d'abord l'action générale du satellite sur la Terre.

Corneille Agrippa, fameux géomancien, s'exprime ainsi[1] : « La Lune s'appelle Phœbé, Diane, Lucine, Proserpine, Hécate, qui règle les mois, demi-formée ; qui éclaire les nuits, errante, sans parole, à deux cornes, conservatrice, coureuse de nuit, porte-cornes, la souveraine des divinitez, la reine du ciel, la reine des mânes,

[1] *Philosophie occulte.* Voy. les *Curiosités des sciences occultes*, par le bibliophile Jacob.

qui domine sur tous les éléments, à laquelle répondent les astres, reviennent les temps et obéissent les éléments; à la discrétion de laquelle soufflent les foudres, germent les semences, croissent les germes; mère primordiale des fruits, sœur de Phœbus, luisante et brillante, transportant la lumière d'une des planètes à une autre, éclairant par sa lumière toutes les divinitez, arrêtant divers commerces des étoiles, distribuant des lumières incertaines à cause des rencontres du Soleil, reine d'une grande beauté, maitresse des plages et des vents, donatrice des richesses, nourrice des hommes, la gouvernante de tous les États; bonne et miséricordieuse, protégeant les hommes par mer et par terre; modérant les revers de la fortune; dispensant avec le destin, nourrissant tout ce qui sort de terre, courant par divers bois, arrêtant les insultes des phantômes, tenant les cloîtres de la terre fermés, les hauteurs du ciel lumineuses, les courants salutaires de la mer, et gouvernant à sa volonté le déplorable silence des enfers; réglant le monde, foulant aux pieds le Tartare, de laquelle sa majesté fait trembler les oiseaux qui volent au ciel, les bêtes sauvages dans les montagnes, les serpents cachés sous la terre et les poissons dans la mer. »

Selon La Martinière : « Cette planète lunaire est humide de soy; mais, par l'irradiation du Soleil, est de divers tempéraments; comme en son premier quadrat elle est chaude et humide, auquel temps il fait bon saigner les sanguins; en son second, elle est chaude et sèche, auquel temps il fait bon saigner les colériques; en son troisième quadrat, elle est froide et humide, auquel temps on peut saigner les flegmatiques; et en son quatrième elle est froide et sèche, auquel temps il est bon de saigner les mélancoliques... C'est une chose entièrement nécessaire à ceux qui se meslent de la médecine, de connoistre le mouvement de cette planète pour bien discerner les causes des maladies. Et comme souvent la Lune se conjoint avec Saturne, on lui attribue les apoplexies, paralysie, épilepsie, jaunisse, hydropisie, léthargie, cataporie, catalepsie, catarrhes, convulsions, tremblement de membres, distillations catarrhales, pesanteur de tête, séronnelles, imbécilité d'estomach, flux diarrique et lientérique, rétentions, et généralement toutes maladies causées d'humeurs froides. J'ai remarqué que cette planète a une si grande puissance sur les créatures, que les enfants qui naissent depuis le premier quartier de la Lune déclinant, sont plus maladifs : tellement que les enfants naissant lorsqu'il n'y a plus de Lune, s'ils vivent, sont faibles, maladifs et languissants, ou sont de peu d'esprit et idiots. Ceux qui sont nés sous la maison de la Lune, qui est le Cancer, sont d'un tempérament flegmatique. »

La Lune domine, d'après Eteilla, « sur les comédiens, les joueurs de gibecière, les bouchers, les chandeliers et ciriers, les cordiers, les limonadiers, les cabaretiers, les paulmiers, donneurs à jouer de toute nature, le maître des hautes œuvres, les ménageries d'animaux; et, dans son contraste, sur les joueurs de profession, les espions, les escrocs, les femmes de débauche, les filoux, les banqueroutiers, les faux monnoyeurs, et les petites maisons : c'est-à-dire que la Lune domine sur tous ceux qui sont de métier à travailler la nuit, par état, jusqu'au soleil levant, ou à vendre des denrées pour la nuit ; et dans le contraste, elle domine sur tout ce qu'on auroit honte de commettre en plein jour, au vu de ceux qui ont des mœurs. Ainsi chaque lecteur, en lisant, doit se rendre facilement compte sous quelle domination il est, etc..... Il est bon de noter que la Lune domine aussi sur tous les petits négociants qui ne tirent que des ports de la nation ou de la main des accapareurs, sur les usuriers, les courtiers, les maquignons, les rats de Palais, hommes sans charges rongeant les clients, et mettant, par leurs astuces, les honnêtes gens dans le péril de perdre. » — « Ce n'est pas sans sujet, répliquait-on à ces accusations, que la Lune est si proche de nous ; si elle étoit aussi éloignée que Saturne, elle ne pourroit pas répondre à tout. »

Mais les êtres intelligents et les êtres animés n'étaient pas seuls soumis à ces pernicieuses influences : toute la nature terrestre, jusqu'aux végétaux et aux minéraux étaient sous leur empire.

« Les concombres s'augmentent aux pleines lunes, ainsi que les raves, les navets, poreaux, lis, raiforts, safran, etc. ; mais les oignons, au contraire, sont beaucoup plus gros et mieux nourris sur le déclinement et vieillesse de la Lune que sur son croissement, jeunesse et plénitude... ce qui est cause que les Égyptiens s'abstenaient d'oignons, à cause de leur antipathie avec la Lune... Les herbes cueillies pendant que la Lune croîtra, de grande efficacité... Si on taille de nuit les vignes, pendant que la Lune logera dans le signe du Lyon, Sagittaire, Scorpion ou Taureau, on les sauvera des rats champestres, taulpes, limaçons, mouches et aultres... Pline assure que les aulx semez ou transplanttez la Lune estant soubz terre, et cueillis le jour qu'elle sera nouvelle, n'auront aucune mauvaise odeur, et ne rendront l'alcine de ceux qui en auront, ni puante ni malplaisante. »

Voilà, j'espère, un choix de merveilleuses conjectures astrologiques. Toutes ces ténèbres se sont évanouies à la lumière de l'astronomie moderne.

IV

CONSTITUTION PHYSIQUE DE LA LUNE

> Je salue ta froide et vaporeuse lumière, ô pâle pèlerin du ciel troublé ! je te salue à travers la brume qui t'inonde et qui donne à ton front son teint sombre ! Comment ton œil pur et paisible peut-il assister sans trouble à nos scènes d'en bas et comment un regard sans larmes peut-il envoyer sa lumière sur un monde de guerre et de douleur !
>
> WALTER SCOTT, *Rokeby*.

Il y a, en effet, un grand contraste, non-seulement apparent, mais réel, entre la sereine tranquillité du disque lunaire et les grands mouvements qui s'opèrent sans cesse à la surface de notre monde. En approchant de la Lune, on ne remarque aucune des causes physiques qui font de la terre un vaste laboratoire où mille éléments se combattent ou s'unissent. Point de ces tempêtes tumultueuses qui fondent parfois sur nos plaines inondées, point de ces ouragans qui descendent en trombe s'engloutir dans la profondeur des mers ! Nul vent ne souffle, aucun nuage ne s'élève dans le ciel. On n'y voit pas ces traînées blanches de vapeurs nuageuses, ni ces amoncellements plombés de lourdes cohortes : jamais la pluie n'y tombe, jamais la neige, ni la grêle, ni aucun des phénomènes météorologiques ne s'y manifestent. Nul globe céleste n'est plus serein ni plus pur.

Mais aussi, on n'y voit pas non plus ces teintes magnifiques qui colorent notre ciel de l'aurore ou du crépuscule; on n'y voit pas ces rayonnements de l'atmosphère embrasée; si les vents et les tempêtes ne soufflent jamais, il en est de même de la brise embaumée qui descend de nos coteaux en fleurs. Dans ce royaume d'immobilité souveraine, le plus léger zéphyr ne vient jamais caresser la tête des collines; le ciel reste éternellement endormi dans un calme incomparablement plus complet que celui de nos chaudes journées où pas une feuille ne s'agite dans les airs.

C'est qu'à la surface de ce monde étrange, il n'y a pas d'atmosphère. De cette privation résulte un système essentiellemet difficile à imiter. En premier lieu, l'absence d'air implique par là même l'absence d'eau et de tout liquide, car l'eau et les liquides ne peuvent exister que sous la pression atmosphérique; si l'on enlève cette pression, ils s'évaporent et laissent leur lit à sec. Ainsi, par exemple, si vous placez un vase rempli d'eau sous le récipient d'une machine pneumatique, et que, pompant l'air qui se trouve dans ce récipient, vous y fassiez le vide, vous verrez bientôt l'eau qui s'y trouve bouillir, quand même on gèlerait du froid le plus rigoureux dans l'endroit où vous faites l'expérience, puis l'ébullition dégager des vapeurs et enfin l'eau s'évaporer. Or, supposez qu'en une certaine période de son existence passée, la Lune ait eu, comme la Terre, des mers et des fleuves, et qu'à l'aide d'un appareil quelconque, on ait soutiré tout l'air qui l'environnait, ses mers et ses fleuves se seraient mis à bouillir et à retomber en vapeur; et, en continuant l'opération assez longtemps, on aurait mis la Lune complétement à sec. C'est précisément ce qui est arrivé. Depuis l'époque lointaine de sa formation à l'état fluide, elle a perdu tous ses liquides et toutes ses vapeurs, et aujour-

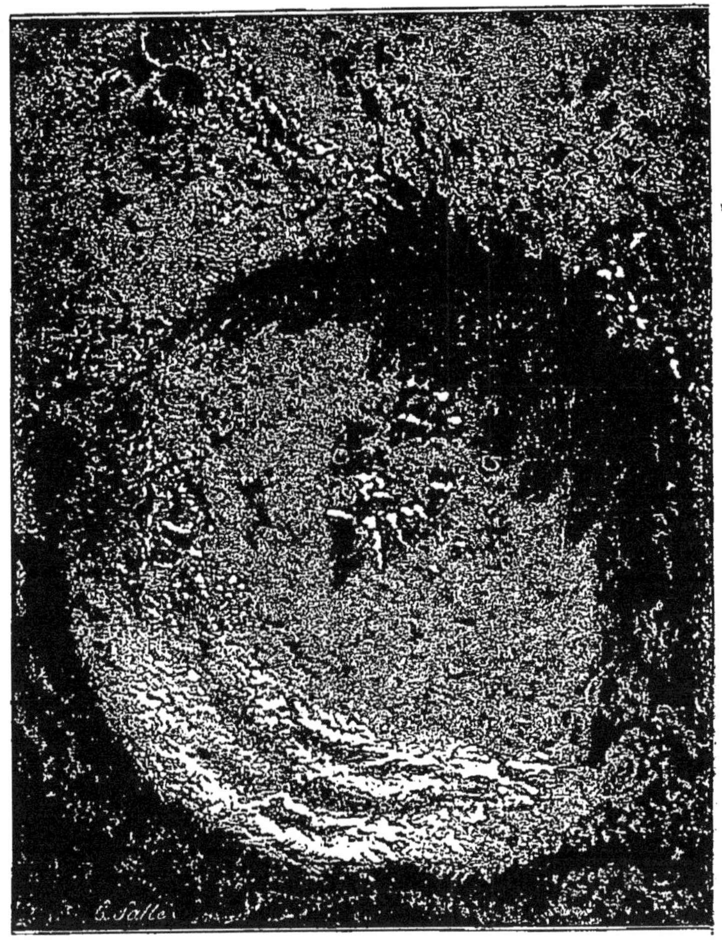

Fig. 78. — Une montagne lunaire. Le mont Copernic.

d'hui même, une linotte pourrait mourir de soif au milieu des mers de la Lune.

Ces mers n'ont pas une goutte d'eau. Ce sont là, dira-t-on, de singulières mers. Et en effet, nul ne soutiendra que leur dénomination soit logique. Mais, nous l'avons vu, on les a nommées à une époque où l'on ne connaissait pas encore suffisamment la nature lunaire pour deviner qu'elle existe sans atmosphère et sans eau. De l'absence d'air résulte un autre fait bien curieux : c'est l'absence de ciel. A la surface de la Lune, lorsqu'on lève les yeux au ciel, on n'en voit point. Une immensité, sans profondeur, se laisse traverser par la vue, sans l'arrêter sur aucune espèce de forme, et de jour comme de nuit on voit les étoiles, les planètes, les comètes et tous les astres de notre univers. Le Soleil passe devant eux, sans les effacer comme il le fait pour nous. Non-seulement on ne jouit plus de cette diversité perpétuelle que les mouvements des météores engendrent sur notre monde, mais on n'y contemple même plus cette voûte azurée qui couronne la Terre d'un dôme si magnifique. Un abîme noir, et perpétuellement noir, s'étend dans l'espace.

Tandis qu'en haut règne l'obscurité, en bas règne le silence. Jamais le moindre bruit ne s'y fait entendre. Ni le soupir du vent dans les bois, ni le bruissement du feuillage, ni le chant de l'alouette matinale ou l'harmonieuse causerie du rossignol, n'éveillent les échos éternellement muets de ce monde. Nulle voix, nulle parole n'a jamais troublé la solitude immense qui l'ensevelit. Là règne en souverain l'immobile silence.

De hautes montagnes escarpées déchirent sa surface. Çà et là on voit des crêtes dénudées s'élever vers le ciel, des rochers blancs entassés comme les ruines de quelque révolution disparue, des crevasses traverser le sol comme sur ces terres desséchées par les rayons ardents des longs jours d'été. Ce qui rend le spectacle plus étrange, c'est que l'absence de vapeurs entraînant l'absence de perspective aussi bien que l'absence de toute teinte, on ne voit que du blanc et du noir, selon que les objets sont au soleil ou à l'ombre, se succéder jusqu'à l'horizon sans perdre l'éclat ni le contour.

Dans le voisinage du pôle austral, c'est-à-dire du bas de la Lune vue à l'œil nu, on trouve les plus hautes montagnes du satellite : Dœrfel, dont le sommet atteint 7,600 mètres de hauteur au-dessus du niveau de la plaine avoisinante; Casatus et Curtius, de 6,956 à 6,769 mètres; Newton, de 7,264 mètres de profondeur : ce

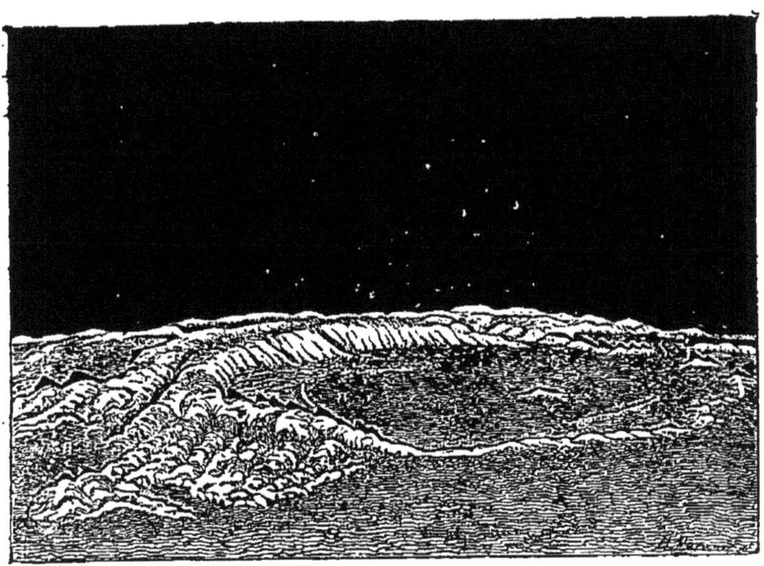

Fig. 76. — Cratère enseveli sur les rives de l'océan des Tempêtes.

mot *profondeur* peut surprendre à juste titre lorsqu'il s'agit de l'élévation d'une montagne; c'est, en effet, un si singulier monde que la Lune, que ses montagnes peuvent se mesurer aussi bien comme profondeur que comme hauteur. Voilà un paradoxe difficile à comprendre, n'est-ce pas? — Mais non; les montagnes de la Lune ne sont pas comme celles de la Terre : elles sont creuses. Lorsqu'on arrive au sommet, on trouve un anneau, dont l'intérieur descend souvent au-dessous de la plaine avoisinante; de sorte que si l'on ne veut pas faire le tour des talus, qui mesurent parfois jusqu'à 500 kilomètres (Ptolémée) et même jusqu'à 680 kilomètres de circonférence (comme le cirque de Clavius), on est obligé de descendre 5, 6 ou 7 kilomètres, de traverser le fond du cratère, et ensuite de remonter à la partie opposée de l'anneau pour revenir enfin dans la plaine.

Le dessin du mont Copernic (fig. 75) montre le type d'une montagne lunaire, telle que nous les voyons au télescope. La fig. 76 montre un cratère plein de sable fort curieux. Déjà, à la fig. 74, nous avons vu un paysage lunaire, relevé en perspective, comme si nous étions transportés à la surface de la Lune.

Parmi les montagnes annulaires, on peut citer celle d'Aristillus, située dans la mer des Pluies, non loin du Caucase, entre les marais des Brouillards et de la Putréfaction. C'est un fait curieux de savoir que la surface de l'hémisphère lunaire a été connue avant la surface de notre propre terre, et que l'on avait pu mesurer la hauteur de toutes ses montagnes avant d'avoir pu le faire de celle de toutes les nôtres. Le volcan d'Aristillus en particulier fut l'un des premiers et des mieux connus. Lecouturier, auteur d'une très-bonne carte de la Lune, en a fait une longue description, et cette description peut être appliquée à la plupart des monts lunaires. Il se compose d'un cratère d'environ 10 lieues de diamètre, du milieu duquel s'élèvent deux cônes, dont le plus élevé atteint à peu près 900 mètres de hauteur : le tout est environné d'un rempart circulaire, dont le plus haut sommet est de 3,500 mètres. Lorsqu'on examine le fond du cratère avec une forte lunette et dans des circonstances favorables, on y remarque une foule d'aspérités qui semblent indiquer des laves durcies et des blocs de rochers entassés. De cette montagne, prise pour centre, partent cinq ou six lignes de ramifications rocheuses dirigées vers l'est et vers le sud. Ce sont ces ramifications qui donnent lieu au rayonnement d'Aristillus. Elles sont garnies d'une énorme quantité d'aiguilles ou de colonnes basaltiques qui s'élèvent de leurs sommets et les font ressembler de loin à cette multitude de clochetons que l'on voit sur quelques cathédrales gothiques.

Ainsi la Lune serait fort inhospitalière pour nous. Le sens de la parole comme le sens de l'ouïe ne sauraient y jouer aucun rôle, et par conséquent ne sauraient y exister. A la privation de ces deux sens, peut-être faudrait-il encore joindre une infériorité dans les jouissances que la vue nous procure, attendu que partout où le regard s'abaisse, il ne rencontre que des montagnes blanches, escarpées et stériles, que des crêtes sourcilleuses et dénudées. Ces campagnes solitaires et desséchées donnent raison à Alfred de Musset :

> Va, Lune moribonde,
> Le beau corps de Phœbé
> La blonde
> Dans la mer est tombé.
>
> Tu n'en es que la face,
> Et, déjà tout ridé,
> S'efface
> Ton front dépossédé.

Cette figure me rappelle ce que disait Fontenelle à propos des changements survenus à la surface de cet astre, causés, non par des mouvements vitaux comme ceux qui régissent la nature terrestre, mais par de simples éboulements de terrains. « Tout est en branle perpétuel, dit-il; il n'y a pas jusqu'à une certaine demoiselle que l'on a vue dans la Lune avec des lunettes, il y a peut-être quarante ans, qui ne soit considérablement vieillie. Elle avait un assez beau visage; ses joues se sont enfoncées, son nez s'est allongé, sont front et son menton se sont avancés; de sorte que tous ses agréments se sont évanouis, et que l'on craint même pour ses jours.

« — Que me comptez-vous là? interrompt la marquise.

« — Ce n'est point une plaisanterie, reprend l'auteur. On apercevait dans la Lune une figure particulière qui avait l'air d'une tête de femme qui sortait d'entre les rochers, et il est arrivé des changements dans cet endroit-là. Il est tombé quelques morceaux de montagnes, et ils ont laissé à découvert trois points qui ne peuvent plus servir qu'à composer un front, un nez et un menton de vieille. »

Je ne sais si le visage dont parle l'ingénieux écrivain a existé autre part que dans son imagination, mais les changements, même causés par de simples éboulements, sont extrêmement rares. Cependant, comme je l'ai exposé dans un autre ouvrage plus spécial (*Études et lectures sur l'astronomie*, t. II) et dans les Comptes rendus de l'Académie des sciences, il est hautement probable qu'un changement vient d'avoir lieu dans la mer de la Sérénité, à la région nommée *Linné*. Au commencement du siècle, on crut observer parfois des volcans en ignition, mais on a reconnu depuis que très-probablement ce que l'on avait pris pour des volcans n'est autre chose que la crête blanche de certaines montagnes, dont la forme ou la structure sont plus favorablement agencées pour réfléchir la lumière. Malgré ces rares apparences de mouvement dans le sol lunaire, on peut toujours dire que, muet et silencieux, il roule dans le ciel comme un astre délaissé. Pourquoi cette destinée triste et solitaire? pourquoi toute privation de mouvement et de vie? C'est la question que lui posait le poëte anglais Shelley :

> Es-tu pâle de lassitude,
> Fatiguée d'escalader les cieux et de contempler la terre?
> Errant sans compagnon
> Parmi les astres de familles différentes,
> Et toujours changeante, comme un œil sans gaieté
> Qui ne trouve aucun objet digne de sa fidélité?

Maintenant que je vous ai exposé comment la Lune est un monde inhospitalier, pauvre et déshérité des dons de la nature, il faut que je revienne sur mes pas et que j'arrive à vous montrer en lui un monde magnifique, digne de toute notre admiration et de toute notre estime. Ce n'est pas que je veuille contredire mes paroles précédentes, à Dieu ne plaise! mais pour ne pas laisser une mauvaise impression à l'égard de notre fidèle ami, je veux rappeler que la nature, lors même qu'elle paraît disgracier quelques-unes de ses œuvres à certains points de vue, les favorise sous d'autres aspects de richesses très-désirables.

Pour un astronome, la Lune serait un magnifique observatoire. Pendant le jour on peut observer les étoiles en plein midi et reconnaître ainsi sans effort qu'elles demeurent éternellement dans le ciel. Chez nous, au contraire, parmi les anciens, on en voit un grand nombre qui s'ima ginaient qu'elles s'allumaient le soir pour s'éteindre le matin. Si donc on fait des études astronomiques sur la Lune, le Soleil n'est pas un tyran qui vienne dominer le ciel dans sa souveraineté absolue, il laisse paisiblement les étoiles trôner avec lui dans l'espace; et les études commencées pendant la nuit peuvent être sans difficulté poursuivies pendant le jour jusqu'à la nuit suivante. Sur notre satellite, les nuits sont de 15 fois 24 heures, et les jours de même durée; mais il y a une différence essentielle à remarquer entre les nuits de l'hémisphère lunaire qui nous regarde et celles de l'hémisphère que nous ne voyons pas.

Vous n'avez pas été sans remarquer, en effet, que la Lune nous présente toujours la même face. Depuis le commencement du monde elle ne nous a jamais montré que ce côté-là. Nous lisons dans Plutarque, qui écrivait il y a près de deux mille ans, mille conjectures relatives à cette face de la Lune éternellement tournée vers nous. Les uns disaient que c'était un grand miroir, bien poli et excellent, qui nous renvoyait de loin l'image de la Terre; les parties sombres représentaient l'Océan et les mers; les parties brillantes représentaient les continents. D'autres croyaient que les taches étaient des forêts où quelques-uns plaçaient les chasses de Diane, et que les parties plus brillantes étaient les pays en plaine. D'autres voyaient encore en elle une terre céleste très-légère, assez semblable à notre vif-argent; ils disaient que ses habitants devaient prendre en pitié la Terre qui se trouve au-dessous d'eux et qui n'est qu'un amas de boue. D'autres encore, et leur opinion singulière fut très-répandue, ajoutaient que les êtres qui la peuplaient étaient quinze fois plus grands que ceux de notre monde, et qu'à côté des arbres lunaires nos chênes n'étaient que de petits buissons. Tout cela pour expliquer la nature de la face lunaire éternellement tournée vers nous.

Or, si nous ne voyons jamais qu'un côté de la Lune, réciproquement, il n'y a jamais qu'un côté de cet astre qui nous voit, de sorte que la moitié de la Lune a une lune qui est notre Terre, et que l'autre moitié en est privée. S'il y a des habitants sur l'hémisphère qui nous est opposé, ils ne se doutent pas de ce que c'est qu'un astre préposé à l'illumination des nuits, et ils doivent grandement s'étonner lorsque le récit des voyageurs leur rapporte l'existence de notre Terre dans le ciel. Pour peu que les voyageurs de là-bas ressemblent à ceux d'ici, quels contes ne doit-on pas débiter à notre propos? Mais aussi combien la Terre est utile aux nuits lunaires et comme nous sommes beaux... de loin! Représentez-vous quatorze lunes comme celle qui nous éclaire, ou, pour parler plus exactement, une lune quatorze fois plus étendue en surface, et vous aurez une idée du spectacle de la Terre vue de la Lune. Tantôt elle n'offre qu'un quartier effilé, quelques jours après la nouvelle terre; tantôt elle offre un premier quartier; tantôt elle resplendit dans un disque plein répandant à grands flots sa lumière argentée. Ce qu'il y a de mieux, c'est qu'elle s'allume précisément le soir, qu'elle brille de son plus vif éclat, de son disque plein précisément à minuit,

Fig. 80. — La Terre vue de la Lune.

et qu'elle s'éteint le matin, au moment où l'on n'a plus besoin d'elle, et l'on sait que du soir au matin on compte 15 fois 24 heures chez nos voisins les Sélénites. Aussi combien ses habitants sont-ils plus fondés que nous de croire que la Lune a été créée et mise au monde tout exprès pour eux et que nous ne sommes que leurs très-humbles serviteurs !

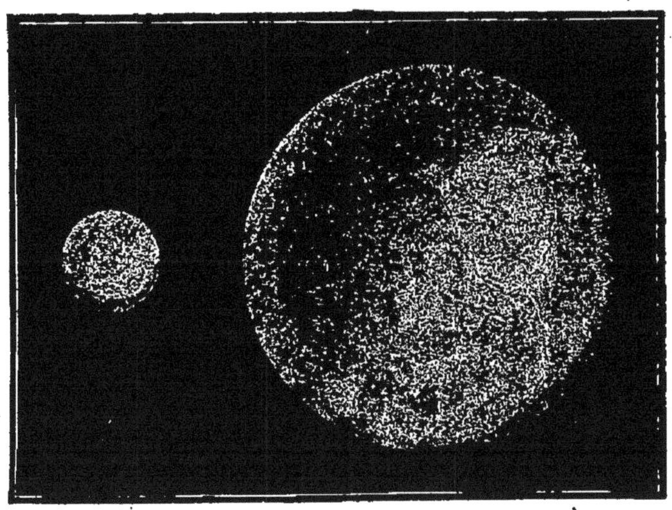

Fig. 81. — Dimensions comparées de la Terre et la Lune.

Sous certains aspects, la Lune paraît donc mieux favorisée que la Terre. Cependant, comme importance planétaire, elle ne mesure guère que le quart du diamètre de la Terre : 869 lieues ; sa surface mesure 38 millions de kilomètres carrés, c'est-à-dire à peu près la treizième partie de la surface terrestre ; son volume est le quarante-neuvième du volume du globe terrestre. Cela n'empêche probablement pas que ses habitants (si elle en a) ne se croient supérieurs à nous et ne nous croient leurs domestiques plutôt que leurs maîtres, car on sait que, généralement, les gens ont d'autant plus de vanité qu'ils sont plus petits...

Les habitants de l'hémisphère invisible ont les plus belles nuits qui soient au monde, et ceux qui vivent sur l'hémisphère visible l'une des plus belles lunes qu'on ait jamais vues. Tout au plus les habitants des premières lunes de Jupiter et de Saturne pourraient-ils leur revendiquer la supériorité de leurs planètes réciproques. Jamais aucuns nuages, jamais aucunes tempêtes ne viennent troubler ces nuits longues et silencieuses; le calme profond, la paix inaltérable habitent en ces lieux. De plus, tandis que nous ne connaissons qu'une partie de leur monde, le nôtre, tournant en vingt-quatre heures sur lui-même, se dévoile entièrement à eux, de sorte qu'avec de bons yeux ou l'aide d'instruments d'optique, ils peuvent contempler de là-bas notre terre roulant sur leurs têtes et leur présentant tour à tour les diverses contrées de notre séjour. Là, le nouveau monde qu'ensanglantent de cruelles batailles[1]; plus loin les îles ténébreuses où l'on sacrifie des têtes humaines au serpent Vaudoux; ici, la Russie étouffant la Pologne, qui se débat affreusement; et à gauche, un petit point verdoyant où trente-huit millions de Français cherchent enfin sérieusement à se passer de maître et à se gouverner eux-mêmes.

Et nous, nous contemplons la Lune pensive dans la sérénité des nuits, espérant que ses peuples et ceux des autres mondes sont plus unis que notre famille. Oui, lumière bien-aimée des nuits solitaires, nous pensons que la nature t'a donné quelque compensation pour les choses dont elle t'a privée, et que les richesses inconnues de ton

[1] Cette ligne était écrite en 1865. La guerre d'Amérique est terminée, après avoir couché dans la mort près d'un million de combattants, et dépensé pour cela vingt-huit milliards.

Je ne puis m'empêcher d'ajouter, en relisant ce livre pour l'édition de 1872, que ces dernières années n'ont pas été faites pour donner une meilleure idée de l'humanité. Il suffit d'un homme comme M. de Bismarck pour déchaîner toutes les mauvaises passions et abrutir l'Europe pendant un demi-siècle. (Note de la 4e édition.)

séjour surprendraient étrangement ceux qui pour toi s'évaderaient de notre monde. Nous avons vu que tu manques d'air et que tu n'as pas une goutte d'eau pour étancher ta soif; mais cela n'empêche pas que nous revenions à notre ancienne sympathie pour ta beauté. Si tu n'as pas les éléments qui nous conviennent, si l'eau et la terre, l'air et le feu ne résident pas dans ton sein, ta nature est différente, et tu n'es pas moins complète dans ta création. Reste dans le ciel de nos rêveries, renouvelle ces phases qui font nos mois, verse ta rosée de lumière dans l'air limpide; le voyageur aimera toujours te choisir pour guide aux heures nocturnes dans les sentiers de la mer ou des campagnes désertes.

T'aimera le pilote
Dans son grand bâtiment
Qui flotte
Sur le clair firmament.

T'aimera le vieux pâtre
Seul, tandis qu'à ton front
D'albâtre
Ses dogues aboieront.

Et, toujours rajeunie,
Tu seras des passants
Bénie,
Pleine lune ou croissant.

V

ÉCLIPSES

> Autrefois, les éclipses étaient regardées comme des phénomènes surnaturels. Aujourd'hui, la prédition des éclipses n'est qu'une affaire de calcul.
>
> NEWTON.

Dans la circonférence qu'elle décrit autour de la Terre, la Lune passe tous les quinze jours entre le Soleil et nous, — c'est l'époque de la nouvelle Lune, — et tous les quinze jours, à l'opposé du Soleil (la Terre se trouvant entre elle et lui), — c'est l'époque de la pleine lune. Or, il arrive parfois qu'elle passe justement devant le Soleil, au lieu de passer un peu au-dessus ou un peu au-dessous, comme dans la majorité des cas. Lorsque ce passage arrive, la lumière de l'astre radieux se trouve naturellement arrêtée, en partie ou tout à fait, selon que le disque lunaire nous cache une partie ou la totalité du disque solaire. Il y a alors *éclipse de soleil*, partielle ou totale. Ainsi quand elle passe devant la Terre, dans la direction du Soleil, cet astre est éclipsé par elle.

A l'opposé, il arrive aussi que la Lune, passant derrière la Terre, arrive juste dans l'ombre qui reste toujours derrière elle — comme derrière tout objet éclairé. Lorsqu'elle se trouve dans cette ombre, elle ne reçoit plus la lumière du Soleil, et comme elle ne brille que par cette lumière, elle perd son éclat. Son disque plein voit complétement s'évanouir sa lumière, s'il se trouve entièrement compris dans le cône d'ombre de la Terre, il reste moitié éclairé si, passant au bord du cône, il n'y entre que d'une moitié. C'est en ces circonstances qu'il y a *éclipse de lune*, totale ou partielle.

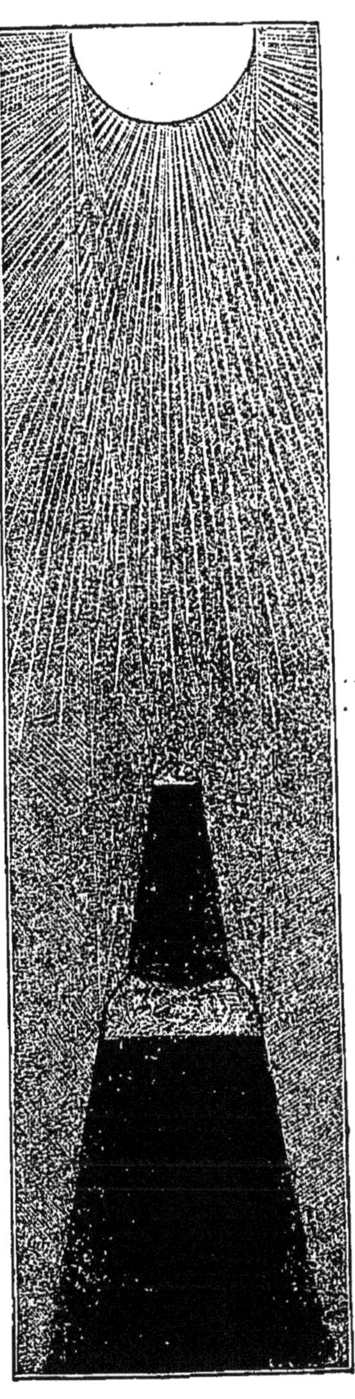

Fig. 82. — Éclipse de Soleil et de Lune.

Aussi rien n'est si simple qu'une éclipse. Lorsque vous avez devant vous une lampe au globe radieux, si vous passez la main devant vos yeux, vous interceptez momentanément la lumière qui vous éclaire; il y a pour vous éclipse de la lampe par votre main. C'est le même fait qui se produit lorsqu'il y a pour la Terre éclipse de Soleil par la Lune. Si maintenant vous vous retournez, laissant alors la lampe derrière vous, et que vous passiez de nouveau votre main éclairée devant votre visage, cette main se trouvera momentanément dans l'ombre. C'est ici l'image de l'éclipse de lune passant dans l'ombre de la terre.

Si le mouvement de la Lune s'opérait justement dans un plan dont le prolongement passât par le Soleil, il y aurait éclipse de Soleil à toutes les nouvelles Lunes, et éclipse de Lune à toutes les pleines lunes. Mais le cercle dans lequel elle se meut est un peu penché sur ce plan, et oscille de part et d'autre, de sorte que les éclipses sont très-variables dans leur nombre et dans leur grandeur. Cependant cette variété a ses limites. Il ne peut y avoir moins de deux éclipses par an, ni plus de sept. Lorsqu'il n'y en a que deux, ce sont des éclipses de lune. — Ces phénomènes reviennent à peu près dans le même ordre au bout de dix-huit ans et dix jours : période comme chez les Grecs sous le nom de Cycle de Mélon, et dont les Chinois eux-mêmes se servaient il y a plus de trois mille ans pour la prédiction de leurs éclipses.

Quelque simple que soit la cause de ce phénomène, aujourd'hui qu'on la connaît, — et les causes connues sont toujours si simples qu'on se demande comment on ne les a pas devinées plus tôt, — quelque facile que cette explication paraisse à trouver, longtemps l'humanité s'étonna de l'absence passagère de la lumière du Soleil pendant le jour ; longtemps elle se sentit pleine de crainte et d'inquiétude devant cette merveille inexpliquée. La lumière du jour s'affaiblissant rapidement, et arrivant à disparaître soudain sans que le ciel fût obscurci d'aucun nuage, les ténèbres succédant à cette lumière, les étoiles s'allumant dans le ciel, la nature entière paraissant surprise et consternée : la réunion de ces événements insolites est plus que suffisante pour expliquer la terreur momentanée dont les hommes et les peuples se sont laissé emparer en ces instants solennels. En raison de la rapidité du mouvement de la Lune, jamais l'éclipse totale ne dure plus de six minutes; mais cette faible période est suffisante pour per-

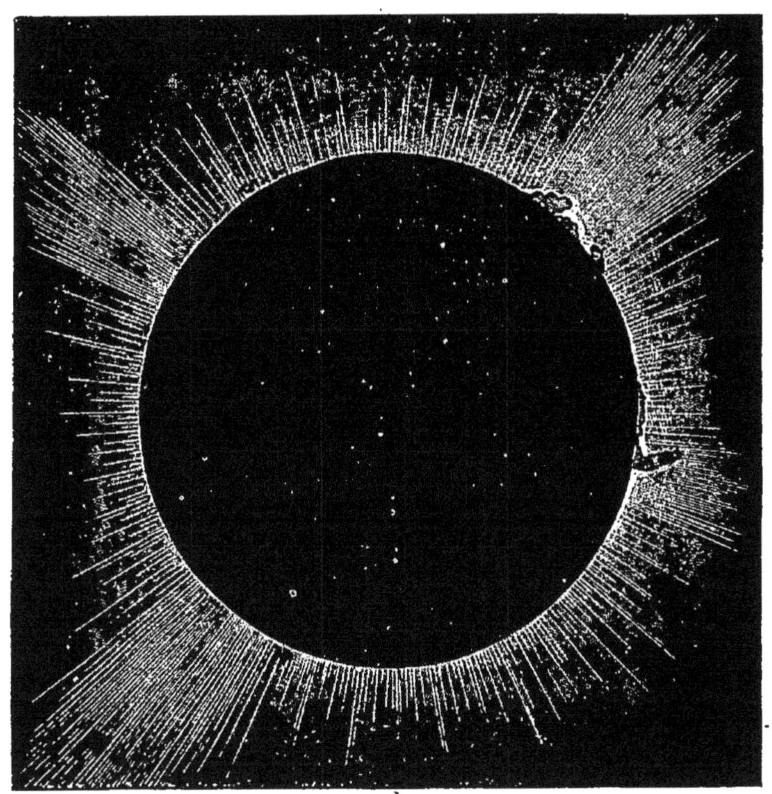

Fig. 85. — Éclipse totale de Soleil du 18 août 1870.

mettre à mille sentiments de se succéder dans l'esprit craintif. La disparition seule de la lumière de la Lune causa parfois de grands troubles chez les esprits peu avancés; combien à plus forte raison la disparition de celle de l'astre du jour peut-elle faire naître d'inquiétudes et de craintes!

L'histoire est pleine des exemples de l'effroi causé par les éclipses, dit Francœur, et des dangers que produisent l'ignorance et la superstition. Nicias avait résolu de quitter la Sicile avec son armée : effrayé par une éclipe de lune et voulant temporiser plusieurs jours, pour s'assurer si l'astre n'avait rien perdu après cet événement, il manqua ainsi l'occasion de la retraite : son armée fut détruite, Nicias périt, et ce malheur commença la ruine d'Athènes.

Souvent on a vu des hommes adroits tirer parti de la frayeur du peuple pendant les éclipses, soit de soleil, soit de lune, pour l'amener à leurs desseins. Christophe Colomb, réduit à faire subsister ses soldats des dons volontaires d'une nation sauvage et indigente, était prêt à voir manquer cette ressource et à périr de faim : il annonce qu'il va priver le monde de la lumière de la Lune. L'éclipse commence, et la terreur s'empare des Indiens, qui reviennent apporter aux pieds de Colomb les tributs accoutumés.

Drusus apaisa une sédition dans son armée en prédisant une éclipse de lune ; et, selon Tite Live, Sulpicius Gallus, dans la guerre de Paul Émile contre Persée, usa du même stratagème. Périclès, Agathocle, roi de Syracuse, Dion, roi de Sicile, ont failli être victimes de l'ignorance de leurs soldats. Alexandre, près d'Arbelles, est réduit à user de toute son adresse pour calmer la terreur qu'une éclipse avait jetée parmi ses troupes. C'est ainsi que les hommes supérieurs, plutôt que de plier sous les circonstances qui les maîtrisent, mettent leur art à les faire tourner à leur profit.

Combien de fables établies d'après l'opinion que les éclipses sont l'effet du courroux céleste, qui se venge des iniquités de l'homme en le privant de la lumière ! Tantôt Diane va trouver Endymion dans les montagnes de Carie ; tantôt les magiciennes de Thessalie font descendre la Lune sur les herbes qu'elles destinent aux enchantements.

Ici c'est un dragon qui dévore l'astre et qu'on cherche à épouvanter par des cris ; là, Dieu tient le Soleil enfermé dans un tuyau, et nous ôte ou nous rend la vue de cet astre avec un volet..., etc. Le progrès des sciences a fait reconnaître le ridicule de ces opinions et de ces craintes,

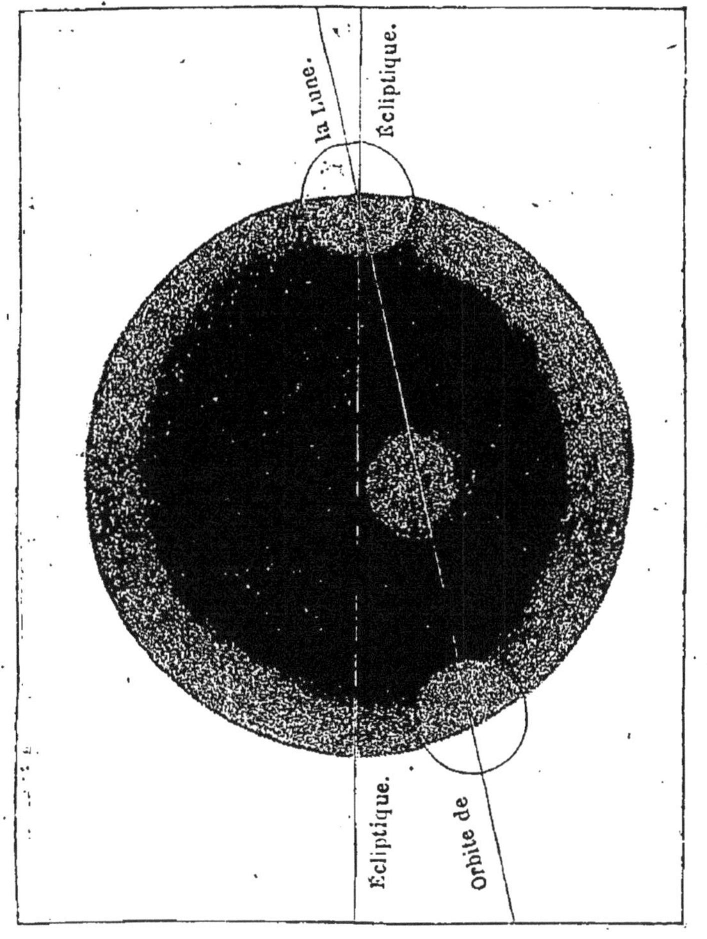

Fig. 81. — Éclipse totale de Lune. — Passage de la Lune à travers l'ombre de la Terre.

depuis qu'on a vu qu'il était possible de calculer par les tables astronomiques, et de prévoir longtemps d'avance l'instant où la colère du ciel devait éclater. Cependant, naguère encore, l'épouvante a causé des revers dans l'armée de Louis XIV, près de Barcelone, lors de l'éclipse totale de 1706; et la devise de ce monarque : *Nec pluribus impar*, a prêté aux allusions injurieuses!

J.-B. Biot nous donne, dans ses *Études sur l'astronomie indienne et chinoise*, de fort curieux détails sur les rites qui présidaient, et qui président encore, à la réception des éclipses dans le Céleste-Empire.

L'empereur était considéré comme le fils du ciel, et, à ce titre, son gouvernement devait offrir l'image de l'ordre immuable qui régit les mouvements célestes. Quand les deux grands luminaires, le Soleil et la Lune, au lieu de suivre séparément leurs routes propres, venaient à se croiser dans leurs cours, la régularité de l'ordre du ciel semblait être dérangée; et la perturbation qui s'y manifestait devait avoir son image, ainsi que sa cause, dans les désordres du gouvernement de l'empereur. Une éclipse de soleil était donc considérée comme un avertissement donné par le ciel à l'empereur d'examiner ses fautes et de se corriger.

Lorsque ce phénomène avait été annoncé d'avance par l'astronome en titre, l'empereur et les grands de sa cour s'y préparaient par le jeûne, et en revêtant des habits de la plus grande simplicité. Au jour marqué, les mandarins se rendaient au palais avec l'arc et la flèche. Quand l'éclipse commençait, l'empereur lui-même battait *sur le tambour du tonnerre le roulement du prodige*, pour donner l'alarme; et, en même temps, les mandarins décochaient leurs flèches vers le ciel *pour secourir l'astre éclipsé*. Gaubil mentionne ces particularités d'après les anciens livres des rites, et les principales sont énoncées dans le *Tcheou-li*. D'après cela, on peut se figurer le mécontentement que devait causer une éclipse de soleil qui ne se réalisait pas après avoir été prédite, et pareillement celle qui apparaissait tout à coup sans avoir été prévue. Dans le premier cas, tout le cérémonial se trouvait avoir été inutilement préparé; et les efforts désespérés qui, par suite de manque de préparatifs, se faisaient dans le second cas, produisaient inévitablement une scène de désordre compromettante pour la majesté impériale. De telles erreurs, pourtant si faciles, mettaient les pauvres astronomes en danger de perdre leurs biens, leur charge, leur honneur, quelquefois leur vie. Par suite d'une disgrâce pareille, arrivée en l'an 721 de notre ère, l'empereur Hiouen-Tsong fit venir à sa cour un bonze chinois appelé Y-Hang, renommé pour ses connaissances en astronomie. Après s'y être montré effectivement fort habile, il eut le malheur d'annoncer d'avance deux éclipses de soleil, qu'on ordonna d'observer dans tout l'empire. Mais on ne vit, ces jours-là, nulle part aucune trace d'éclipse, quoique le ciel se montrât presque partout serein. Pour se disculper, il publia un écrit dans lequel il prétendit que son calcul était juste, mais que le ciel avait changé les règles de ses mouvements, sans doute en considération des hautes vertus de l'empereur. Grâce à sa réputation, d'ailleurs méritée, peut-être aussi à ses flatteries, on lui pardonna.

Les mêmes idées sur l'importance et la signification des éclipses de Lune et de Soleil, qui existaient chez les Chinois il y a plus de quatre mille ans, et subsistent encore aujourd'hui, sont aussi fortes, et elles engendrent les mêmes exigences, devenues seulement moins périlleuses pour les astronomes, puisque ces phénomènes sont maintenant prévus plusieurs années d'avance, avec une certitude mathématique, dans les grandes éphémérides d'Europe et d'Amérique, qu'ils peuvent aisément se procurer.

M. Stanislas Julien a trouvé dans le *Recueil des lois de Chine* la description complète des cérémonies prescrites et pratiquées encore aujourd'hui à cette occasion. En voici un spécimen :

« Toutes les fois qu'il arrive une éclipse de soleil, on attache des pièces de soie à la porte du ministère des rites appelée *I-men:* et dans la grande salle on place une table pour brûler des parfums du haut de la tour appelée *Lou-thaï* (tour de la Rosée). La garde impériale place vingt-quatre tambours des deux côtés, à l'intérieur de la porte *I-men;* le *Kiao-fang-sse* place les musiciens au bas de la tour *Lou-thaï*. Il place chaque magistrat au bout de cette tour, à l'endroit où ils doivent s'incliner pour saluer. Tous sont tournés du côté du Soleil; quand le président de l'astronomie a annoncé que le Soleil commence à être entamé, tous les magistrats, en habit de cour, se rangent et se tiennent debout. A un signal donné, ils se mettent à genoux, et alors la musique commence à se faire entendre.

« Chaque magistrat fait trois prostrations et neuf révérences, après quoi la musique s'arrête. Quand les magistrats du tribunal des rites ont fini d'offrir des parfums, tous les autres s'agenouillent. Le Kiao-Kouan s'avance avec un tambour et la baguette du tambour; ensuite il frappe le tambour pour *délivrer le Soleil*. Le président du ministère des rites frappe trois coups de tambour, et alors on frappe tous les tambours ensemble. Quand le président du bureau de l'astronomie a annoncé que l'astre a recouvré sa forme arrondie, les tambours s'arrêtent. Chaque magistrat s'agenouille trois fois et frappe neuf fois la terre de son front. La musique recommence; enfin, les cérémonies finies, la musique s'arrête. Puis tous les magistrats se retirent chacun de leur côté.

« Quand la lune est éclipsée, on se réunit dans le bureau des *Taï-tch'ang* (présidents des cérémonies) et l'on observe les mêmes rites pour délivrer l'astre. »

Actuellement encore, l'astronomie, et même l'astrologie, régissent en Chine tous les usages officiels. Ainsi, par exemple, le jeune empereur de Chine devait se marier au printemps de 1872. Les astronomes ayant déclaré que la configuration des planètes n'était pas favorable, le mariage a été remis à l'automne de la même année.

En France et dans les pays de progrès, il n'en est pas ainsi : on ne redoute plus l'arrivée des éclipses, on ne craint plus qu'une éternelle nuit s'étende sur la Terre. On sait que ce sont là des phénomènes célestes, étudiés et connus comme tant d'autres, résultant de mouvements connus et déterminés d'avance. Dès lors elles perdent entièrement leur caractère surnaturel et rentrent dans l'ordre purement physique. On prédit aujourd'hui les éclipses de Soleil et de Lune de la même manière qu'on retrouve par le calcul des éclipses passées et qu'on assigne ainsi plus rigoureusement certaines dates à l'histoire. On sait à quelle époque la Lune passera devant le Soleil et nous dérobera une partie plus ou moins grande de son disque ; et la preuve, c'est que je puis aujourd'hui même vous donner l'époque de toutes les éclipses *totales de Soleil* qui arriveront d'ici à la fin de ce siècle.

1875, avril 6,	totale pour	Siam.
1876, septembre 17,	—	l'océan Pacifique sud.
1878, juillet 29,	—	l'Amérique du Nord.
1882, mai 17,	—	l'Arabie.
1883, mai 6,	—	les îles Marquises.
1885, septembre 9,	—	la Nouvelle Zélande.
1886, août 29,	—	l'Afrique occidentale.
1887, août 19,	—	la Russie.
1889, décembre 22,	—	Angola. Afrique.
1893, avril 16,	—	le Brésil.
1896, avril 9,	—	la Sibérie.
1900, mai 28.	—	les États-Unis. Espagne.

Je ne doute pas que vous restiez sur cette planète avec moi jusqu'à la dernière, et vous serez à même de constater la vérité de cette prédiction. Malheureusement, pas une d'entre elles ne sera totale en France ; mais pour peu que nos inventions de vapeur et d'électricité continuent et que d'autres leur viennent en aide, la Terre ne sera bientôt plus qu'un seul pays, et l'on voyagera d'ici à Pékin comme on allait au siècle dernier de Paris à Saint-Cloud.

En disant que les éclipses de Soleil et de Lune ne sont plus un objet de terreur pour nous, je ne veux pas dire qu'elles ne nous causent plus aucune impression. Non, les impressions soudaines causées par le spectacle des phénomènes les plus rares de la nature sont indépendantes de notre réflexion, et l'absence subite de la lumière solaire au milieu de la journée cause à tous les êtres une émotion dont ils ne peuvent s'affranchir. La relation de l'effet produit par les éclipses sur l'homme et même sur les animaux est trop intéressante pour que je ne vous l'offre pas en conclusion de mon chapitre. Je choisirai pour rapporteur un témoin occulaire de l'éclipse totale de juillet 1842, dont le talent de narrateur est trop bien connu pour qu'on en fasse l'éloge : c'est François Arago lui-même qui va nous communiquer ses impressions, enrichies encore d'autres témoignages auxquels il attribue une assez haute valeur pour les réunir aux siens. (Voy. *Astronomie populaire*, t. III.)

Riccioli rapporte qu'au moment de l'éclipse totale de 1415, on vit, en Bohême, des oiseaux tomber morts de frayeur. La même chose est rapportée de l'éclipse de 1560. « Les oiseaux, chose merveilleuse (disent les témoins oculaires), saisis d'horreur, tombaient à terre. »

En 1706, à Montpellier, disent les observateurs, les chauves-souris voltigeaient comme à l'entrée de la nuit, Les poules, les pigeons coururent précipitamment se renfermer. Les petits oiseaux qui chantaient dans les cages se turent et mirent la tête sous l'aile. Les bêtes qui étaient au labour s'arrêtèrent. La frayeur produite chez les bêtes de somme par le passage subit du jour à la nuit est constatée aussi dans le mémoire de Louville relatif à l'éclipse de 1715. « Les chevaux, y est-il dit, qui labouraient ou marchaient sur les grandes routes, se couchèrent ; ils refusèrent d'avancer. »

Fontenelle rapporte qu'en l'année 1654, sur la simple annonce d'une éclipse totale, une multitude d'habitants de Paris allèrent se cacher au fond des caves. Grâce au progrès des sciences, l'éclipse totale de 1842 a trouvé le public dans des dispositions bien différentes de celles qu'il manifesta pendant l'éclipse de 1654. Une vive et légitime curiosité avait remplacé des craintes puériles:

Les populations des plus pauvres villages des Pyrénées et des Alpes se transportèrent en masse sur les points culminants d'où le phénomène devait être le mieux aperçu; elles ne doutaient pas, sauf quelques rares exceptions, que l'éclipse n'eût été exactement annoncée; elles la rangeaient parmi les événements naturels, réguliers, calculables, dont le bons sens commandait de ne point s'inquiéter.

A Perpignan, les personnes gravement malades étaient seules restées dans leurs chambres. La population couvrait dès le grand matin les terrasses, les remparts de la ville, tous les monticules extérieurs d'où l'on pouvait espérer voir le lever du Soleil. A la citadelle, les astronomes du Bureau des longitudes avaient sous les yeux, outre des groupes nombreux de citoyens établis sur les glacis, les soldats qui, dans une vaste cour, allaient être passés en revue.

L'heure du commencement de l'éclipse approchait. Près de vingt mille personnes examinaient, des verres enfumés à la main, le globe radieux se projetant sur un ciel d'azur. « A peine, armés de nos fortes lunettes, dit Arago, commencions-nous à apercevoir la petite échancrure du bord occidental du Soleil, qu'un cri immense, mélangé de vingt mille cris différents, vint nous avertir que nous avions devancé seulement de quelques secondes l'observation faite à l'œil nu par vingt mille astronomes improvisés dont c'était le coup d'essai. Une vive curiosité, l'émulation, le désir de ne pas être prévenu semblaient avoir eu le privilége de donner à la vue naturelle une pénétration, une puissance inusitées.

« Entre ce moment et ceux qui précédèrent de très-peu la disparition totale de l'astre, nous ne remarquâmes dans la contenance de tant de spectateurs rien qui mérite d'être rapporté. Mais lorsque le soleil, réduit à un étroit filet, commença à ne plus jeter sur notre horizon qu'une lumière plus affaiblie, une sorte d'inquiétude s'empara de tout le monde; chacun sentit le besoin de communiquer ses impressions à ceux dont il était entouré : de là un mugissement sourd, semblable à celui d'une mer lointaine après la tempête. La rumeur devenait de plus en plus forte à mesure que le croissant solaire s'affaiblissait. Le croissant disparut enfin; les ténèbres succédèrent subitement à la clarté, et un silence absolu marqua cette phase de l'éclipse, tout aussi nettement que l'avait fait le pendule de notre horloge astronomique. Le phénomène, dans sa magnificence, venait de triompher de la pétulance de la jeunesse, de la légèreté que certains hommes prennent pour un signe de supériorité, de l'indifférence bruyante dont les soldats font ordinairement profession. Un calme profond régna dans l'air; les oiseaux ne chantaient plus.

« Après une attente solennelle d'environ dix minutes, des transports de joie, des applaudissements frénétiques saluèrent avec le même accord, la même spontanéité, la réapparition des premiers rayons solaires. Au recueillement mélancolique produit par des sentiments indéfinissables venait de succéder une satisfaction vive et franche, dont personne ne songeait à contenir, à modérer les élans. Pour la majorité du public, le phénomène était à son terme. Les autres phases de l'éclipse n'eurent guère de spectateurs attentifs, en dehors des personnes vouées aux études de l'astronomie.

« Ceux-là même qui, au moment de la disparition subite du Soleil, s'étaient montrés le plus vivement émus, s'égayèrent le lendemain, et ce me semble outre mesure, au récit des frayeurs que bon nombre de campagnards avaient éprouvées, et dont, au reste, ils ne cherchaient pas à faire mystère. Pour moi, je trouvai tout naturel que des hommes illettrés, à qui personne n'avait dit qu'une éclipse devait avoir lieu, eussent montré une grande inquiétude en voyant les ténèbres succéder si brusquement à la lumière. Qu'on ne s'y trompe point, l'idée d'une convulsion de la nature, l'idée que le moment de la fin du monde venait d'arriver, n'est pas ce qui bouleversa le plus généralement ces hommes incultes et neufs. Lorsque je les questionnais sur la cause réelle de leur désespoir, ils me répondaient sur-le-champ : « Le ciel était serein, et cependant « la clarté du jour diminuait, et les objets s'assombris- « saient, et tout à coup nous nous trouvâmes dans les « ténèbres : nous crûmes « être devenus aveugles. »

Le *Journal des Basses-Alpes* rapporta à ce propos une anecdote qui semble mériter d'être conservée. Laissons parler le journaliste.

« Un pauvre enfant de la commune dés Siéges gardait un troupeau. Ignorant complétement l'événement qui se préparait, il voit avec inquiétude le soleil s'obscurcir par degrés, car aucun nuage, aucune vapeur ne lui donnait l'explication de ce phénomène. Lorsque la lumière disparut tout à coup, le pauvre enfant, au comble de la frayeur, se mit à pleurer et à appeler : *Au secours!...* Ses larmes coulaient encore lorsque le soleil donna ses premiers rayons. Rassuré à cet aspect, l'enfant croisa les bras en s'écriant : *O beou souleou!* (O beau soleil!) »

Arago signale encore quelques traits curieux de l'influence des éclipses sur les animaux.

Un habitant de Perpignan priva, à dessein, son chien de nourriture, à partir de la veille. Le lendemain matin, au moment où l'éclipse totale devait avoir lieu, il jeta un morceau de pain au pauvre animal, qui commençait à le dévorer, lorsque les derniers rayons du soleil disparurent. Aussitôt le chien laissa tomber le pain; il ne le reprit qu'au bout de deux minutes, après la fin de l'obscurité totale, et le mangea alors avec une grande avidité.

Un autre chien se réfugia entre les jambes de son maître au moment où le soleil s'éclipsa.

Dans une campagne, des poules, au moment de l'éclipse totale, abandonnèrent subitement le millet qu'on venait de leur donner et se réfugièrent dans une étable.

Au bas de l'Asparron, les poules, se trouvant loin de toute habitation, allèrent se grouper sous le ventre d'un cheval.

Une poule entourée de poussins s'empressa de les appeler et de les couvrir de ses ailes.

Des canards qui nageaient dans une mare ne se dirigèrent pas, au moment de la disparition du soleil, vers la métairie assez éloignée d'où ils étaient sortis deux heures auparavant; ils se massèrent et se blotirent dans un coin.

A la Tour, chef-lieu de canton dans les Pyrénées-Orientales, un habitant avait trois linottes. Le 8 juillet, de grand matin, en suspendant à la fenêtre de son salon la cage qui renfermait les trois petits oiseaux, il remarqua qu'ils paraissaient très-bien portants; après l'éclipse, un d'entre eux était mort. Faut-il croire que la linotte se tua en heurtant avec force, dans un moment de frayeur, les barreaux de sa cage? Quelques faits observés ailleurs rendront cette supposition probable.

Enfin il n'est pas jusqu'aux insectes qui n'aient ressenti une pareille impression.

Un observateur de Perpignan raconte qu'il était assis devant un petit sentier, tracé par des fourmis que le hasard lui fit rencontrer. Elles travaillaient avec leur vivacité accoutumée; toutefois, à mesure que le jour diminuait, leur marche se ralentissait; elles paraissaient éprouver de l'hésitation. A l'instant où le soleil disparaissait entièrement, les fourmis s'arrêtèrent, mais sans abandonner les fardeaux qu'elles traînaient. Leur immobilité cessa dès que la lumière eut repris une certaine force, et bientôt elles se remirent en route.

Un professeur de Montpellier a donné aussi quelques détails concernant les effets que l'éclipse totale produisit sur diverses espèces d'animaux. Des chauves-souris, croyant la nuit venue, quittèrent leurs retraites; un hibou, sorti d'une tour de Saint-Pierre, traversa en volant la place du Peyrou; les hirondelles disparurent; les poules rentrèrent; des bœufs qui paraissent librement près de l'église de Maguelonne se rangèrent en cercle, adossés les uns aux autres, les cornes en avant comme pour résister à une attaque.

Des observateurs de Crémone disent qu'il tomba à terre une immense quantité d'oiseaux. M. Zamboni, l'auteur des piles sèches, est cité pour avoir vu tomber à côté de lui *un passere* (un moineau).

Un autre observateur, qui était sous un arbre près de Lodi, remarqua que les oiseaux cessèrent de chanter au moment de l'obscurité, mais aucun d'eux ne tomba.

Dans la relation que mon savant ami l'abbé Zantedeschi adressa de Venise à Arago, on lit qu'au moment de l'obscurité totale, « des oiseaux voulant s'enfuir et n'y voyant pas, allaient se heurter contre les cheminées des maisons ou contre les murs, et qu'étourdis du coup ils tombaient sur les toits, dans les rues ou dans les lagunes. Parmi les oiseaux qui éprouvèrent de ces accidents on peut citer des hirondelles et un pigeon. Des hirondelles furent prises dans les rues, l'épouvante qui les avait saisies leur ayant à peine laissé la faculté de voleter (*svolazzare*). »

Des abeilles qui avaient quitté leur ruche en grand nombre, au lever du soleil, y rentrèrent même avant le moment de l'éclipse totale, et attendirent, ponr en sortir de nouveau, que l'astre éclipsé eût repris tout son éclat.

Ces relations donnent une idée suffisante de l'effet produit par des phénomènes insolites sur les facultés de l'homme et des animaux. La nécessité de l'ordre est si profondément attachée à la création, qu'une apparence de trouble nous jette hors de notre sécurité normale et nous remplit de crainte.

Les résultats scientifiques des observations d'éclipses ont surtout porté sur l'élucidation du grand problème de la constitution physique du Soleil. Nous les avons rapportés au chapitre relatif à cet astre. Les dernières grandes éclipses totales, celles du 18 août 1868 et du 22 décembre 1870, ont été, comme on l'a vu, très-précieuses pour la science.

ASPECT PHILOSOPHIQUE
DE LA CRÉATION

I

PLURALITÉ DES MONDES HABITÉS

Mais à ce cercle étroit de la terre où nous sommes
Garde-toi de borner tant de bienfaits divers.
Et de ne voir en toi que le Seigneur des hommes,
Quand tu créas mille univers.

POPE, *Universal Prayer.*

Les vérités astronomiques qui viennent de faire l'objet de nos conversations manifestent sans doute la haute valeur de l'esprit humain, qui s'est élevé jusqu'à elles, et qui, scrutant les lois organisatrices de l'univers, est parvenu à déterminer les causes qui président à l'harmonie du monde et à sa perpétuité. Sans doute, il est beau pour l'homme, cet atome spirituel habitant d'un atome matériel, d'avoir pénétré les mystères de la création et de s'être élevé à la connaissance de ces sublimes grandeurs dont la seule contemplation nous atterre et nous anéantit. Mais si l'univers ne restait pour l'homme qu'un grand mécanisme matériel mû par les forces physiques, si la nature n'était à ses yeux qu'un gigantesque laboratoire où les éléments s'associent aveuglément sous les formes fortuites les plus variées ; en un mot, si cette admirable et magnifique science du ciel bornait éternellement les efforts de l'esprit humain à la géométrie des corps célestes, la science n'atteindrait pas son but véritable, et elle s'arrêterait au moment de recueillir le fruit de ses immenses travaux. Elle resterait souverainement incomplète si l'univers n'était jamais pour elle qu'un assemblage de corps inertes flottant dans l'espace sous l'action des forces matérielles.

Le philosophe doit aller plus loin. Il ne doit pas se borner à voir sous une forme plus ou moins distincte le grand corps de la nature; mais, étendant la main, il doit sentir sous l'enveloppe matérielle la vie qui circule à grands flots. L'empire de Dieu n'est pas l'empire de la mort: c'est l'empire de la vie.

Nous habitons sur un monde qui ne fait point exception parmi les astres et qui n'a pas reçu le moindre privilége. Il est le troisième des corps célestes qui circulent autour du Soleil et l'un des plus petits d'entre eux; sans sortir de notre système, d'autres planètes sont beaucoup plus importantes que lui : Jupiter, par exemple, est 1,414 fois plus volumineux, et Saturne 734 fois. Tandis qu'il nous paraît le plus important de l'univers, il est en réalité perdu dans l'immensité des mondes qui peuplent le ciel, et la création tout entière ne se doute même pas de son existence. Des planètes de notre propre système, il n'y en a que quatre qui puissent savoir qu'il existe; ce sont : Mercure, Vénus, Mars et Jupiter; encore, pour cette dernière, est-il la plupart du temps invisible dans l'auréole solaire. Or, tandis qu'il est ainsi perdu parmi des mondes plus importants que lui, les autres mondes sont dans les mêmes conditions d'habitabilité que celles que nous observons sur la Terre. Sur ces planètes comme sur la nôtre, les rayons générateurs du même Soleil versent la chaleur et la lumière, à des degrés divers; sur elles comme ici les années, les mois et les jours se succèdent, entraînant à leur suite la marche des saisons qui, de période en période, entretiennent les conditions de l'existence ; sur elles comme ici, une atmosphère transparente enveloppe d'un climat protecteur la surface habitée, donne naissance aux mouvements météoriques, et développe ces beautés ravissantes qui célèbrent l'aurore des jours et le crépuscule des nuits. Sur elles comme ici, des nuées vaporeuses s'élèvent de l'Océan aux vagues profondes et, se répandant sous les cieux, vont porter la rosée féconde aux campagnes altérées. Ce grand mouvement de vie qui circule sur la Terre n'est pas confiné à cette petite planète ; les mêmes causes développent là-bas les mêmes effets ; et sur beaucoup d'entre ces mondes étrangers, loin de remarquer une privation des richesses dont la Terre est revêtue, on observe une abondance de biens dont notre séjour ne possède que les prémices. A côté de certains astres, la terre est un monde inférieur sous des rapports essentiels, depuis les conditions de stabilité géologique, qui nous sont fort mal assurées par l'état d'incandescence du sphéroïde terrestre dont la surface n'est qu'une mince pellicule, jusqu'aux lois fatales qui régissent la vie sur cette terre, où la mort règne en souveraine.

Si d'un côté les autres mondes ont des conditions d'habitabilité tout aussi puissantes — si ce n'est davantage — que les conditions terrestres, d'un autre côté, la Terre, envisagée en elle-même, nous paraît semblable à une coupe trop pleine d'où la vie déborde de toutes parts. En notre seul séjour nous avons l'infini dans la vie. Il semble que créer soit si nécessaire à l'ordre de la nature, que le plus petit espace de matière réunissant les conditions suffisantes ne reste pas sans servir de demeure à des êtres vivants. Tandis que le télescope ouvrait dans les cieux de nouveaux champs à la création, le microscope ouvrait au-dessous du visible le champ de la vie invisible, et montrait que, non content de répandre la vie partout où il y a matière pour la recevoir, depuis les époques primitives où ce globe sortait à peine de son berceau brûlant jusqu'à nos jours, la nature entasse encore l'existence au détriment de l'existence elle-même. Les feuilles des plantes sont des prairies de troupeaux microscopiques dont certaines espèces, quoique invisibles à l'œil nu, sont de véritables éléphants à côté d'autres êtres dont la petitesse extrême n'a pas interdit un système admirable d'organisation pour l'entretien de leur vie éphémère. Les animaux eux-mêmes servent de séjour à des races de parasites qui, à leur tour, sont elles-mêmes la demeure de parasites plus petits encore. Sous un autre aspect, l'infinité de la vie offre un caractère corrélatif dans sa diversité. La force est si puissante, que nul élément ne semble capable de lutter avec avantage contre la vie, tendant à se répandre en tous lieux, et qu'aucune cause ne puisse interdire son action. Depuis les hautes régions de l'air, où les vents charrient des germes, jusque dans les profondeurs océaniques où l'on subit la pression de plusieurs centaines d'atmosphères, où la nuit la plus complète étend son éternelle souveraineté; depuis les climats brûlants de la ligne équatoriale et les sources chaudes des terrains volcaniques, jusqu'aux régions glacées du pôle, jusqu'aux mers solides du cercle polaire, la Vie a étendu son empire comme un réseau immense, enveloppant notre planète entière, se jouant de tous les obstacles et passant les abîmes, afin qu'il n'y eût au monde aucun district qui pût se prétendre en dehors de son absolue souveraineté.

C'est par des études établies sur cette double considération : l'insignifiance de la Terre dans la création sidérale, et l'abondance de la vie à sa surface, que l'on a pu s'élever aux premiers principes véritables sur lesquels la démonstration de l'habitation universelle des astres devait être assise. Pendant longtemps, l'homme put se borner à l'étude des phénomènes, pendant longtemps même il *dut* s'astreindre à l'observation directe et unique des apparences physiques, afin que la science acquît la précision rigoureuse qui constitue sa valeur. Mais aujourd'hui ce vestibule de la vérité peut être franchi, et la pensée, traversant la matière, peut s'élever jusqu'à la notion des choses intellectuelles. Dans le sein de ces mondes lointains, elle sent la vie universelle plonger ses racines immenses ; à leur surface, elle voit cette vie s'épanouir et l'intelligence y établir son trône.

Fondées sur la base astronomique, seule fondation possible, les recherches faites dans le domaine des sciences physiques, depuis la mécanique céleste jusqu'à la biologie, et dans celui des sciences philosophiques, depuis l'ontologie jusqu'à la morale, ont permis d'élever au rang d'une doctrine l'idée antique de la pluralité des mondes. L'évidence de cette vérité s'est révélée aux yeux de tous ceux qui se sont impartialement et librement adonnés à l'étude de la nature. Il n'entre pas dans le cadre de ces dernières pages des *Merveilles célestes* de nous étendre longuement sur cet aspect philosophique de la création ; mais si je considère cet aspect comme la conclusion logique des études astronomiques, je dois au moins à mes auditeurs de leur offrir comme une modeste péroraison des causeries qu'ils ont bien voulu suivre jusqu'ici, les principaux résultats auxquels nous sommes arrivés, sur cette grande et belle question de l'existence de la vie à la surface des astres.

Voici d'abord une première considération établie sur le caractère astronomique des Mondes et sur son histoire :

« Que le lecteur suive la marche philosophique de l'astronomie moderne, il reconnaîtra que du moment où le mouvement de la Terre et le volume du Soleil furent connus, les astronomes et les philosophes trouvèrent étrange qu'un astre aussi magnifique fût uniquement employé à éclairer et à échauffer un petit monde imperceptible rangé en compagnie d'un grand nombre d'autres sous sa domination suprême. L'absurdité d'une telle opinion fut plus éclatante encore, lorsqu'on trouva que Vénus est une planète de mêmes dimensions que la Terre, avec des montagnes et des plaines, des saisons et des années, des jours et des nuits analogues aux nôtres; on étendit cette analogie à la conclusion suivante, que, semblables par leur conformation, ces deux mondes l'étaient aussi par leur rôle dans l'univers : si Vénus était sans population, la Terre devait l'être également, et réciproquement, si la Terre était peuplée, Vénus devait l'être aussi. Mais lorsque ensuite on observa les mondes gigantesques de Jupiter et de Saturne, entourés de leurs splendides cortéges, on fut invinciblement conduit à refuser des êtres vivants aux petites planètes précédentes, si l'on n'en dotait celles-ci, et par contre, à donner à Jupiter et à Saturne des hommes bien supérieurs à ceux de Vénus et de la Terre. Et, en effet, n'est-il pas évident que l'absurdité de l'immobilité de la Terre s'est perpétuée, mille fois plus extravagante, dans cette causalité finale mal entendue dont la prétention est de placer notre globe au premier rang des corps célestes? n'est-il pas évident que ce monde est jeté sans aucune distinction dans l'amas planétaire, et qu'il n'est pas mieux établi que les autres pour être le siége exclusif de la vie et de l'intelligence?... Combien peu fondé est le sentiment qui nous anime lorsque nous pensons que l'univers aurait été créé pour nous, pauvres êtres perdus sur un Monde, et que si nous disparaissions de la scène, ce vaste univers serait décoloré, comme un assemblage de corps inertes et privés de lumière! Si demain nul de nous ne se réveillait, et si la nuit qui, dans une période diurne, fait le tour du monde, scellait pour l'éternité les paupières closes des êtres vivants, croit-on que désormais le Soleil ne renverrait plus ses rayons et sa chaleur, et que les forces de la nature cesseraient leur mouvement éternel? Non : ces Mondes lointains que nous venons de passer en revue continueraient le cycle de leur existence, bercés sur les forces permanentes de la gravitation, et baignés dans l'auréole lumineuse que l'astre du jour engendre autour de son brillant foyer. La Terre que nous habitons n'est qu'un des plus petits astres groupés autour de ce foyer, et son degré d'habitation n'a rien qui la distingue parmi ses compagnes... Éloignez-vous un instant par la pensée, lecteur, en un lieu de l'espace d'où l'on puisse embrasser l'ensemble du système solaire, et supposez que la planète où vous avez reçu le jour vous soit inconnue. Soyez bien convaincu que pour vous livrer librement à l'étude présente, vous ne devez plus considérer la Terre comme votre patrie ni la préférer aux autres séjours, et contemplez maintenant sans prévention et d'un œil ultra-terrestre les Mondes planétaires qui circulent autour du foyer de la vie! Si vous soupçonnez les phénomènes de l'existence, si vous imaginez que certaines planètes sont habitées, si l'on vient vous apprendre que la vie a fait choix de certains Mondes pour y déposer les germes de ses productions songerez-vous, de bonne foi, à peupler ce globe infime de la Terre avant d'avoir établi dans les mondes supérieurs les merveilles de la création vivante? Ou si vous formez le dessein de vous fixer sur un astre d'où l'on puisse embrasser la splendeur des cieux et sur lequel on puisse jouir des bienfaits d'une nature riche et féconde, choisirez-vous pour séjour cette terre chétive qui est éclipsée par tant de sphères resplendissantes?... Pour toute réponse, et c'est la plus faible et la plus rigoureuse conclusion que nous puissions tirer des considérations précédentes, nous établissons avec l'autorité du fait : que « la Terre n'a aucune prééminence marquée dans le système solaire de manière à être le seul monde habité, et que, astronomiquement parlant, les autres planètes sont disposées aussi bien qu'elle au séjour de la vie. »

Une seconde considération, fondée sur la diversité des êtres qui respirent à la surface du globe terrestre, sur la puissance infinie de la nature, qu'aucun obstacle n'a jamais arrêtée, et sur le spectacle éloquent de l'infinité de la vie elle-même dans le monde terrestre, conduit l'argumentation dans un nouvel ordre d'idées.

« La nature connaît le secret de toutes choses, met en action les forces les plus infimes comme les plus puissantes, rend toutes ses créatures solidaires, et constitue les êtres suivant les mondes et suivant les âges, sans que les uns ni les autres puissent mettre obstacle à la manifestation de sa puissance. Il suit de là que l'habitabilité et l'habitation des planètes sont un complément nécessaire de leur existence, et que de toutes les conditions énumérées, aucune ne saurait arrêter la manifestation de la vie sur chacun de ces mondes... Mais ajoutons une observation particulière qui complétera les précédentes : parlons un instant de notre ignorance forcée, dans cette petite île du grand archipel où la destinée nous a relégués, et de la difficulté où nous sommes d'approfondir les secrets et la puissance de la nature. Constatons que d'un côté nous ne connaissons pas toutes les causes qui ont pu influer et qui influent encore aujourd'hui sur les manifestations de la vie, sur son entretien et sa propagation à la surface de cette terre ; et que, d'un autre côté, nous sommes bien plus loin encore de connaître tous les principes d'existence qui propagent sur les autres mondes des créations très-dissemblables. C'est à peine si nous avons pénétré celles qui président aux fonctions journalières de la vie : c'est à peine si nous avons pu étudier les propriétés physiques des milieux; l'action de la lumière et de l'électricité, les effets de la chaleur et du magnétisme... Il en existe d'autres qui agissent constamment sous nos yeux et que l'on n'a pas encore pu étudier ni même seulement découvrir. Combien donc serait-il vain de vouloir opposer aux existences planétaires les principes superficiels et bornés de ce que nous appelons notre science? Quelle cause pourrait lutter avec avantage contre le pouvoir effectif de la nature, et mettre obstacle à l'existence des êtres sur tous ces globes magnifiques qui circulent autour de notre foyer? Quelle extravagance de regarder le petit monde où nous avons reçu le jour comme le temple unique ou comme le modèle de la nature!... »

Animées par la valeur du dessein providentiel de la création, ces considérations deviennent plus impérieuses encore. « Que notre planète ait été faite pour être habitée, cela est d'une évidence incontestée, non seulement parce que les êtres qui la peuplent sont là sous nos yeux, mais encore parce que la connexion qui existe entre ces êtres et les régions où ils vivent amène pour conclusion inévitable *que l'idée d'habitation se lie immédiatement à l'idée d'habitabilité*. Or ce fait est un argument rigoureux en notre faveur; sous peine de considérer la Puissance créatrice comme illogique avec elle-même, comme inconséquente avec sa propre manière d'agir, il faut reconnaître que l'habitabilité des planètes réclame impérieusement leur habitation. Dans quel but auraient-elles donc reçu des années, des saisons, des mois, des jours, et pourquoi la vie n'éclôrait-elle pas à la surface de ces mondes qui jouissent comme le nôtre des bienfaits de la nature et qui reçoivent comme lui les rayons fécondants du même soleil! Pourquoi ces neiges de Mars qui fondent à chaque printemps et descendent arroser ses campagnes? pourquoi ces nuages de Jupiter qui répandent l'ombre et la fraîcheur dans ses plaines immenses? pourquoi cette atmosphère de Vénus qui baigne ses vallées et ses montagnes? O Mondes splendides qui voguez loin de nous dans les cieux, serait-il possible que la froide Stérilité fût à jamais l'immuable souveraine de vos campagnes désolées? serait-il possible que cette magnificence, qui semble être votre apanage, fût donnée à des régions solitaires et nues, où les seuls rochers se regarderaient éternellement dans un morne silence? Spectacle affreux dans son immense immutabilité, et plus incompréhensible que si la Mort en furie venant à passer sur la Terre fauchait d'un seul coup la population vivante qui rayonne à sa surface, enveloppant ainsi dans une même ruine tous les enfants de la vie, et laissant la Terre rouler dans l'espace comme un cadavre dans une tombe éternelle ! »

C'est ainsi que, sous quelque aspect qu'on ait envisagé la création, la doctrine de la Pluralité des Mondes s'est formée et s'est présentée comme la seule explication du but final, comme la justification de l'existence des formes matérielles, comme le couronnement des vérités astronomiques. Les conclusions sommaires que nous venons de citer se sont trouvées établies, logiquement et sans effort, par le spectacle même des faits observés, et lorsque, ayant contemplé l'univers sous ses différents aspects, l'esprit s'étonne de n'avoir pas conçu plus tôt cette vérité vivante, il sent en lui-même que la démonstration d'une telle évidence n'est plus nécessaire, et qu'il devrait l'accepter lors même qu'elle n'aurait d'autres raisons en sa faveur que l'état comparatif de l'atome terrestre avec le reste de l'immense univers. Subjugué par ce spectacle, il ne peut plus que proclamer d'instinct la vérité lumineuse dans un transport dédaigneux de toutes recherches à son appui :

« ... Ah ! si notre vue était assez perçante pour découvrir, là où nous ne voyons que des points brillants sur le fond noir du ciel, les soleils resplendissants qui gravitent dans l'étendue, et les mondes habités qui les suivent dans leurs cours, s'il nous était donné d'embrasser sous un coup d'œil général ces myriades de systèmes solidaires, et si, nous avançant avec la vitesse de la lumière, nous traversions pendant des siècles de siècles ce nombre illimité de soleils et de sphères, sans jamais rencontrer nul terme à cette immensité prodigieuse où Dieu fit germer les mondes et les êtres : retournant nos regards en arrière, mais ne sachant plus dans quel point de l'infini retrouver ce grain de poussière que l'on nomme la Terre, nous nous arrêterions fascinés et confondus par un tel spectacle, et unissant notre voix au concert de la nature universelle, nous dirions du fond de notre âme : Dieu tout-puissant ! que nous étions insensés de croire qu'il n'y avait rien au delà de la Terre, et que notre pauvre séjour avait seul le privilége de refléter ta grandeur et ta puissance[1] ! »

[1] Camille Flammarion, *la Pluralité des mondes habités.*

II

LA CONTEMPLATION DES CIEUX

La nuit montait, pensive, au trône obscur des soirs
Et déployait ses voiles sombres;
Le Soleil, descendu sous l'empire des ombres,
Était mort pour les coteaux noirs.

Du couchant assombri les lueurs empourprées
Avaient éteint leurs derniers feux;
La Lune, lampe immense, illuminait des cieux
Les vastes plaines éthérées.

Aux constellations dont le ciel rayonnait
J'élevai mes yeux en silence :
Et, tout tremblant, je vis, au fond du ciel immense,
L'œil de Dieu qui me regardait!

. . . . 1859.

C'est par la contemplation de la nature que nous pouvons entrer parfois en communication avec la Vérité absolue, et sentir exactement la beauté comme la grandeur de la création. Qu'elle est belle, qu'elle est digne de l'esprit humain, cette contemplation des splendeurs visibles de l'œuvre créée! Combien ces études sont supérieures aux préoccupations vulgaires qui captivent nos jours et emportent nos années! combien elles élèvent l'âme vers les véritables grandeurs! Pour le monde artificiel que nous nous sommes formé par nos habitudes citadines, nous sommes devenus tellement étrangers à la nature, que, lorsque nous revenons à elle, il semble que nous entrions dans un nouveau monde. Nous avons perdu le sentiment de sa valeur, et nous nous sommes ainsi privés des jouissances les plus pures. En nous affranchissant de la vie tumultueuse, en revenant à la paix, nous ressentons une impression inconnue, comme si la sphère d'harmonie dans laquelle nous entrons était toujours restée loin des voyages de notre pensée.

Les études de la nature offrent ce caractère précieux qu'étant appliquées à la vérité, elles nous rappellent à notre origine, à notre berceau maternel. La vie mondaine est un véritable exil pour l'âme. Insensiblement on s'accoutume à se contenter d'apparences, à ne plus chercher le fond et la substance des choses ; insensiblement on perd son prix et sa grandeur en se laissant bercer à la surface de cet océan insondé sur lequel flottent les barques humaines. Les objets qui nous entourent frappent seuls nos regards, et nous oublions le passé comme l'avenir. Mais il est des heures de solitude où l'âme, faisant un retour sur soi-même, sent le vide de toutes ces apparences, où elle reconnaît combien peu elles peuvent la satisfaire, où elle cherche avec anxiété et revient avec amour aux véritables grandeurs, seules capables de donner à son repos une terre ferme au lieu des fluctuations qui l'ont ballottée. Alors l'âme a la nostalgie de son pays natal ; elle demande le vrai, elle veut le beau, et donne un regard d'adieu aux affections passagères. Qu'il lui soit permis, en ces heures de réflexion, de contempler les beautés de la nature ; qu'il lui soit donné d'admirer et de comprendre les merveilles de la création ; s'adonnant tout entière à la contemplation qui la captive, se laissant suspendre au charme des splendeurs étudiées, elle se livrera sans réserve au spectacle qui l'absorbe, oublieuse des fausses jouissances de la terre, avide des véritables et profondes jouissances que la nature, cette jeune mère dont l'âge est immobile, sait verser dans l'âme des enfants qui la chérissent. Les beautés du ciel la captiveront sous leur charme ; elle demandera que cette contemplation ne finisse jamais ; que la nuit lui révèle merveilles sur merveilles, et qu'il lui soit permis de ne point quitter cette scène avant que son admiration soit satisfaite : comme aux plus douces heures de la vie, elle sera portée à s'écrier avec le poëte :

O temps, suspends ton vol! et vous, heures propices
Suspendez votre cours!
Laissez-moi savourer les rapides délices
Des plus beaux de nos jours!

Mais je demande en vain quelques moments encore,
Le temps m'échappe et fuit;
Je dis à cette nuit : Sois plus lente, et l'aurore
Va dissiper la nuit...

Lorsqu'on se livre à ces hautes et magnifiques études, on sent bientôt la grande harmonie, l'unité admirable en laquelle toutes choses sont confondues ; on sent que la création est *une*, que nous sommes incorporés dans ses parties constitutives, et qu'une vie immense, à peine soupçonnée, nous enveloppe. Alors tous les phénomènes prennent leur place dans le concert universel. L'étoile d'or qui brille dans la profondeur des cieux, et le petit grain de sable cristallisé qui reflète le rayon solaire, unissent leur lumière ; la sphère planétaire qui roule avec majesté sur l'orbite gigantesque et le petit oiseau qui chante sous les feuilles ; la nébuleuse immense qui dispose ses systèmes de soleils dans la vaste étendue, et la ruche qui reçoit les rhomboèdres d'une république en éternel accord ; la gravitation universelle qui emporte dans l'espace ces globes formidables et ces systèmes de mondes, et l'humble zéphyr qui transporte d'une fleur à l'autre des parfums aimés : les grands phénomènes et les actions insensibles, s'unissent dans le mouvement général, l'infiniment grand et l'infiniment petit s'embrassent. Car l'univers est l'œuvre permanente d'une seule pensée.

Nulle parole humaine, nul ouvrage formé de la main des hommes, ne saurait rivaliser avec l'harmonie de la nature, avec l'œuvre de la création. Comparez un instant le plus admirable des chefs-d'œuvre parmi les merveilles de l'art, aux plus simples d'entre les productions de la nature. Comme l'exprimait déjà une parole antique, comparez les richesses des ornements royaux, le tissu oriental des vêtements de Salomon dans sa gloire, les lames d'or de son temple, les mosaïques de ses palais, à la blancheur des lis, à l'incarnat des roses; et cherchez si la comparaison peut un seul instant se soutenir. Le grand caractère qui sépare à jamais ces œuvres, c'est que dans l'une, une puissance bornée y marque le terme de sa faculté, tandis que dans l'autre l'empreinte d'une puissance infinie y reste toujours. Amplifiez le pouvoir de nos sens, prenez cette lentille étonnante qui fait dresser des géants là où restaient invisibles les êtres les plus infimes : à son foyer le plus fin tissu, l'œuvre la plus délicate de l'art humain se traduit en un objet informe et grossier; au contraire, le plus modeste tissu formé par les mains de la nature révèle des richesses cachées à mesure que le pouvoir amplificateur augmente. Essayez maintenant de mettre en regard nos appareils les plus merveilleux, depuis nos machines formidables dont le sein renferme ces foyers puissants dont l'homme s'est rendu maître, jusqu'à ces instruments de précision si élégants, si sensibles — avec les forces indomptables dont la matière est animée, avec ces lois admirables et rigoureuses qui régissent dans une perfection incompréhensible les mouvements harmonieux des sphères étoilées au concert du ciel, et dites de combien l'art est surpassé par la nature...

Et l'œuvre de la nature est ravissante dans l'infiniment petit comme dans l'infiniment grand. Les spectacles sublimes que la contemplation des cieux nous dévoile sont sans doute les plus frappants, et ceux dont la magnificence s'impose le plus souverainement à notre pensée émerveillée; mais si nous savons examiner les petites choses, notre imagination restera confondue devant elles comme devant les plus grandes. Sur ce pauvre petit papillon blanc qui, né d'hier, sera en poussière avant que le jour de demain soit éteint, l'œil analysateur du microscope nous montrera de magnifiques plumes d'un blanc de neige ou d'un jaune mat, symétriquement rangées, avec autant de soin que celles de l'aigle appelé à franchir les cieux; pourtant à l'œil nu il n'y a sur ces ailes qu'une poussière impalpable qui reste adhérente au doigt. Sur son front vous compterez vingt mille yeux! Que les fines gouttelettes de rosée suspendues par l'aurore aux feuilles des branches abaissées tombent sous la secousse d'un oiseau qui passe, et vous verrez se peindre au passage de cette pluie fine un arc-en-ciel non moins riche que l'arche gigantesque élevée à la fin d'un orage dans les campagnes de l'atmosphère, ravissant petit arc-en-ciel, formé pour une vie de quelques dixièmes de seconde, et disparu comme il était né! examinez ces humbles fleurs des champs aux pétales colorés; l'émeraude et le rubis s'y succèdent, l'or et le saphir y marient leurs tendres nuances : c'est en petit les magnificences de couleurs qui resplendissent dans les étoiles doubles, etc., etc. Nous pourrions continuer sans termes ces appréciations comparatives, qui nous montreraient sans cesse, dans l'un et dans l'autre sens, l'infini de la puissance créatrice.

Cependant nous n'y songeons pas, cependant nous passons indifférents à côté de ces merveilles. Si, la nuit étant privée d'étoiles, disait un philosophe, il y avait ici-bas un lieu unique d'où les constellations et les astres fussent visibles, les pèlerinages à ce lieu ne cesseraient pas, et chacun voudrait admirer ces merveilles. Or ce qui nous entoure journellement perd sa valeur, l'habitude assoupit l'attention, et l'on oublie la nature, pour des séductions certainement infiniment moins dignes de notre pensée.

Si parfois on se laisse un instant exalter par ces merveilles de la science du ciel, on revient vite aux choses du monde pour ne plus songer à nos grandes questions. La terre a le don de nous captiver si fort, qu'on oublie volontiers le ciel pour elle. Combien de personnes ont dit en prose cette *ode* de Lebrun *à un convive astronome :*

Ami, laisse rouler la Terre
Autour de l'astre des saisons :
Ris et bois : j'aime mieux ce verre
Que l'astrolabe des Newtons.
Qu'importe qu'au centre du monde
Le soleil fixe ses destins.
Pourvu que sa chaleur féconde
Mûrisse toujours nos raisins ?
Tout son plaisir, toute sa gloire,
C'est de colorer ce doux jus ;
Le nôtre, ami, c'est de le boire :
Boire, aimer, que faut-il de plus?
Crois-moi, sous l'ombre de la treille
Goûte le charme des beaux jours :
Chaque heure en fuyant nous conseille
De ravir des moments si courts...

Ce sont là sans doute de charmantes pensées; mais doit-on ne vivre que pour elles, et l'âme ne se sent-elle pas quelquefois le désir impérieux de s'élever au-dessus des fonctions ordinaires de la vie? Que tout le plaisir et toute la gloire du Soleil soit de colorer le raisin, c'est ce qui est fort contestable, n'est-ce pas? mais que la nôtre soit de le boire, c'est ce qui est de plus un peu trop matériel.

Faisons donc sa part à chaque chose, embellissons l'existence par les fleurs de la contemplation, et prenons pour but de nous rendre de plus en plus *spirituels*.

Songeons, rêvons, pensons quelquefois à la belle nature. Laissons-nous entraîner par ces rêveries délicieuses qui nous éloignent des bruits terrestres pour nous envelopper de calme et de silence. Remontons à la source limpide et jamais troublée d'où descendent toute consolation dans la douleur, tout rafraîchissement dans la fatigue des jours, toute paix dans l'inquiétude; quand nos lèvres sont desséchées par les vents du monde, retrempons-les à cette source candide, demandons un baiser aux lèvres de la Nature, — et que cette aspiration d'une liqueur si pure nous garde des coupes empoisonnées.

Heures de poésie, heures trop tôt passées
Que l'étoile du soir m'apporte avec la nuit,
Oh ! ne me quittez pas sans porter quelque fruit,
Sans éveiller en moi quelques nobles pensées [1].

« La plénitude et le comble du bonheur pour l'homme, disait Sénèque le philosophe, c'est de fouler aux pieds tout mauvais désir, de s'élancer dans les cieux, et de pénétrer les replis les plus cachés de la nature. Avec quelle satisfaction, du milieu de ces astres où vole sa pensée, il se rit des mosaïques de nos riches, et de notre terre avec tout son or ! Pour dédaigner ces portiques, ces plafonds éclatants d'ivoire, ces fleuves contraints de traverser des palais, il faut avoir embrassé le cercle de l'univers, et laissé tomber d'en haut un regard sur ce globe étroit, en grande partie submergé, tandis que ce qui surnage est au loin sauvage, brûlant ou glacé. Voilà donc, se dit le sage, le point que tant de nations se partagent, le fer et la

[1] Klopstock, trad. par J.-J. Ampère.

flamme à la main! Voilà les mortels avec leurs risibles frontières! Si l'on donnait aux fourmis l'intelligence de l'homme, ne partageraient-elles pas aussi un carré de jardin en plusieurs provinces? Quand tu te seras élevé aux objets vraiment grands dont je parle, chaque fois que tu verras des armées marcher enseignes levées, et comme si tout cela était chose sérieuse, des cavaliers tantôt voler à la découverte, tantôt se développer sur les ailes, tu seras tenté de dire : « Ce sont des évolutions de fourmis, grands « mouvements sur peu d'espace. » — Oh! que l'homme est petit s'il ne s'élève pas au-dessus des choses humaines! Il est là-haut des régions sans bornes, que notre âme est admise à posséder, pourvu qu'elle n'emporte avec elle que le moins possible de ce qui est matière, et que, purifiée de toute souillure, libre d'entraves, elle soit digne de voler jusque-là. Dès qu'elle y touche, elle s'y nourrit et s'y développe : elle est comme délivrée de ses fers et rendue à son origine; elle se reconnaît fille du ciel au charme qu'elle trouve dans les choses célestes; elle y entre, non comme étrangère, mais comme chez elle. Avide spectatrice, il n'est rien qu'elle ne sonde et n'interroge. Eh! qui l'en empêcherait? Ne sait-elle pas que tout cela est son domaine? »

L'homme ne vit pas seulement de l'élement matériel; il lui faut la pensée. C'est en s'élevant à ces nobles contemplations qu'il est digne de son rang; c'est en occupant son esprit de ces beaux et féconds sujets d'étude, que son front gardera l'empreinte divine de sa destinée et s'éclairera de plus en plus. N'oublions pas les enseignements de la nuit, et venons quelquefois méditer sous son ombre silencieuse. Au lieu d'une rêverie flottante, maintenant que nous avons levé une partie du voile qui nous cachait les mystères célestes, notre pensée aura pour objet un spectacle mieux compris; nous connaîtrons ce que nous admirons, et nous apprécierons mieux ces créations lointaines. Les heures nocturnes auront un double prix à nos yeux, puisqu'elles nous mettront désormais en communication avec des mondes dont la nature ne nous est plus inconnue. Et c'est avec une effusion plus intime encore que nous adresserons à la Nuit cette salutation, par laquelle nous avons ouvert notre entrevue avec le ciel :

O nuit ! que ton langage est sublime pour moi,
Lorsque seul et pensif, aussi calme que toi,
Contemplant les soleils dont ta robe est parée,
J'erre et médite en paix sous ton ombre sacrée !

FIN

Écrit à Paris (bois de Boulogne), au mois de juillet 1865.

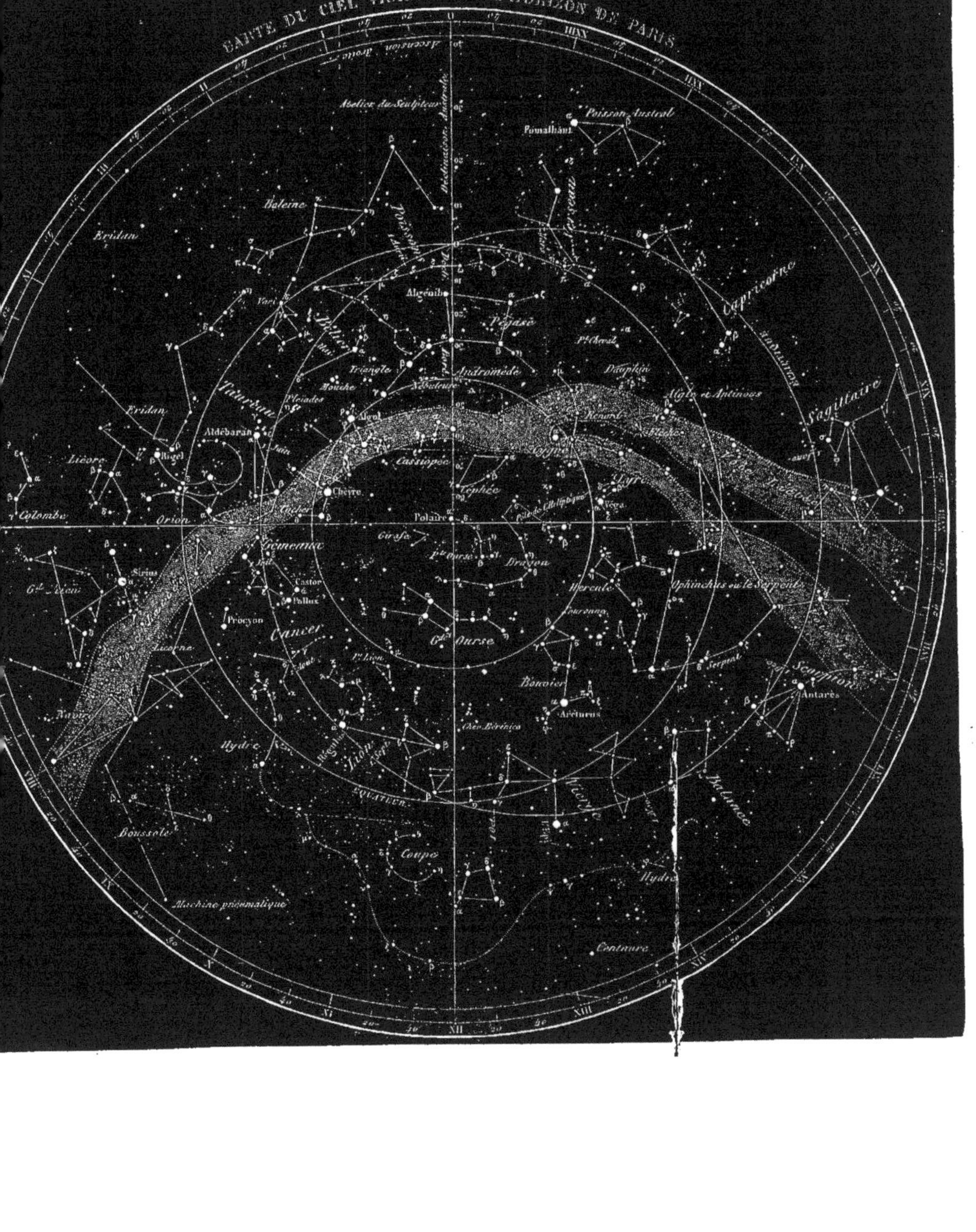
CARTE DU CIEL VISIBLE SUR L'HORIZON DE PARIS.
Ascension droite
Atelier du Sculpteur
Déclinaison Australe
Poisson Austral
Fomalhaut
Baleine
Eridan
Algénib
Pégase
Pt Cheval
Capricorne
Dauphin
Triangle
Andromède
Mouche
Aigle et Antinoüs
Sagittaire
Taureau
Pleïades
Algol
Renard
Flèche
Eridan
Aldébaran
Cassiopée
Lièvre
Rigel
Céphée
Chèvre
Lyre
Véga
Colombe
Orion
Polaire
Pôle de l'Ecliptique
Gémeaux
Girafe
Pte Ourse
Dragon
Sirius
Gd Chien
Castor
Pollux
Hercule
Ophiuchus ou le Serpent
Procyon
Cancer
Gde Ourse
Pt Lion
Serpent
Bouvier
Scorpion
Antarès
Arcturus
Chev. Bérénice
Hydre
Régulus
Lion
Vierge
Balance
Equateur
Boussole
Coupe
Hydre
Machine pneumatique
Centaure

TABLE DES GRAVURES

1. La nuit et le jour. 10
2. Nébuleuse ou amas du Centaure 22
3. Amas stellaires de la Balance et d'Hercule. 24
4. Nébuleuses globulaires. 26
5. Nébuleuses annulaires. 28
6. Nébuleuse du Lion.. 29
7. Nébuleuse du Taureau. 33
8. Nébuleuse du Navire. 35
9. Nébuleuse de l'Ecu de Sobieski 37
10. Nébuleuses doubles et multiples.. 39
11. Nébuleuse en spirale de la constellation des Chiens de chasse 41
12. Nébuleuse en spirale de la Vierge. 43
13. Télescope de lord Rosse 45
14. Télescope d'Herschel. 47
15. Coupe de la Voie lactée.. 54
16. Les sept étoiles de la Grande Ourse. 70
17. Les deux Ourses et le pôle. 71
18. Grande Ourse, Petite Ourse, Étoile polaire, Cassiopée. . . 78
19. Cassiopée, Andromède, Pégase. 79
20. Persée, Algol, la Chèvre, les Pléiades. 79
21. Le Cygne, la Lyre, l'Aigle. 80
22. Arcturus, le Bouvier, la Couronne boréale. 81
23. La sphère céleste et le mouvement diurne. 85

24. Lunette méridienne de l'Observatoire de Paris. 87
Planche : Les constellations du Zodiaque 89
25. Étoiles composantes des Pléiades. 92
26. Orion, Aldébaran, Sirius. 105
27. Étoile septuble de θ Orion 110
28. Un petit carré de la constellation des Gémeaux, vu à l'œil nu. 121
29. Le même, vu au télescope. 122
30. Mesure des distances célestes. 129
31. Place où est apparue l'étoile nouvelle de 1572. 136
Planche : Étoiles multiples et colorées. 146
32. Les taches du Soleil. 170
33. Tache en forme de tourbillon. 172
34. Segmentation d'une tache solaire. 173
35. Rotation du Soleil 179
36. Décomposition de la lumière. 181
37. Raies principales du spectre solaire. 184
38. Tache avec facules. 185
39. Explosion et protubérance solaire. 187
40. Dimensions comparées du globe du Soleil et de l'orbite de la Lune. 189
41. Phases de Mercure. 197
42. Orbite de Mercure, Vénus et la Terre 199
43. Variation du disque apparent de Vénus 204
44. Échancrures du croissant de Vénus. 206
45. Aspect de Mars. 211
46. Jupiter et la Terre 216
47. Saturne et ses satellites. 222
48. Les anneaux de Saturne. 224
49. Variations des anneaux de Saturne. 227
50. Inclinaison des satellites d'Uranus. 237
51. Uranus et la Terre. 238
52. Neptune et la Terre. 240
53. Comète de 1680. 248
54. Comète de 1577. 252
55. Comète de 1528, d'après Ambroise Paré. 253
56. Comète de 1744. 255
57. Comète de 1811 258
58. Tête de la comète de 1861 260
59. Comète de 1858. 262
60. Comète de 1862. Aspect de la tête. 264
61. Rotation et translation de la Terre. 270
62. La Terre dans l'espace. Hémiphère continental et hémisphère maritime. 271
63. La verticale. — La sphère. — Les antipodes 273
64. Orbite de la Terre. 275

65. Division du globe.......... 277
66. Courbure des mers.......... 283
67. Effets de la force centrifuge.......... 289
68. Déviation dans la chute des corps.......... 291
69. Déviation dans la chute des corps.......... 291
70. Déviation apparente du pendule.......... 295
71. Déviation apparente du pendule.......... 295
72. Mesure de la distance de la Terre à la Lune.......... 304
73. Explication des phases de la Lune.......... 307
74. Aspect de la pleine Lune. (Photographié.).......... 309
75. Premier quartier de la Lune. (Photographié.).......... 309
76. Dernier quartier de la Lune. (Photographié.).......... 309
77. Paysage lunaire.......... 311
78. Une montagne lunaire. Le mont Copernic.......... 319
79. Cratère enseveli sur les rives de l'océan des Tempêtes.. . 321
80. La Terre vue de la Lune.......... 327
81. Dimensions comparées de la Terre et de la Lune.......... 329
82. Éclipse du Soleil et de la Lune.......... 333
83. Éclipse totale de Soleil du 18 août 1870.......... 335
84. Éclipse totale de Lune.......... 337

TABLE DES MATIÈRES

L'ENSEMBLE

I. La nuit 3
II. Le ciel 9
III. L'espace universel 17
IV. Disposition générale de l'univers 21
V. Les Nébuleuses 32
VI. La Voie lactée 50

NOTRE UNIVERS

I. Le monde sidéral 63
I'. Les constellations du Nord 77
III. Le Zodiaque 89
IV. Les constellations du Sud 104
V. Le nombre des étoiles, leurs distances 118
VI. Étoiles variables, temporaires, éteintes ou subitement apparues 132
VII. Les univers lointains, soleils doubles, multiples, colorés. 141

LE DOMAINE DU SOLEIL

I. Le système planétaire 157
II. Le Soleil 165

III. Le Soleil (suite) 179
IV. Mercure 195
V. Vénus 201
VI. Mars 209
VII. Jupiter 215
VIII. Saturne 221
IX. Uranus 231
X. Neptune 239
XI. Les comètes 245
XII. Constitution physique des comètes 256

LA TERRE

I, Le globe terrestre 269
II. Preuves positives que la terre est ronde, qu'elle tourne sur elle-même et autour du Soleil 281
III. La Lune 302
IV. Constitution de la Lune 317
V. Les Éclipses 332

ASPECT PHILOSOPHIQUE DE LA CRÉATION

I. Pluralité des mondes habités 351
II. La contemplation des cieux 362

PARIS. — IMP. SIMON RAÇON ET COMP., RUE D'ERFURTH, 1.

www.ingramcontent.com/pod-product-compliance
Ingram Content Group UK Ltd.
Pitfield, Milton Keynes, MK11 3LW, UK
UKHW020058200726
13856UKWH00002B/271